PLANTEN COMBINEREN

MODESTE HERWIG EN JEANNE VAN RIJS

PLANTEN COMBINEREN

Ontwerp zelf prachtige borders

FORTE GROEN

VOORWOORD

Het is goed om je te realiseren dat een geslaagde beplanting geen samenraapsel is van allerlei planten, maar dat er van tevoren goed over nagedacht moet worden. In boeken, tijdschriften en opengestelde tuinen zie je prachtige borders die je graag in je eigen tuin zou willen hebben. Maar hoe doe je dat? Omdat we allebei heel erg houden van mooie planten en plantencombinaties in een border, hebben we voor alle tuinliefhebbers dit boek gemaakt. Een duidelijk overzicht van de beste tuinplanten voor elke plek in de tuin en de mooiste combinaties van planten voor een prachtige border.

Een plant heeft bepaalde wensen betreffende de standplaats. Bij veel soorten komt de juiste plek zelfs vrij precies. De ene plant groeit en bloeit uitbundig in de volle zon, terwijl een andere soort het juist goed doet in de schaduw van bomen of struiken. Een verkeerd gekozen standplaats kan tot teleurstellingen leiden. Zet je een plant echter op de juiste plek dan kun je genieten van een prachtig resultaat. De juiste plant op de juiste plaats is één ding. Nog leuker wordt het om planten te combineren en te rangschikken zodat één en één meer wordt dan twee.

In het eerste deel van dit boek vind je alles over de voorwaarden en mogelijkheden om zelf een mooie en succesvolle border te maken. Je wordt stapsgewijs aan de hand meegenomen. Voor het tweede deel maakten we inspirerende combinaties op kleur, compleet met borders in hetzelfde kleurenschema. Ze zijn van het vroege voorjaar tot ver in de herfst mooi en bijzonder. In het derde deel vind je zo'n vijfhonderd betrouwbare tuinplanten, gerangschikt op standplaats. Dit betekent nóg meer inspiratie voor je eigen border. Naast een afbeelding van de plant vind je er ook de belangrijkste gegevens zoals bloeitijd en hoogte. Het laatste deel van het boek is meer praktisch en vertelt je alles over aanplant en onderhoud van een beplanting.

Laat je inspireren door de prachtige borders die we ontdekten in opengestelde tuinen en privétuinen. Laat je vooral verleiden om zelf mooie plantcombinaties te bedenken. Of gebruik onze borders als basis: zonnige borders in opvallende warme kleuren, in contrasterend geel met violet, een beplanting in wit en geel, roze borders of witte bloemen met fraaie bladplanten in de schaduw. We hopen je met dit boek inspiratie én informatie te geven om zelf de allermooiste borders te gaan ontwerpen.

Modeste Herwig en Jeanne van Rijs

Forte Groen maakt deel uit van
Uitgeverij Unieboek | Het Spectrum bv
Postbus 23202
1100 DS Amsterdam

1e druk, april 2019
2e druk, februari 2020
3e druk, augustus 2020
4e druk, juni 2021
5e druk, januari 2023

Eindredactie: Mariëlle van der Goen
Ontwerp (omslag en binnenwerk): Studio Wouke Boog
Foto's binnenwerk en cover: Modeste Herwig en Jeanne van Rijs.
Opmaak binnenwerk: Brigitte van Loon, ANIMA MIA, Rotterdam
Tekst deel 1, 2 en 4: Jeanne van Rijs
Tekst blz. 16-17, 48-49 en deel 3: Modeste Herwig

ISBN 978 94 6250 215 4
NUR 424

Meer informatie over de boeken van Forte Groen:
www.fortegroen.nl

INHOUD

DEEL 1
PLANTEN KIEZEN EN RANGSCHIKKEN

DEEL 2
INSPIRERENDE COMBINATIES

DEEL 3
PLANTBESCHRIJVINGEN

DEEL 4
PRAKTISCH

DEEL 1
PLANTEN KIEZEN EN RANGSCHIKKEN

We kijken in dit deel eerst naar de border in de context van de totale tuin en vervolgens naar de border in detail. Welke criteria hanteren we als we planten gaan kiezen? Wat bepaalt de stijl van de beplanting en hoe verdelen we de planten over het borderoppervlak? Als laatste gaan we zelf aan de slag met het maken van een border aan de hand van een handig stappenplan.

1. DE BORDER ALS DEEL VAN DE TUIN

Dit boek gaat met name over borders. Toch is het zinvol om eerst naar de tuin als geheel te kijken. Een tuin bestaat uit bomen, heesters, vaste planten, bebouwing en open ruimtes.

Bostuin met een natuurlijke gelaagdheid van bomen, heesters, kruiden en een bodembedekkende laag. Een dergelijke opbouw voelt logisch.

ANALYTISCH KIJKEN

Vaak kijk je naar een tuin om te zien of je hem mooi vindt, maar soms is het goed meer analytisch te kijken en te beseffen wáárom iets je al dan niet aanspreekt. Zo kunnen we kijken naar de verhouding tussen ruimte en massa. Onder ruimte vallen bijvoorbeeld het gazon, terrassen en een wateroppervlak. Bomen, heesterpartijen, bebouwing en ook borders maken deel uit van de massa van een tuin. De meeste mensen voelen zich prettig in een tuin die uit ongeveer een derde deel massa en twee derde deel ruimte bestaat. Op diezelfde observerende manier kunnen we ook kijken naar de samenhang en opbouw van de tuin, naar het ontwerp en de gelaagdheid.

GELAAGDE BEPLANTING

Een natuurlijke beplanting – denk aan een bos – kent vier beplantingslagen: grote bomen, kleinere bomen en heesters, vaste planten en een bodembedekkende laag van bijvoorbeeld mossen en lage kruidachtigen. We hebben het gevoel dat alles klopt in een tuin als we bij de opbouw van de beplanting ook deze natuurlijke viergeleding aanhouden. We zullen dus niet alleen moeten focussen op vaste plantenborders maar op de beplanting als totaal. Dit geldt voor elke tuin. Groot of klein.
In grotere tuinen zijn er voldoende mogelijkheden om bomen te kiezen, de hoogste elementen in de tuin. Bomen geven, afhankelijk van het gewenste doel, structuur, privacy en/of voorzien de tuin van een bloeiend 'ornament'. Ze bieden een natuurlijk 'dak', zorgen voor lichtfiltering en geven schaduw. Bomen zijn een woon- en leefplaats voor vogels en andere dieren. Heesters geven de tuin een groene, vaak onderhoudsarme 'body' terwijl borders hem voorzien van kleur en fleur. Hagen en grotere heesters vormen de achtergrond van borders, maar kleinere heesters zoals *Caryopteris*, *Buxus*, struikrozen en *Perovskia* kunnen in een border worden opgenomen zonder de vaste planten te verdrukken.
Ook voor kleine tuinen zijn er mogelijkheden in overvloed, zo zijn er kleine bomen en opgekroonde heesters die samen met bijvoorbeeld klimplanten zorgen voor de noodzakelijke hoogte-elementen.

SAMENHANGEND GEHEEL

De beplanting in de tuin is het mooist als het een samenhangend geheel is. Een bostuin spreekt sterker als we planten gebruiken die allemaal in een bosachtige omgeving thuishoren. Zo zou er in een bosbeplanting op zure, wat armere grond, naast eiken, een achtergrond van rododendrons kunnen zijn. Verder naar voren bepalen wintergroene varens, lagere siergrassen zoals *Carex* (zegge) en *Luzula* (veldbies), *Astilbe* (pluimspirea) en *Geranium* de sfeer. Deze planten herkennen we als bosplanten. Het voelt logisch dat ze er staan en ze vormen een mooi geheel. Naast eenheid in sfeer wordt een tuin ook als één geheel ervaren wanneer een aantal planten door de hele tuin herhaald wordt. Als dit het geval is, word je zonder dat je je dat bewust realiseert, uitgedaagd om je blik door de hele tuin te laten gaan, op zoek naar meer van hetzelfde. Overigens geldt dat niet alleen voor de tuin als geheel, maar ook voor een border zelf: herhaling van planten maakt het beeld sterker. Door niet alleen naar de planten in de border te kijken, maar ook naar de achtergrond en omgeving ontstaan nieuwe mogelijkheden. Plant bijvoorbeeld een *Gleditsia triacanthos* 'Sunburst', een boom met geelgroen blad, op de achtergrond van een border in de tinten geel-wit-geelgroen. Zo wordt er een verbinding van border naar bomen, dus laag naar hoog, tot stand gebracht. Opnieuw: eenheid!

EEN TUIN IS EEN LOGISCH GEHEEL ALS:

- er een natuurlijke gelaagdheid is;
- er eenheid in sfeer is;
- delen van de tuin met elkaar samenhangen door herhaling van een aantal plantensoorten (ritme);
- er verbinding is, bijvoorbeeld in kleur, tussen borderplanten en de kleur van bomen en/of heesters.

Is de tuin groter en ingedeeld in diverse tuingedeelten dan geldt dit niet per se voor de tuin als geheel, maar wel voor elk tuindeel.

Rust. Groot blad trekt de aandacht. Groot blad in een border werkt dan ook als een rustpunt. De blik valt direct op de grote *Hosta* links, pauzeert daar, zoekt dan naar meer van hetzelfde en vindt dat uiterst rechts en links boven de waterloop. Vervolgens kijk je verder, maar dwaal je steeds terug naar *Hosta* links.

2. BOEIENDE BORDER

Is een goede border hetzelfde als een mooie border? Mooi is een discutabel begrip, want wat de één mooi vindt, ervaart de ander als oninteressant of zelfs lelijk. Wat is het dán dat een border kenmerkt als goed of niet goed? Misschien komt het woord *boeiend* beter in de buurt dan de term *mooi*.

EEN BORDER BOEIT DOOR:

1. rustpunten (groot blad);
2. ritme/herhaling;
3. bijzondere kleur- en vormcombinaties.

BORDER

Een border is een strook grond beplant met vaste planten en/of kleine heesters. Hij wordt begrensd door een muur, schutting of een haag. Wanneer het oppervlak beperkt is, bestaat de border uit vaste planten en bloembollen.
In iets grotere borders kunnen ook kleine heesters zoals geknipte wintergroene *Ilex* (hulst), kleine seringen, *Caryopteris* (baardbloem) of rozen een plaats hebben. De ideale breedte van zo'n border bedraagt 2 tot 3 meter. Een breedte van 1,25 meter is een minimum om een mooie vaste plantenborder te kunnen maken. Nog smallere borders kunnen beter betiteld worden als een beplantingsrand en zijn lastig jaarrond boeiend te maken.
Grote heesters worden soms als achtergrond van de border gebruikt. In een kleinere tuin nemen ze echter te veel ruimte in en wordt de voorkeur gegeven aan een geknipte haag.
Naast vaste plantenborders zijn er ook borders die voor het merendeel uit heesters en bomen bestaan. Ze worden meestal aangeduid als singels. Reken voor een dergelijke heesterborder toch al snel een breedte van 3 tot 5 meter. In dit boek komen voornamelijk vaste plantenborders aan de orde.

CONCEPT

Met een concept wordt het idee, uitgangspunt of thema van de tuin bedoeld. Dit krijgt extra kracht als de plantkeuze het concept versterkt waardoor de uitstraling van de tuin als geheel vergroot wordt. Een voorbeeld: stel dat als thema voor een kleine, tussen muren opgesloten tuin, 'ontsnappen aan de ruimte' gekozen is. Door vooral veel aarvormige planten op te nemen in het beplantingsplan is het mogelijk een verbinding te leggen tussen de opgesloten ruimte en de vrije lucht erboven. De blik van de toeschouwer zal onbewust de verticale lijn van de planten volgen en daarmee het gevoel versterken om te kunnen ontsnappen aan deze benauwde ruimte. Door hier de regel dat beplanting uit verschillende vormcombinaties moet bestaan los te laten, wordt een krachtig effect verkregen dat absoluut werkt en onbewust ervaren zal worden.

Bijzondere combinaties. Onze blik pauzeert net even wat langer bij het zien van boeiende combinaties van kleuren en vormen. We zijn erdoor gefascineerd. *Aster ageratoides* 'Theo' en *Persicaria amplexicaulis* 'JS Caliente'.

BOEIENDE BEPLANTING

Iets wat boeit, trekt de aandacht. Vertaald naar borderbeplanting betekent dit dat je oog bijna vanzelf, onbewust naar iets boeiends in de border getrokken wordt. Door het ontwerp van een border kan, door het toepassen van rust, ritme en boeiende combinaties, de aandacht worden gevangen.

Het digitaal omzetten van kleurenfoto's van borders naar zwart-wit is een goede manier om te kunnen beoordelen of een border goed (= boeiend) is. Is het zwart-wit beeld interessant om naar te kijken dan weten we dat we een goede border hebben. Zo niet, dan moet het ontwerp worden bijgesteld (zie deel 4, Borderrenovatie).

Ritme. Herhaling van karakteristieke planten of groepen planten. Onbewust zoeken we graag naar meer van hetzelfde en zijn dus langer geboeid door de border. *Salvia nemorosa* 'Mainacht', *Allium atropurpureum* en *Ornithogalum magnum*.

3. KIJKEN NAAR PLANTEN

Boeken leveren veel informatie en kennis op, maar door goed te kijken kom je al heel veel te weten over de plant en zijn favoriete standplaats. Datzelfde geldt voor het gedrag van een plant in de border. Kijken en zien!

Darmera peltata (schildblad) is aangepast aan vochtige, schaduwrijke omstandigheden.

KIJKEN NAAR HET UITERLIJK

Tijdens de evolutie heeft de natuur de plant eigenschappen meegegeven waardoor hij optimaal kan overleven op de plaats waar hij van nature voorkomt. Kijkend naar het uiterlijk van een plant kun je al veel zeggen over de plaats waar hij het best gedijt.

GROOT EN GROEN BLAD

Planten met groot blad verdampen via hun bladoppervlak veel vocht. Dat water moet worden aangevuld anders krijgt de plant een watertekort, verliest bladspanning en zal slap gaan hangen. In de vochtige omstandigheden van een moeras of langs de waterkant is dat geen probleem en kunnen dergelijke planten voldoende water opzuigen om hun waterbalans te handhaven. Wanneer er bomen groeien en er dus veel schaduw is, levert schaduw voor deze planten geen onoverkomelijke moeilijkheden op, want hun blad heeft een voldoende groot oppervlak om het weinig beschikbare licht te absorberen en te gebruiken voor de productie van groeistoffen. Een plant met groot blad moet in de tuin dus vochtig staan. Lukt dat niet geef hem dan in elk geval een plaatsje uit de volle zon en verbeter de grond zodat deze meer vochtvasthoudend wordt.

Stachys byzantina (ezelsoor) kan goed tegen zon en droge grond.

Rosmarinus (rozemarijn). Het blad is naaldvormig en geurt bij aanraking door de aanwezigheid van etherische olie.

KLEIN BLAD EN GRIJS BLAD

Een plant met fijn naaldachtig blad, zoals bijvoorbeeld rozemarijn of tijm, verdampt door het kleine bladoppervlak heel weinig water en is daarmee aangepast aan droge en hete omstandigheden in de volle zon. Het geringe oppervlak van het blad van deze planten vormt geen probleem voor het vangen van voldoende licht; er is immers genoeg licht. Heeft het blad een zilvergrijze kleur dan wordt het zonlicht weerkaatst en wordt de temperatuur van de plant niet té hoog. Veel van dergelijke planten hebben ook ietwat harig blad. De haartjes zorgen ervoor dat het verdampte vocht als een klein laagje om het blad ligt, waardoor de verdamping verminderd wordt. Op deze manier kan de plant dus zo zuinig mogelijk omgaan met het beschikbare water. Dergelijke planten horen in de tuin op een zonnige, warme plaats te staan.

AROMATISCH BLAD

Er zijn planten waarvan het blad geurt als je het aanraakt of fijnwrijft. Die geur is afkomstig van etherische oliën die de plant produceert. Ook dit zijn planten voor droge omstandigheden in de volle zon. Bekende voorbeelden zijn tijm, rozemarijn en diverse andere mediterrane kruiden. In de volle zon verdampen deze oliën en verlagen op die manier de temperatuur van de plant. Bijkomend voordeel is dat bepaalde geuren insecten aantrekken of juist afstoten. Dat is in het eerste geval een voordeel voor de bestuiving en in het tweede geval een middel om schade of ziekte veroorzakende insecten te weren.

KARAKTER – POLVORMIG OF NEIGING TOT UITBREIDEN

Aan de wortelhals van een plant kun je zien of hij zich langzaam of snel uit zal breiden en of hij armere of juist rijkere grond nodig heeft. De wortelhals van een plant is de plaats waar wortels en stelen bij elkaar komen. Hier ontstaan nieuwe stelen en nieuwe wortels. Wanneer de wortelhals compact is, heeft de plant weinig neiging tot uitbreiding en kan jaren op dezelfde plaats blijven staan. Dat betekent dat hij kennelijk genoeg voedsel op die plaats kan vinden om te overleven en dus ook minder rijke grond nodig heeft. *Salvia nemorosa* is een goed voorbeeld. Geef je deze plant té rijke grond dan groeit hij uit tot een lange sliertige plant waarvan de bloeistengels snel omvallen. Op armere grond groeit hij mooi compact en hoef je hem zelden te delen omdat hij te groot wordt.

Soms is de wortelhals losser en zie je dat er nieuwe groeischeutjes aan de buitenzijde van de pol zitten. Je weet dan dat de plant zal uitdijen. Deze plant heeft veel voedsel nodig en wil dus graag rijke grond hebben. Een prachtig voorbeeld is de lis (*Iris sibirica*). Na een jaar of drie zien we dat de pol te groot geworden is en minder goed bloeit. Het meest opvallende is het gat dat midden in de pol ontstaan is. Op de plek, waar hij ooit geplant is, is het voedsel op en de plant is op zoek gegaan naar een nieuw voedselrijker gebied. Het middengedeelte stierf af. Zie je dit gebeuren dan betekent het dat je de pol moet delen. De buitenste jonge delen kunnen herplant worden waarbij de grond wordt verbeterd door toevoeging van compost. Iets vergelijkbaars zien we ook bij de bergamotplant (*Monarda*), moerasspirea (*Filipendula rubra* 'Venusta') en veel soorten *Miscanthus* (Chinees prachtriet).

HET UITERLIJK VAN EEN PLANT VERRAADT VEEL OVER DE STANDPLAATSVOORKEUR EN HET KARAKTER.

De wortelhals van *Salvia nemorosa* is compact wat betekent dat de plant op voedselarmere grond kan groeien en geen neiging heeft om snel groter te worden.

Ter hoogte van de wortelhals van *Miscanthus sinensis* 'Gracillimus' ontstaan nieuwe scheutjes. Daaraan kun je zien dat dit siergras van voedselrijke grond houdt en zal uitdijen.

4. PLANTEN KIEZEN OP BASIS VAN STANDPLAATSVOORKEUR

Meestal is een bezoek aan een tuincentrum of kwekerij de eerste stap op weg naar een nieuwe border. Vaak laten we ons daar leiden door 'mooi/niet mooi'. Hiermee halen we ons gelijk een probleem op de hals. We kopen planten die we mooi vinden, maar vergeten te kijken of ze op díe speciale plaats in onze tuin zullen groeien en bloeien. We zijn uitgegaan van onze eigen wensen en hebben onvoldoende gekeken naar de wensen van de plant.

NATUURLIJKE STANDPLAATS

In de vrije natuur zoekt elke plant een plaats waar hij zich prettig voelt en zich gezond kan ontwikkelen. Niet alleen de grondsoort, de wind, de hoeveelheid licht, water en ruimte zijn van belang, maar ook de relatie met andere planten speelt een rol. Dit brengt ons bij het begrip 'ecologie' en 'plantengemeenschappen'. Ecologie bestudeert enerzijds de relaties tussen organismen onderling en anderzijds de relaties tussen organismen en niet-biologische factoren. Voorbeelden van deze laatste zijn temperatuur, bodemgesteldheid en hoeveelheid licht. De kleinste eenheid van organismen die met elkaar samenleeft in een bepaald gebied – planten, dieren en micro-organismen – wordt een ecosysteem genoemd. Talloze vierkante meters natuur, verspreid over de wereld, zijn geïnventariseerd waarbij soorten, variëteiten en aantallen nauwkeurig werden geteld. Wat blijkt: bepaalde planten leven altijd samen in dezelfde omstandigheden. Zij vormen met elkaar een plantengemeenschap. Een plantengemeenschap is een onderdeel van een ecosysteem.

Op voedselarme, zure zandgrond zien we van nature vaak een vaste combinatie van struikheide met vliegdennen, jeneverbessen, brem en/of gaspeldoorn, bochtige smele en korstmossen. Deze planten vormen met elkaar een plantengemeenschap.

Consequenties

Bovenstaande heeft consequenties voor de beplanting van onze tuin. Van kind af aan weten we, onbewust, dat knotwilgen langs de sloot staan. We denken onwillekeurig, behalve aan knotwilgen, ook aan riet, gele lissen en gele plomp, als we een 'plaatje' van een sloot in ons hoofd maken. Niemand zal aan lavendel denken! Kennelijk vormen in ons beeld wilgen, lissen, riet en plompen een vaste combinatie. De uitstraling van de beplanting in een tuin voelt goed als hij aansluit bij ons intuïtieve beeld. Dan ervaren we het als logisch en vanzelfsprekend.

DE GOEDE PLANT OP DE JUISTE PLAATS

In onze tuin zetten we dus het liefst planten die bij elkaar 'horen' en dezelfde groeiomstandigheden wensen. Dit verhoogt het gevoel van een natuurlijk evenwicht en vergroot tegelijkertijd de kans dat de planten goed gedijen. Hansen en Stahl, twee Duitse plantdeskundigen, geven in hun boek *Stauden und Ihre Lebensbereiche in Gärten und Grünanlagen* aan in welke groeiomstandigheden welke planten zullen gedijen. Daarbij wordt niet alleen gekeken naar inheemse planten, zoals het geval is bij bestudering van de plantengemeenschappen, maar ook naar planten afkomstig uit andere gebieden op aarde. Dat is logisch omdat veel van onze tuinplanten van oorsprong uit andere werelddelen komen. De indelingen en plantenlijsten zijn weliswaar compleet en heel gedetailleerd, maar zijn naar ons idee lastig werkbaar in de praktijk, zeker voor de geïnteresseerde tuinliefhebber. Wil je een goed idee krijgen welke planten op een bepaalde plaats gedijen, dan raden we je aan om te kijken naar deel 3 van dit boek.

Nuancering

Een nuancerende opmerking lijkt ons hier op zijn plaats. We zijn een absolute voorstander van de juiste plant op de juiste plaats, maar het is geen star systeem. Planten blijken zich verrassend aan te kunnen passen aan groeiplaatsen waar je ze niet zou verwachten.

Logica in een beplanting wil niet zeggen dat je per se moet kiezen voor planten die in de natuur samen voorkomen. Deze schaduwbeplanting oogt vanzelfsprekend en voelt prettig terwijl er planten, die oorspronkelijk uit diverse landen afkomstig zijn, gebruikt zijn. Wél zijn ze allemaal geselecteerd op voorkeur voor standplaats en dat maakt dat ze goed met elkaar combineren.

ONDERHOUD

Er zijn bij aanplant geen extra aanpassingen nodig wanneer alle planten zó gekozen zijn dat ze passen bij de omstandigheden die kenmerkend zijn voor de betreffende tuin. Een goed afgestemde beplanting behoeft het minste onderhoud en gedijt het gemakkelijkst. Een roos hoeft dan niet van extra kleigrond te worden voorzien terwijl de ernaast staande lavendel juist verarming van de grond vraagt. Maar… we zijn nu eenmaal verzamelaars en kiezen toch graag planten die we het mooist vinden. En daarmee kiezen we ook wel eens soorten die qua condities minder goed bij elkaar passen. Het is dan een afweging tussen 'mooi' en 'meer onderhoud'. Hoewel wij ons terdege bewust zijn van de noodzaak om planten te kiezen die qua omstandigheden bij elkaar passen, worden ook wij wel eens in de verleiding gebracht… Sommige plantencombinaties in deel 2 van dit boek getuigen daarvan.

ALS WE LETTEN OP DE VOORWAARDEN DIE PLANTEN STELLEN, MAAKT DAT HET ONDERHOUD GEMAKKELIJKER EN KRIJG JE DE MOOISTE BEPLANTING.

EXPERT

OMSTANDIGHEDEN

Het is van belang om de beplanting van je tuin zó samen te stellen dat hij logisch en vanzelfsprekend is. Grenst je tuin aan een natuurlijke omgeving dan is het extra belangrijk om qua beplanting daarop aan te sluiten. Dit hoeft niet per se te betekenen dat je de inheemse beplanting van het aangrenzende gebied kopieert, maar deze vormt naar onze mening wel de inspiratiebron.

Is je tuin een eigen eenheid, afgesloten van de natuurlijke omgeving door bijvoorbeeld hagen, of ligt je tuin in een woonwijk dan kun je je meer vrijheid permitteren voor wat betreft de plantkeuze. Maar ook dan geldt: kies planten die passen bij de omstandigheden van de standplaats. Beplanting die past bij de standplaats heeft een onderhoudsvriendelijk karakter en kent een gezonde ontwikkeling. Roy Diblik bevestigt dit in zijn boek *The Know Maintenance*. Vrij vertaald zegt hij: 'Leer je plant kennen en geef hem de condities in je tuin die gelijk zijn aan de plaats waar hij van nature groeit.' Door *Know Maintenance* kom je dichter in de buurt van *No Maintenance*, al is dit laatste op geen enkele manier voor de volle honderd procent bereikbaar.

5. PLANTEN KIEZEN OP BASIS VAN KLEUR

Ook al heb je een fantastisch kleurgevoel, enige kennis van de kleurentheorie is een goede basis bij het maken van fraaie kleurcombinaties in de border. We kijken in dit hoofdstuk naar belangrijke begrippen als warme en koude kleuren, complementaire kleuren en kleurenschema's. Bij het bepalen van de kleuren en de kleurbenaming zijn wij uitgegaan van de RHS Colour Chart.

DE KLEURENCIRKEL

In een kleurencirkel vormen de drie primaire kleuren geel, magenta (ook roodpaars of roze genoemd) en cyaanblauw de basis. Daartussen staan de secundaire kleuren die ontstaan wanneer deze primaire kleuren gemengd worden: rood (geel met magenta), violet (magenta met cyaanblauw) en groen (cyaanblauw met geel). Rechts in de cirkel staan de warme kleuren (groengeel tot roodpaars), links staan de koude kleuren (paars tot groen). Magenta en groen zijn in evenwicht, ze zijn niet warm en niet koud.
Warme kleuren zijn expressief, opwindend en vallen erg op. Ze hebben bovendien een hogere helderheid en komen hierdoor op je af. Koude kleuren zijn veel bescheidener, rustig en subtiel. De helderheid is lager waardoor ze de neiging hebben om te wijken, koude kleuren suggereren daardoor diepte.

Harmonieus kleurenschema Harmonieuze combinaties geven een gevoel van rust, ze zijn eenvoudig samen te stellen door kleuren te kiezen die in de kleurencirkel dichtbij elkaar liggen. Bijvoorbeeld roodpaars (roze), paars en paarsviolet. Heel harmonieus is het monochrome kleurenschema, dat slechts uit één kleur bestaat. Er worden wel diverse tinten van die kleur gebruikt, zoals in het geval van geel: heldergeel, lichtgeel, oranjegeel en groengeel. In elke tuin is groen als basiskleur aanwezig, dus eigenlijk gaat het in de tuin toch al om twee kleuren. De verzadiging van de kleur is belangrijk bij het streven naar harmonie. De verzadiging geeft aan hoe krachtig en zuiver een kleur is. Kleuren die ongeveer dezelfde verzadiging hebben, sluiten harmonieus op elkaar aan. Bijvoorbeeld vol rood en intens oranje. Pasteltinten met ongeveer evenveel wit erin zorgen altijd voor een rustig beeld, zelfs het complementaire paar lichtoranje en lichtblauw.

KLEUREN MENGEN

De manier waarop je de planten in de border zet, is belangrijk voor het effect. Je kunt werken met grote vlakken of juist een mix maken van kleine kleurgroepjes. Niet alleen de gekozen kleuren, maar ook de hoeveelheid kleur is van belang. Een paar kleine groepen van een contrasterende kleur wekken wel spanning op, maar verstoren het beeld niet. De grootte van de bloemen speelt hierbij een speciale rol: kleine bloemen werken als stipjes op een pointillistisch schilderij. Veel kleine kleurvlakjes vermengen zich tot één kleur als ze van een afstand gezien worden en dat wordt al snel een wat grauwe, nietszeggende tint. Grote kleurvlakken vermengen zich niet zo makkelijk, zodat de gekozen kleuren beter uitkomen.

KLEUREN COMBINEREN

In borders en perken kun je rijkbloeiende borderplanten en bladplanten mixen tot een fraai geheel. Het gekozen kleurenschema bepaalt hierbij voor een groot deel de sfeer én of het effect geslaagd is. Er zijn twee soorten kleurenschema's: harmonieus en contrasterend.

EXPERT

KLEURVERHOUDINGEN

Let bij het combineren op de onderlinge verhouding van de kleuren:

- Neem veel van een basiskleur, wel tot 70%, en minder van een accentkleur.
- Neem veel van een onverzadigde kleur zoals grijsgroen en weinig van een verzadigde kleur zoals helderrood.
- Gebruik meer van een donkere of koele kleur en minder van een lichte of warme kleur.
- Neem liever een lichte tint van een kleur met een hoge helderheid en een donkere tint van een kleur met een lage helderheid. Lichtgeel is bijvoorbeeld mooier bij donkerpaars dan donkergeel met lichtpaars.

Contrasterend kleurenschema Door kleuren te combineren die ver uit elkaar staan in de kleurencirkel, ontstaat er een opvallend en contrastrijk kleurenschema. De kleuren die in de cirkel tegenover elkaar staan, worden complementaire kleuren genoemd: geel en violet, rood en cyaanblauw, magenta en groen. Bij het maken van kleurcombinaties zijn er sprekende contrasten te maken met deze complementaire kleurenparen. Ook kleuren die net niet helemaal complementair zijn, werken heel verrassend naast elkaar. Bijvoorbeeld veel donkerviolet met een beetje lichtoranje als accentkleur. Vergeet hierbij zeker niet de bladplanten, die er ook in opvallende kleuren zijn zoals grijzig paars en helder groengeel. Contrasten vragen de aandacht en zijn dus goed als je een border wilt laten opvallen.

6. PLANTEN KIEZEN OP BASIS VAN BLOEMVORM

Wanneer we planten voor onze border kiezen, kijken we behalve naar de kleur ook naar andere eigenschappen van de plant. Zo is de vorm van de bloem zeker ook van belang.

VOORBEREIDING

Lukt het niet de planten in een tuinsituatie te zien, dan is een kwekerijbezoek de moeite waard. Een boek en/of het internet kan ook een redmiddel zijn. Neem de tijd en moeite om de planten te observeren. Je wilt immers een boeiende border maken. Het oude spreekwoord geldt ook hier: een goede voorbereiding is het halve werk.

ANDERE EIGENSCHAPPEN

We kijken meestal vooral naar de kleur van de bloemen, maar er zijn meer eigenschappen van de plant die een rol spelen bij het maken van mooie combinaties. Hoeveel indruk maakt de plant, trekt hij alle aandacht naar zich toe of zie je hem gemakkelijk over het hoofd? Staat hij fier rechtop of groeit hij als een bolvormig heuveltje? Heeft hij opvallend grote bloemen die je van veraf ziet of zijn ze juist fijntjes en subtiel. In dit hoofdstuk kijken we naar de vorm van de bloem. In het volgende hoofdstuk naar het blad en verderop komt het karakter van de plant aan de orde.

BLOEMVORMEN

In het plantenrijk onderscheiden we een aantal bloemvormen van elkaar. Elke vorm heeft daarbij een bepaald effect. We onderscheiden aarvormen, knopen, pluimen, schermen en margrietachtige vormen. Natuurlijk zijn niet alle planten strikt in één van deze groepen in te delen maar een indeling, zoals getoond op de volgende bladzijden, geeft ons in elk geval een houvast.
In een spannende en aantrekkelijke border zien we dat deze verschillende bloemvormen naast elkaar aanwezig zijn. Een border die alleen uit aarvormen bestaat, is saai. Maar een border die hoofdzakelijk uit margrietachtige bloemen bestaat is dat eveneens. Door toevoeging van bijvoorbeeld pluimvormige bloeiwijzen ontstaat een meer interessante combinatie en een mooi effect. We kiezen voor de border dus graag planten die tot de verschillende groepen behoren.

OBJECTIEF OBSERVEREN

Na een eerste sfeerimpressie kan objectieve observatie van de borderbeplanting antwoord geven op de vraag hoe de beplanting is samengesteld en waarom hij ons al dan niet raakt. Is de beplanting minimalistisch of juist weelderig en kleurrijk? Oogt hij natuurlijk? Zo ja, hoe komt dit dan? Heeft het te maken met de keuze van de planten of met de compositie? De ervaring leert dat het heel prettig is om samen met andere tuinliefhebbers op deze manier naar beplanting te kijken. Het is goed om je te realiseren dat een beplanting geen samenraapsel is van allerlei planten, maar een doordacht en op principes gebaseerd systeem.

Veronicastrum virginicum 'Pink Glow'

AARVORMEN

Opgaande vormen die een verbinding vormen tussen hemel en aarde. Ze richten onze blik omhoog en trekken de aandacht. Ze staan als een opgestoken ('let op') wijsvinger tussen de beplanting. Aarvormige planten functioneren als de uitroeptekens van de border.

Agastache 'Black Adder'

VERSCHILLENDE BLOEMVORMEN

Aarvormen	de uitroeptekens van de border
Knopen	gebundelde aandacht
Pluimen	verzachtend transparant
Schermen	aards
Margrietachtigen	vriendelijk

GECOMBINEERD VERSTERKEN OF VERZACHTEN DE VERSCHILLENDE BLOEMVORMEN ELKAAR.

Kniphofia 'Bee's Sunset'

KNOPEN EN BOLLEN

Sterke compacte vorm, gebundelde energie. Knopen en bollen trekken gefocuste aandacht.

Succisa pratensis

Allium 'Mount Everest'

Allium 'Purple Sensation'

Cirsium rivulare 'Atropurpureum'

MARGRIETACHTIGEN

Bloemen zoals kinderen een bloem het liefst tekenen. Vriendelijk en vertrouwd. Na de bloei blijven vaak knopen over en krijgt de vorm daarmee een steviger uitstraling.

Hepatica nobilis

Echinacea purpurea

Coreopsis grandiflora 'Solanna Glow'

SCHERMEN

Plat tot iets bolvormig, aards, met twee voeten op de grond, tegenovergesteld aan de aarvormige bloemen. Vriendelijk herinnerend aan de schermen van fluitenkruid en wilde wortel uit de bermen.

Daucus carota

Achillea millefolium 'Forncett Fletton'

PLUIMEN

Transparant, zacht, verzachtend, verbindend, losjes, wazig, beweeglijk, lichtvoetig, licht, sprookjesachtig.

Alchemilla mollis

Calamagrostis brachytricha

7. PLANTEN KIEZEN OP BASIS VAN BLAD

Behalve de kleur en de vorm van de bloemen is ook het blad van de plant van belang bij het samenstellen van een goede borderbeplanting. De rol van blad wordt vaak onderschat. We zijn immers vooral geneigd naar bloemkleur te kijken, maar het belang van goed blad kan niet genoeg benadrukt worden.

GOED BLAD

Bloemen sieren de border maar kort, op een enkele uitzondering na. Het blad is echter vaak maanden zichtbaar. Goed blad is blad dat gedurende lange tijd mooi blijft. Het kiezen van dergelijk blad is in het bijzonder van belang voor de voorzijde (= zichtzijde) van de border. Hier kijk je immers tegenaan. Verschillende bladvormen brengen verschillende effecten teweeg. Reden genoeg om een apart hoofdstuk te wijden aan de vorm, grootte, kleur en textuur van bladeren.

GROOT BLAD

brengt rust in een border omdat het de aandacht trekt en we er (onbewust) net iets langer naar kijken. Het is lastig om groot blad als rustpunt voor een zonnige border te vinden. Groot blad vinden we immers vaak aan de waterkant en/of in de schaduw. *Hosta plantaginea*, *Aster tataricus* 'Jindai', *Bergenia* en *Heuchera villosa* hebben groter blad en groeien goed op een zonnige plaats.

Hosta 'Halcyon'

Kirengeshoma palmata

Salvia sclarea

Arum italicum 'Marmoratum'

Darmera peltata

LIJNVORMIG BLAD is elegant, soms beweeglijk en mag daarom niet ontbreken. Zeker niet als we een meer natuurlijke beplanting willen, siergrassen bijvoorbeeld geven elke beplanting een natuurlijke toets. Plaats je fijn, lancetvormig blad naast brede, ronde of hartvormige bladeren dan ontstaan er interessante vormcontrasten. Denk voor een zonnige plek aan *Acanthus* of *Persicaria* met *Calamagrostis* x *acutiflora* op de achtergrond en voor de (half) schaduw aan *Brunnera* naast *Liriope* of *Carex*.

Luzula sylvatica 'Hohe Tatra'

Miscanthus sinensis 'Gracillimus'

Iris sibirica

FIJN BLAD
is verfijnd, soms pluimachtig en transparant. Te veel fijn blad kan rommelig aan doen.

Foeniculum vulgare

Corydalis lutea

Osmunda regalis

Galium odoratum

SPELEN MET BLAD
Vooral in schaduwtuinen, waarvoor de keuze uit bloeiende planten minder groot is, speelt blad een belangrijke rol en kun je door verschillende bladvormen en bladkleuren te combineren een prachtige beplanting maken. Let je daarbij ook op de textuur van de bladeren (zie hiernaast) dan biedt dat nog een extra mogelijkheid. Het ene blad glanst, het andere is dof en alle weerkaatsen ze het beschikbare licht op een andere manier. Misschien subtieler dan een border in volle zon, maar zeker even mooi als je er oog voor hebt. Voeg volop voorjaarsbloeiende bollen toe en je schaduwtuin wordt een blikvanger.

Darmera peltata

Helleborus argutifolius

Hosta 'Bedford Blue'

Digitalis purpurea

EXPERT

TEXTUUR VAN BLAD

Naast de vorm wordt blad ook gekarakteriseerd door de textuur. Hiermee bedoelen we de wijze waarop het oppervlak van een blad eruitziet en aanvoelt. Is het glanzend en glad, voelt het ruw en bobbelig, is het behaard? Is het leerachtig dik of juist bijna transparant dun? Al deze eigenschappen bepalen hoe een blad eruitziet en hoe het licht weerspiegeld of geabsorbeerd wordt. Het gebruik van alleen glanzend blad in een border voldoet niet, maar alleen mat blad mist net dat weerkaatste licht dat de border sprankelend maakt. Subtiele effecten die de laatste jaren steeds meer erkend worden, vanwege de effecten op de uitstraling van beplanting.

Gunnera manicata

8. PLANTEN KIEZEN OP BASIS VAN KARAKTER

We kunnen op meerdere manieren naar planten kijken. Naar vorm, kleur en bloeitijd, naar bloem en blad maar ook naar karakter. Elke plant heeft een eigen karakter en vervult daarmee een specifieke rol in de beplanting.

Agastache 'Black Adder' is een kleurrijke structuurplant.

KARAKTER VAN DE PLANT

Solitairen
Imposante, grote, stevige, jaarrond opvallende en goed rechtopstaande planten die, ook al worden ze als eenling gebruikt, direct de aandacht naar zich toetrekken. Door ze her en der in de border te plaatsen, zal de blik onherroepelijk over de hele border worden geleid.

Structuurplanten
Structuurplanten vormen de garantie voor een lang houdbare structuur van de border en zorgen daarnaast voor kleur. Ze zijn het jaarrond mooi (knop, stengels, bloem, blad, wintersilhouet) en goed rechtopstaand.

Vulplanten
Vulplanten zijn de 'feestmutsen' van de border. Ze bloeien uitbundig, maar kort. Ze hangen, vallen om of groeien door andere planten heen ('weven'). Ze geven de beplanting een fleurige natuurlijke ongedwongenheid en *schwung*.

Strooiplanten
Veel planten die in bescheiden mate uitzaaien, 'strooien' zichzelf als het ware. Denk bijvoorbeeld aan *Aquilegia* (akelei) en *Campanula persicifolia* (perzikbladig klokje). Ook bloembollen worden de laatste jaren graag gestrooid naar voorbeeld van de Nederlandse specialiste in bloembollenbeplantingen, Jacqueline van der Kloet.

Verhouding
Oudolf adviseert, om naast enkele solitair planten, een verhouding van ongeveer twee derde deel structuurplanten en circa een derde deel vulplanten te gebruiken bij het samenstellen van een border. De grote hoeveelheid structuurplanten zorgt ervoor dat een border niet als een plumpudding in elkaar stort halverwege de zomer.

Elke plant heeft een functie in een border. In een ideaal beplantingsplan kun je geen enkele plant in de combinatie missen, maar geeft toevoeging van een soort ook niets extra's. Het is een uitgebalanceerd geheel. De blikvangende planten in de border op de foto zijn de gele *Achillea* (duizendblad) en de aarvormige paarse *Salvia*. Zij trekken onmiddellijk de aandacht. Al snel zie je achter de donkerpaarse *Salvia* nog meer geel duizendblad. Je blik zoekt onbewust naar meer van hetzelfde. *Achillea* en *Salvia* zijn structuurplanten: ze hebben voldoende vorm- en zeggingskracht, bloeien goed en hebben stevige silhouetten na de bloei. Ook de *Echinacea*, met de roze margrietachtige bloemvorm, is een structuurplant. Structuurplanten worden in grotere aantallen gebruikt en geven kleur, vorm en stevigheid aan de border. Kattenkruid (*Nepeta*), aan de linkerzijde van de border, bloeit weliswaar lang, maar zakt graag een beetje uit. Hij heeft het karakter van een vulplant, net als de *Geranium* op de voorgrond: vrolijke, kleurrijke planten die tussen de andere planten doorkruipen of nonchalant gaan hangen. Ze geven de border 'schwung'. Zijn ze uitgebloeid of gaat het licht vriezen dan is er snel weinig meer van over. *Knautia* (beemdkroon, roze bloemen midden links op de foto) is over de border 'uitgestrooid'. Net als de, nu onzichtbare, bloembollen onder de grond behoren zij tot de strooiplanten. De wintergroene snoeivorm rechts geeft jaar in jaar uit, zomer en winter, houvast aan de border: een stevig ijkpunt, een echte solitair.

ELKE PLANT EEN EIGEN KARAKTER EN ROL

De Nederlandse beplantingsdeskundige en ontwerper Piet Oudolf verrichtte baanbrekend werk in de ontwikkeling van een nieuwe visie op het gebruik van planten in beplantingen. Mede door hem kijken we nu anders. Zo heeft elke plant een eigen karakter en speelt daarmee een speciale rol in beplantingen; naast opvallende solitairplanten maken we een onderscheid tussen structuurplanten, vulplanten en strooiplanten. Natuurlijk is dit geen starre indeling, maar een glijdende schaal. Het is zinvol om eens op deze manier te kijken en met deze indeling rekening te houden als we een combinatie van planten gaan kiezen voor onze borders.

EEN GOED SAMENGESTELDE BORDER IS ALS EEN MAATSCHAPPIJ

Solitairplanten zijn de koningen en koninginnen van de border. In hun eentje trekken ze alle aandacht. Structuurplanten vormen de persoonlijkheden van de beplanting. Je kunt er niet omheen. Ze geven kleur, zijn lang mooi en staan goed rechtop. Daarentegen zijn de vulplanten de feestgangers van het stel. Kort, maar intens bloeiend, hangend en wevend. En dan de toevallige, nonchalante en natuurlijke toets, de strooiplanten. Letterlijk gestrooid. In de juiste verhouding functioneert alles prima!

9. DE KERSEN OP DE TAART

Kleur en vorm van bloemen en blad, de hoogte en bloeitijd van de plant zijn belangrijk bij het maken van een beplantingsplan. Beplanting kan extra subtiliteit en waarde krijgen als je ook op geur, beweging, herfstkleuren en silhouetten let.

GEUR

Als je door een tuin loopt en je wordt plotseling verrast door een vleugje heerlijke geur, dan verandert je stemming en je aandacht. Wij vinden dat er in een tuin, als het maar even kan, geurende bloemen en heesters aangeplant moeten worden. Hoewel geur niet bedoeld is voor mensen, maar om insecten aan te trekken, worden we er wél blij van!

GRASSEN, BEWEGING, SILHOUETTEN EN TEGENLICHT

Siergrassen geven een tuin een meer natuurlijke uitstraling. Het zijn gemakkelijke sterke planten, die weinig onderhoud vragen. Bij het kleinste zuchtje wind bewegen ze en voegen daardoor een extra dimensie toe aan het tuinbeeld. Als je de grassen, gezien vanuit het huis of vanaf het terras, tegen licht zet word je verrast door een prachtig lichtspel als de zon ze aan de achterzijde aanlicht. Dat geldt overigens niet alleen voor siergrassen, maar ook voor bomen met groot lichtgroen blad, zoals de *Catalpa* en heesters en bomen met gekleurd blad. Het warmoranje licht dat door het blad van *Cercis canadensis* 'Forest Pansy', *Cotinus coggygria* 'Royal Purple' of de amberboom (*Liquidambar styraciflua*) valt, is fantastisch.

Het licht valt prachtig door het blad van *Cotinus coggygria* 'Royal Purple'.

GEUR, LICHTVAL, BEWEGING, SILHOUET, VLINDERS, INSECTEN EN HERFSTKLEUREN VORMEN DE SPREEKWOORDELIJKE 'KERS OP DE TAART' VAN EEN BEPLANTING.

De bloemen van *Syringa tigerstedtii* geuren sterk.

Het silhouet van uitgebloeide *Phlomis* (brandkruid) is na de bloei nog lang mooi.

Dagpauwoog op een vlinderstruik (*Buddleja davidii*)
Vlinders, bijen, hommels en andere insecten zorgen ervoor dat er in tuin veel meer te beleven valt. Door soorten aan te planten die deze dieren aantrekken, dragen we bij aan de ecologische diversiteit die momenteel onder druk staat.

DIEREN

Een zoemende zomerborder met hommels en bijen met oranje-gele stuifmeelklompjes aan hun achterpoten, vliegend van bloem naar bloem, fascineert altijd. Van een puttertje, een vogeltje met een felrode snoet en een geel accent op zijn vleugels, dat de zaden uit de kegels van de kaardenbollen komt snoepen, wordt iedereen enthousiast. Planten die insecten en vogels aantrekken, zijn niet alleen leuk maar ook van groot belang nu de insectenstand volgens de laatste onderzoeken zo terugloopt. Particuliere tuinen vormen samen ongeveer veertig procent van het totale groen in Nederland. Particulieren kunnen dus een essentiële bijdrage leveren aan het behoud van onze biodiversiteit. De aanplant van diervriendelijke bomen, heesters en planten in onze tuinen is een waardevolle bijdrage.

Voorbeeld van een Engelse border.

10. PLANTEN GROEPEREN

Het uiterlijk, de standplaats en het karakter van de planten zijn nu bekend en we weten welke rol elke plant heeft in een beplanting. De volgende stap is het groeperen van planten in een border.

STIJLEN EN TRENDS

De manier waarop we planten kiezen en de wijze waarop we ze rangschikken tot een border is geen gereglementeerd en star systeem. Het is een komen en gaan van modeverschijnselen en trends. Sommige stijlen hebben een stempel gedrukt op de tuinkunstgeschiedenis terwijl andere trends van korte duur bleken te zijn. Terugkijkend is de al dan niet blijvende invloed van elke stijl duidelijker. Van de Italiaanse en Franse formele barokstijl met ingewikkelde symmetrische patronen van buxushaagjes naar de Engelse landschapsstijl met parkachtige tuinen. Deze stijl wordt begin 1900 gevolgd door de cottagestijl: tuinen bij kleine arbeidershuizen waar alles door elkaar groeit en bloeit. Het ontwerp en de materiaalkeuze is steeds ondergeschikt aan de beplanting. Hier wordt voor het eerst beplanting in de meest brede zin belangrijk. Via de Engelse borders komen we bij de huidige, op de natuur geïnspireerde, beplantingsstijl.
Op dit moment zien we borders waarin al deze stijlen herkenbaar zijn. Stijlen bestaan naast elkaar en de een is niet per se beter of mooier dan de ander. Een kort overzicht.

ENGELSE BORDERS

In de cottagestijl mogen alle planten door elkaar staan. De tuin is bedoeld om groente en kruiden te kweken en bloemen voor op tafel te plukken. Vrolijkheid en ongedwongenheid ten top. Gertrude Jekyll, misschien wel de beroemdste Engelse tuinvrouw, werd hierdoor geïnspireerd en baseerde hierop haar Engelse borders: beplanting als kunst!

Kenmerken van Engelse borders

Engelse borders hebben, anders dan in de cottagestijl, een gestructureerd beplantingsplan met vaste planten in grotere groepen van laag naar hoog gerangschikt op kleur, vorm, hoogte en bloeitijd. Dit wordt aangevuld met een- en tweejarigen en bloembollen. Alles tot in de esthetische perfectie. Het zijn borders die we nog steeds prachtig vinden en er worden nog veel op deze stijl geïnspireerde borders gemaakt. Maar… het kost veel onderhoudswerk en de borders zijn, zoals we er nu naar kijken, soms wat stijf en statisch.

NATURALISTISCHE BEPLANTING

De huidige voorliefde voor een lossere, op de natuur geïnspireerde beplantingsstijl, is een tegenhanger van de onderhoudsintensieve Engelse border. De natuur als inspiratiebron. Welke planten komen in natuurlijke beplanting voor en hoe zijn ze gerangschikt? Deze vraag lag ten grondslag aan deze nieuwe stroming.

Kenmerken van een naturalistische beplanting

In dergelijke beplanting wordt met name gebruikgemaakt van sterke, langlevende planten met een natuurlijke uitstraling. Vanzelfsprekend is de natuurlijke standplaats van de planten hierbij maatgevend. Er wordt gekozen voor planten die sterk en weinig ziektegevoelig zijn. Je gebruikt het liefst planten die aantrekkelijk zijn voor insecten, vlinders en andere dieren.

Daarmee is zo'n beplanting ecologisch interessant en biedt extra belevingsmogelijkheden. De beplanting is letterlijk en figuurlijk dynamisch. De vele grassen zorgen voor constante beweging terwijl de beplanting gedurende de seizoenen, maar ook gedurende de jaren, verandert. Over het algemeen zijn dergelijke borders onderhoudsvriendelijk.
In een naturalistische beplanting kunnen planten op verschillende manieren worden gerangschikt: willekeurig door elkaar, in langgerekte groepen die gedeeltelijk gemengd worden met een of twee andere soorten planten. Het is ook mogelijk te kiezen voor een matrixbeplanting waarin bijvoorbeeld een siergras het grootste deel van de beplanting uitmaakt en 'doorspikkeld' is met enkele andere soorten.

EXPERT

KRITISCH KIJKEN

Het blijft naar ons idee belangrijk om te allen tijde als tuinliefhebber kritisch te kijken naar trends. Op dit moment zien we een tendens om de natuurlijke beplantingsstijl volop te imiteren. De vraag is of dat altijd het juiste resultaat ten gevolge heeft. Deze beplantingsstijl is zeker geen kwestie van zomaar een aantal planten door elkaar heen zetten.
Er zijn valkuilen en voetangels en er is een grote kennis van planten en vooral van het gedrag van planten voor nodig. Zomaar imiteren werkt nooit. Het is beter om uit te zoeken wat bij jou past.

ER WORDT VOLOP GEËXPERIMENTEERD MET DE MANIER WAAROP PLANTEN OVER EEN BORDER VERDEELD WORDEN. HOE JE DIT DOET, IS BEPALEND VOOR HET EFFECT.

DE BELANGSTELLING VOOR NATUURLIJK OGENDE BEPLANTING GROEIT

Karl Foerster en Ernst Pagels begonnen halverwege de vorige eeuw in Duitsland met het kweken van sterke, vaste planten met een natuurlijke uitstraling. Daarbij hadden zij ook aandacht voor siergrassen als onmisbaar bestanddeel van een beplanting. Van de hand van deze kwekers zijn veel nog steeds zeer goede en bruikbare planten afkomstig. Wolfgang Oehme en James van Sweden waren in dezelfde tijd in de VS toonaangevend in de ontwikkeling van beplanting geïnspireerd op de Noord-Amerikaanse prairie.
Ook Cassian Schmidt (Weinheim, Duitsland) raakte gefascineerd door natuurlijke beplanting. Momenteel wordt in Hermannshof in Weinheim onder zijn leiding nog steeds de ontwikkeling van dergelijke beplanting op wetenschappelijke wijze geobserveerd. In België is Jan Spruyt dé vertegenwoordiger van deze stroming.
In Nederland hebben Mien Ruys, Henk Gerritsen, Ton ter Linden, Piet Oudolf en Rob Leopold vormgegeven aan deze geheel nieuwe, op de natuur geïnspireerde beplantingsstijl, die later de 'Dutch Wave' genoemd werd. De veelbesproken 'prairiebeplanting' maakt onderdeel uit van deze 'Dutch Wave'. Een groeiend bewustzijn van het belang van natuur en het zoeken naar nieuwe waarden om de wereld te behoeden voor uitputting en vervuiling hebben zeker bijgedragen aan de belangstelling voor deze stroming.

Twee voorbeelden van een naturalistische beplanting.

11. NU DE PRAKTIJK: ZELF EEN BEPLANTINGSPLAN MAKEN

In voorgaande hoofdstukken heb je kennis van beplanting als losse ingrediënten verzameld. Nu gaan we al deze kennis samenbrengen. We nemen je stap voor stap mee om elke soort border te kunnen maken die je voor ogen hebt.

TIPS EN ADVIEZEN VOORAF

- Het is slechts voor weinigen weggelegd om een border zomaar even ter plekke te maken. Maak daarom eerst een plan op papier. Papier is geduldig. Pas wanneer je tevreden bent, kun je je plan uitvoeren.
- Kijk naar de mogelijkheden en beperkingen van je standplaats en kies dan planten die daarbij passen. Laat je dus niet als eerste verleiden door planten die je prachtig vindt.
- Vraag je af wat je wilt bereiken met je tuin en welke plaats je border daarbij inneemt. Heeft je tuin een thema? Kies je voor subtiliteit of zoek je juist een knaleffect? Kies planten die hierbij passen.
- Een border wordt ontworpen en is geen toevallige verzameling van planten. Over alles wordt nagedacht. Goede combinaties van planten zijn spannend en boeiend. Door te spelen met de herhaling van sterke aandacht trekkende planten, kun je de blik van de toeschouwer door de border leiden. Herhaling is een krachtig middel om goede beplantingen te maken en eenheid te bewerkstelligen tussen de verschillende borders in een tuin.
- Onderschat het belang en effect van goed blad niet.
- Heb je voor je border uiteindelijk een lijst van dertig verschillende planten gemaakt, schrap daar dan minimaal de helft van en vergroot de aantallen van de overgebleven planten. Teveel verschillende planten vermindert het effect en maakt je border onrustig. Plantenliefhebbers hebben het met deze tip vaak het moeilijkst!
- Een border ontwikkelt zich in de loop der tijd. Hij verandert, verbetert of gaat soms een stap terug. Dát is tuinieren! Het plan dat we maken is een goede basis. Een tuin, een border, is zelden 'af'. Dat wordt nog wel eens vergeten. Wij kunnen daar duidelijk over zijn; hoe onderhoudsvriendelijk ook, een border is nóóit klaar.

SPELEN

Bovenstaande geeft een beeld van de 'regels' die gelden voor het maken van een goede border. Je speelt daarmee op safe en het resultaat zal goed zijn. Prima dus! Maar een opmerking van Fergus Garrett, hoofdtuinman van de beroemde tuin van landhuis Great Dixter in Groot-Brittannië, relativeert alles: 'Speel met beplanting, probeer en kijk.' Het feit dat de mooiste combinaties in borders soms ontstaan door het spontaan uitzaaien van planten is een aanleiding om Garretts uitspraak op waarde te schatten. De regels hiernaast gelden zeker, maar zijn opmerking is ook een pleidooi om de regels soms los te laten en lekker te spelen!

EEN BEPLANTINGSPLAN SAMENSTELLEN is zowel kunst als ambacht. Er is gevoel voor kleur en vorm nodig, maar ook kennis van zaken. Het is onze ervaring dat het stapsgewijs te werk gaan de enige manier is om niet verstrikt te raken in alle mogelijkheden en plantensoorten.

Primula eliator

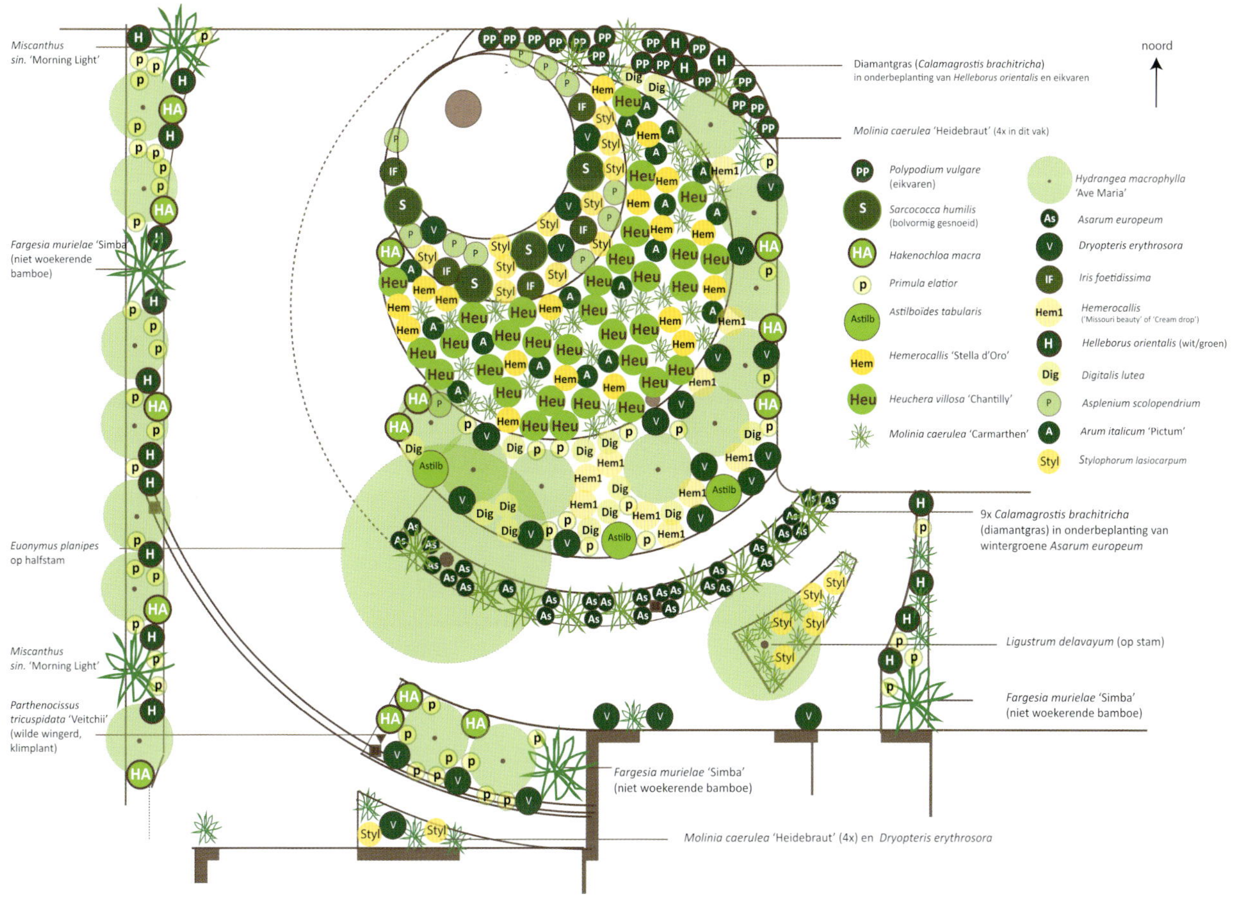
Miscanthus sin. 'Morning Light'
Fargesia murielae 'Simba' (niet woekerende bamboe)
Euonymus planipes op halfstam
Miscanthus sin. 'Morning Light'
Parthenocissus tricuspidata 'Veitchii' (wilde wingerd, klimplant)
Diamantgras (Calamagrostis brachitricha) in onderbeplanting van Helleborus orientalis en eikvaren
noord
Molinia caerulea 'Heidebraut' (4x in dit vak)
PP Polypodium vulgare (eikvaren)
S Sarcococca humilis (bolvormig gesnoeid)
HA Hakenochloa macra
p Primula elatior
Astilb Astilboïdes tabularis
Hem Hemerocallis 'Stella d'Oro'
Heu Heuchera villosa 'Chantilly'
Molinia caerulea 'Carmarthen'
Hydrangea macrophylla 'Ave Maria'
As Asarum europeum
V Dryopteris erythrosora
IF Iris foetidissima
Hem1 Hemerocallis ('Missouri beauty' of 'Cream drop')
H Helleborus orientalis (wit/groen)
Dig Digitalis lutea
P Asplenium scolopendrium
A Arum italicum 'Pictum'
Styl Stylophorum lasiocarpum
9x Calamagrostis brachitricha (diamantgras) in onderbeplanting van wintergroene Asarum europeum
Ligustrum delavayum (op stam)
Fargesia murielae 'Simba' (niet woekerende bamboe)
Fargesia murielae 'Simba' (niet woekerende bamboe)
Molinia caerulea 'Heidebraut' (4x) en Dryopteris erythrosora

12. BEPLANTINGSPLAN MAKEN
A VOORBEREIDING EN KEUZES

We gaan dus stapsgewijs aan de slag. Allereerst hebben we een plattegrond van de border(s) nodig. We stellen de omstandigheden vast, kiezen bijpassende planten en combineren ze. Dan nemen we een besluit over de beplantingsstijl die we willen, bijvoorbeeld een Engelse of een meer natuurlijk ogende border.

Schaduwrijke tuin op voedselrijke grond. De beplanting is vooral in het voorjaar kleurrijk door de aanplant van veel bloeiende voorjaarsbollen die in dergelijke omstandigheden goed gedijen. In de zomer is de tuin vooral groen, waarbij de combinatie van bladvormen en bladkleuren de hoofdrol speelt.

PLATTEGROND

We hebben een plattegrond op schaal nodig waarop we onze planten gaan intekenen. De handigste schaal voor een beplantingsplan voor een grotere border is 1:50 (1 centimeter op de tekening is 0,5 meter in realiteit). Voor kleinere borders kies je liefst schaal 1:20 (5 centimeter op tekening is 1 meter in de tuin). Natuurlijk kun je een dergelijke tekening met de hand maken, maar er zijn ook diverse digitale programma's waarmee dat mogelijk is. Bepaal het noorden in je tuin. Als je precies weet waar de zon op het midden van de dag staat, dan weet je ook vanzelf waar het noorden is: ertegenover. Geef op je plattegrond altijd de noordpijl aan. Deze pijl wijst met zijn punt naar het noorden. De zon draait van oost naar west. Zo kun je gemakkelijk zien waar zon en waar schaduw is. Markeer grote bomen of gebouwen in de tuin, maar ook in de directe omgeving van de tuin. Deze hebben invloed op de zon-schaduwsituatie op verschillende tijdstippen van de dag.

AANTAL UREN VOLLE ZON PER DAG IN DE ZOMER

- **Volle zon** minimaal 5-7 uur
- **Halfschaduw** ongeveer 3-5 uur
- **Schaduw** minder dan 3 uur volle zon of de hele dag gefilterd licht door de kronen van bomen of heesters

OMSTANDIGHEDEN

Het allerbelangrijkst is het bepalen van de omstandigheden waarmee je in de betreffende border te maken hebt. Ligt de border in de zon, schaduw of halfschaduw? Met welke grondsoort heb je te maken (zie deel 4)? Is het er koud en winderig of ligt de border beschut?

KLEUREN EN KLEURCOMBINATIES

Een van de makkelijkste en leukste keuzes gaat over de kleuren en de kleurcombinaties die je graag wilt hebben. Kijk nog eens terug naar hoofdstuk 5 van dit gedeelte van het boek. Je kunt ook alvast naar deel 2 kijken waar we beplantingen op kleur ter inspiratie laten zien. De kleur voor de beplanting van je tuin kies je vaak puur intuïtief.

Lavendeltuin, zonnig gelegen in de Limburgse heuvels op kalkrijke grond in de volle zon. De grijsbladige sierpeertjes op de achtergrond sluiten hier vanzelfsprekend bij aan, net als het pad van gravier d'or.

STIJL

Kies je voor een ingetogen, minimalistische stijl? Houd je van geknipte haagjes met daartussen weelderig bloeiende rozen? Of van een naturalistische beplanting die drukbezocht wordt door vlinders en bijen? Is dat naar jouw idee te wild, dan wil je mogelijk liever een meer traditionele Engelse border. Of zou een combinatie van planten in zorgvuldig gerangschikte groepen met her en der siergras een tussenvorm zijn die goed bij je past? Kijk voordat je de keuze maakt nog eens naar hoofdstuk 10 van dit eerste deel, waar het gaat over beplantingsstijlen. Elke keuze die je maakt is goed, maar ook hier geldt: kies liefst voor één vorm en niet voor een mix van stijlen, des te krachtiger wordt dan namelijk de uitstraling van je tuin.

EXPERT

THEMA

Als het ontwerp van de tuin een thema (een concept) heeft, kun je daar met de beplanting op aansluiten. Zo wordt de uitstraling van de tuin sterker. Een watertuin vraagt om andere beplanting dan bijvoorbeeld een mediterrane tuin (zie ook bladzijde 11).

12. BEPLANTINGSPLAN MAKEN
B PLANTEN SELECTEREN

Het selecteren en het ordenen van geschikte planten voor je beplantingsplan is de basis voor een goede border.

PLANTEN SELECTEREN

Beplanting kan bestaan uit één soort planten, maar de gemiddelde tuinliefhebber zal hier meestal niet voor kiezen. Hij ziet liever een combinatie van planten die de tuin jaarrond kleurrijk laat zijn. Na inventarisatie van de omstandigheden/mogelijkheden maak je een lijst van planten die in principe geschikt zijn voor de border. Deze selectie is afgestemd op de groeiomstandigheden waarbij de hoeveelheid licht, de kwaliteit van de grond en de vochthuishouding de belangrijkste factoren zijn. Door planten te kiezen die qua groeiomstandigheden bij elkaar passen, zorg je er vanzelf voor dat de border een logisch en vanzelfsprekend geheel wordt met een sterke uitstraling. Zoek planten die verschillende hoogten en bloeitijden hebben. Om te helpen bij een goede keuze hebben we in deel 3 van dit boek foto's en beschrijvingen van planten voor specifieke omstandigheden opgenomen. Het is zeker aan te bevelen dit deel te bekijken als je lijsten voor je eigen border(s) gaat samenstellen.
Je kunt bij het samenstellen van zo'n lijst natuurlijk ook gebruikmaken van je eigen plantenkennis, plantenboeken en diverse websites die goede foto's en beschrijvingen laten zien. Let wel op dat je informatie gebruikt die gebaseerd is op ervaringen in de eigen regio. Dit is vooral belangrijk om de winterhardheid goed in te schatten. Denk er ook aan dat bij de keuze van planten voor naturalistische borders iets andere criteria gelden (zie hoofdstuk 12d).

Afwisseling in vorm en kleur met *Acanthus, Nepeta, Penstemon* en *Leucanthemum*.

GOEDE PLANTEN SELECTEREN:

- Vraag advies aan kwekers, plantenliefhebbers en ontwerpers.
- Raadpleeg goede boeken en betrouwbare websites.
- Verdrink niet in de grote keuze aan planten.
- Bekijk zo veel mogelijk beschikbare informatie.
- Om je te helpen hebben we in deel 3 van dit boek uitgebreide lijsten van planten opgenomen die geschikt zijn voor verschillende omstandigheden.

TABEL

Zet alle gekozen planten in een tabel en vermeld de kleur, hoogte, bloeitijd en het karakter van elke plant (zie hoofdstuk 8). Je kunt ook aangeven of hij een aar-, knoop-, margriet- of pluimvormige bloem heeft (zie hoofdstuk 6).

Mocht je mogelijkheden hebben om een dergelijke tabel digitaal te maken dan kun je er voor de duidelijkheid ook een foto bij zetten. Een lijst van ongeveer tien tot vijftien mogelijke planten per seizoen is een prima uitgangspunt (zie voorbeeld hiernaast).

KLEUR: ROZE-GRIJSPAARS
AANTAL UUR ZON: 6
GROND: NORMAAL TOT DROOG

Gedeelte van een voorbeeldtabel met mogelijke planten voor het beplantingsplan. Een dergelijke tabel mag uitgebreider zijn en bestaan uit bijvoorbeeld 50 planten waaruit later een keuze gemaakt kan worden.
Let op dat er voldoende diversiteit in vorm, karakter, hoogte en bloeitijd is.

FOTO	NAAM	BLOEMVORM	KARAKTER	HOOGTE	BLOEITIJD*
	*Cercis canadensis* 'Forest Pansy' (blad)	pluim	solitair	3 m	4
	Mix van roze tulpen	knopen en bollen	strooi	25-50 cm	4-5
	*Pulsatilla vulgaris* 'Rubra'	margriet	vulplant	15-25 cm	3-4
	*Salvia nemorosa* 'Schwellenburg'	pluim	structuur	50 cm	6-8
	*Penstemon digitalis* 'Husker's Red' (blad)	aar	structuur	50-75 cm	7-8
	*Geranium himalayense* 'Derrick Cook'	margriet	vulplant	35-60 cm	6-8
	*Sedum* 'Chocolate'	scherm	structuur	50-60 cm	7-8
	*Panicum virgatum* 'Cheyenne Sky'	pluim	structuur	90 cm	8-10

*Bloeitijd: 4 = april, 5 = mei, etc.

12. BEPLANTINGSPLAN MAKEN
C PLANTEN COMBINEREN

Combineren is het leukste en creatiefste deel van het maken van een borderplan!

MOOIE COMBINATIES

Door regelmatig naar bestaande borders te kijken, kun je veel leren. Vaak zie je het totaalbeeld van een border, maar kijk er ook eens in detail naar. Waarom vind je juist die ene border zo mooi? Hoe is er gecombineerd en hoe zijn de planten verdeeld? Door op die manier te kijken, krijg je een beter oog voor de elementen waaruit een border is samengesteld. Het bedenken van een borderbeplanting lijkt op het samenstellen van een boeket.

COMBINEREN

Combineren betekent samenstellen met als doel om van een en een meer te maken dan twee. Je kunt het beste zien wat er gebeurt in een boeket met geplukte bloemen – bijvoorbeeld uit je eigen tuin – als je ze bij elkaar houdt in je hand. Voeg er wat bij, kijk en haal iets weg. Je begint met een soort en voegt twee of drie andere soorten toe. Ziet het er goed uit? Haal nu een soort weg en kijk wat er gebeurt. Wordt het totaal mooier of juist minder mooi? Wat gebeurt er als je een pluim van bloeiend gras erbij voegt? Wat is het effect van toevoeging van blad, bijvoorbeeld van donker grijspaars blad?
Door dit vaak te doen, leer je zien hoe je iets aan een combinatie kunt verbeteren en dus ook wat een borderbeplanting nodig heeft om mooi te worden. Het is erg leuk om hiermee te experimenteren.
Het maken van een plan voor je border op papier is minder visueel en meer theoretisch.

Dan moet je ook nog rekening houden met bloeitijden en verschillende hoogten. Best lastig dus. Gelukkig is papier geduldig en kun je alles zorgvuldig overdenken en je proberen voor te stellen. Een fijn extra hulpmiddel is de computer. Als je een beetje handig bent met bijvoorbeeld Word of PowerPoint dan kun je foto's van bloemen die gelijktijdig bloeien bij elkaar zetten. Je kunt dan gemakkelijk de combinaties zien en beoordelen. Neem als voorbeeld de fotoseries op deze en de volgende bladzijde voor een beplanting in blauwe, violetblauwe en geelgroene tinten. Het is goed om je te realiseren dat bijna alle vaste planten het geen probleem vinden om verplant te worden. Denk je na aanplant dat er nog betere combinaties mogelijk zijn of een plant zich net niet zo gedraagt als je dacht, dan kun je hem rustig oppakken en ergens anders neerzetten.

Hopelijk heb je inmiddels ervaren hoe leuk het is om in de praktijk bezig te zijn met het zoeken naar de meest spannende, uitdagende of harmonieuze combinaties.

EXPERT

FOTO'S

Door foto's van planten voor elk seizoen in PowerPoint of in digitale mapjes bij elkaar te zetten, zie je al snel of een combinatie boeiend is of dat er iets extra's nodig is in de vorm van kleur, blad en/of vorm. Speel door te schuiven met foto's van 'kandidaatplanten' uit je lijst. Als al dat combineren een verrassing teweegbrengt waarbij een en een meer is dan twee, dan heb je het goed gedaan.

WINTER/VOORJAAR

Galanthus nivalis

Scilla siberica

Helleborus 'White Beauty'

VOORZOMER

Aquilegia vulgaris

Oxalis acetosella en *Viola canina*

Euphorbia 'Abbeydore'

ZOMER

Platycodon grandiflorus

Sesleria autumnalis

Bergenia cordifolia

Astrantia 'April Love'

Geranium 'Azure Rush'

Phlox paniculata 'Blue Paradise'

NAZOMER

Aster amellus 'Veilchenkönigin'

Chasmantium latifolium

Liriope muscari

Allium 'Purple Sensation', *Allium sphaerocephalon, Salvia nemorosa* 'Caradonna'

Astilboïdes tabularis, Iris sibirica, Caltha palustris

Salvia nemorosa 'Rügen', *Eryngium giganteum* 'Miss Willmott's Ghost'

Salvia nemorosa 'Caradonna', *Anthemis* x *hybrida* 'E.C. Buxton'

Hakonechloa macra, Astilboides tabularis, Salvia nemorosa 'Viola Klose'

Salvia nemorosa 'Rügen', *Rudbeckia maxima* (blad), *Trifolium rubens*

Rosa 'The Fairy', *Verbena bonariensis, Darmera peltata*

SOMMIGE MOOIE COMBINATIES ONTSTAAN TOEVALLIG MAAR DE MEESTE WORDEN BEDACHT.

Een kleurencombinatie in rood en paars met *Gladiolus byzantinus*, *Phlox*, *Papaver orientale* en groot blad van *Dipsacus*.

Afwisseling in vorm en kleur met *Melica ciliata, Scutellaria incana* en *Helenium* 'Kupferzwerg'

Hemerocallis en *Persicaria polymorpha*

Gaillardia, Lysimachia en *Achillea* in een prairiebeplanting op kleur

12. BEPLANTINGSPLAN MAKEN
D ENGELSE BORDER

Een border is meestal geen toevallige samenvoeging van een aantal planten, maar een uitgebalanceerd geheel waarin elke plant een bepaalde rol speelt. Dit geldt zeker voor de Engelse border.

ELKE PLANT HEEFT EEN ROL

Je hebt intussen geschikte planten uitgezocht en die gerangschikt in lijsten. Bij elke plant heb je zo veel mogelijk informatie gezet: een foto, de hoogte, de bloeitijd, de vorm van bloem en het blad en het karakter (solitair, structuurplant, vulplant, strooiplant).

Het maken van een Engelse border vraagt vervolgens de nodige discipline en veel geduld. Discipline is nodig om stapsgewijs op papier de basis te maken en geduld is nodig om de border na aanplant gedurende een aantal jaren kritisch te blijven bekijken en waar nodig te verbeteren. Een Engelse border kenmerkt zich door planten die in groepen worden neergezet en kunstzinnig gerangschikt zijn op kleur, hoogte en bloeitijd.

EXPERT

PLANTEN VERDELEN OVER HET BORDEROPPERVLAK

Het rangschikken en verdelen van de planten over de border is misschien wel het lastigste deel van het werk. Het is moeilijk om je het eindresultaat voor te stellen en je moet veel weten over het gedrag van planten. Hoe breiden planten zich uit, zaaien ze zich, hoe is hun concurrentiedrift, vallen ze gemakkelijk om, hebben ze opstarttijd nodig of beginnen ze gelijk na aanplant te groeien? Er is minder literatuur over dit onderwerp te vinden dan over het combineren van planten. Maar als je je bedenkt dat een border geen star object is, maar dat je planten kunt oppakken en verplaatsen, dan wordt een ongelukkige keuze al wat minder zwaarwegend.

ELKE PLANT HEEFT EEN ROL EN SAMEN TREDEN ZE OP IN HET TONEELSTUK DAT 'BORDER' HEET.

ENGELSE BORDER STAP VOOR STAP

Over het borderoppervlak worden verdeeld:
- (Winter)groene structuurelementen
- Randplanten
- Bladplanten voor rust
- Kleurrijke planten
- Bloembollen

(WINTER)GROENE STRUCTUURELEMENTEN
Met alle aandacht die vandaag de dag uitgaat naar natuurlijke beplanting lijkt het wel alsof structuur in de tuin de laatste jaren minder op de voorgrond staat. Toch blijven (wintergroene) vormen in een border naar ons idee van groot belang. Deze vormen bieden structuur in de winter en houden de border in de zomer (zij het minder opvallend) bij elkaar. Velen zijn uitgekeken op buxusbollen en -haagjes hoewel ze eeuwenlang hun functie als 'skelet' van de border en de tuin hebben bewezen. Daarnaast hebben buxusschimmels en buxusmotten de laatste jaren een verwoestend effect gehad op deze struiken. We moeten dus zoeken naar goede alternatieven. Die vinden we bijvoorbeeld in *Choisya ternata*, een geurende heester met wintergroen blad, die na de bloei in vorm geknipt kan worden. Maar ook de op buxus lijkende, Japanse hulst (*Ilex maximowicziana* var. *kanehirae*) is een optie, net als *Viburnum tinus*. *Lonicera nitida* 'Red Tips' staat prachtig in een rode of roze border, want de jonge toppen van dit heestertje zijn mooi grijspaars. Knip hem dus niet te vaak terug anders komen deze kleuren niet tevoorschijn. Geknipte *Taxus*-vormen voldoen altijd. Lossere wintergroene planten zoals wintergroene varens komen voor schaduwrijke borders in aanmerking. Ze bieden natuurlijk wel minder vormkracht.

RANDPLANTEN
De voorkant van de border is steeds in het zicht en verdient dus extra aandacht. Kies voor planten die lang mooi blijven. We willen immers geen 'gaten' aan de voorzijde van de border. Vooral lagere bladplanten of lage, langbloeiende planten zijn geschikt. Het is niet nodig om steeds dezelfde randplant te gebruiken, afwisseling is heel goed mogelijk. Vrouwenmantel is een ideale randplant, maar ook *Liriope*, *Heuchera*, *Bergenia*, langbloeiende *Geranium*, kleinere siergrassen en lagere *Sedum*-soorten kunnen hier een plaats krijgen.

BLADPLANTEN VOOR DE NOODZAKELIJKE RUST
Zoals beschreven in hoofdstuk 2 en 7 moet je ervoor zorgen dat een border voldoende rustpunten heeft. Groter blad fungeert als focus en als rustpunt. Voor een zonnig gelegen border is het lastiger om planten te vinden met een groter blad dan voor borders in de schaduw.

KLEURRIJKE PLANTEN
Fleur en kleur in de border! Teken plantgroepen en maak niet alle groepen precies even groot zodat het een levendig en speels geheel wordt. Lagere planten, in het voorste gedeelte van de border, worden veelal in kleinere groepen gezet, terwijl de hogere planten achter in de border in grotere groepen geplant worden. Verdeel de gekozen soorten over de vakken. Houd daarbij rekening met de hoogte van de planten, de kleur en vorm van de bloem en met de bloeitijd. Zorg dat planten die na de bloei minder mooi blad hebben niet vooraan staan maar opgenomen worden tussen andere planten. Zo verhul je dat de plant niet mooi meer is. Dit geldt bijvoorbeeld voor oosterse papavers (*Papaver orientale*). Herhaal plantensoorten zodat er ritme ontstaat (hoofdstuk 2). Door mooie combinaties te maken, wordt de border boeiend (hoofdstuk 2). Dit verdelen van planten kan een heel gepuzzel zijn omdat je met veel facetten rekening moet houden. De foto's en karakteristieken van elke plant in de plantenlijsten zijn daarbij heel handig.

STROOIPLANTEN
In Engelse borders worden over het algemeen weinig strooiplanten gebruikt. Strooiplanten zijn planten die zich uitzaaien en zo hun eigen weg zoeken in een border. Je kunt denken aan akelei (*Aquilegia*) en vingerhoedskruid (*Digitalis*). Als dergelijke, vaak een- en tweejarige planten in Engelse borders wel worden gebruikt, dan worden ze vaak in potten gekweekt en met pot en al in de border gezet op plaatsen waar vaste planten uitgebloeid zijn.

BLOEMBOLLEN
Het voorjaar wordt pas echt uitbundig wanneer veel voorjaarsbollen gebruikt worden. Kies liever veel bollen van niet te veel verschillende soorten dan omgekeerd. In een Engelse border worden de bollen meestal in groepjes gezet. Het is geen probleem om de bollen tussen de vaste planten te zetten, mits je ervoor zorgt dat ze op ongeveer 15 tot 20 centimeter vanaf een vaste plant staan zodat het bloembollenblad wat kleinere vaste planten niet verstikt. Opkomende planten onttrekken het minder mooie afstervende bollenloof uit het zicht.

AANTAL BENODIGDE PLANTEN
Het kan lastig zijn om het aantal benodigde planten te bepalen omdat dit afhankelijk is van meerdere factoren, zoals hoe snel je de border dicht wilt laten groeien, de vruchtbaarheid van de grond, de grootte van de planten bij aankoop en de uiteindelijke grootte van de plant.
Een groter aantal planten per vierkante meter heeft tot gevolg dat de border sneller dichtgroeit en er minder onkruid opkomt. Wel zullen de planten dan na twee of drie jaar gedeeld moeten worden. In de praktijk blijkt dat allerlei boeken en websites verschillende plantafstanden adviseren en het aantal planten per vierkante meter over het algemeen vrij hoog is. In de plantenlijsten in deel 3 van dit boek hebben we geprobeerd een zo reëel mogelijk aantal aan te geven.
Je mag ervan uitgaan dat in een Engelse border gemiddeld ongeveer zes vaste planten per m^2 gebruikt worden.

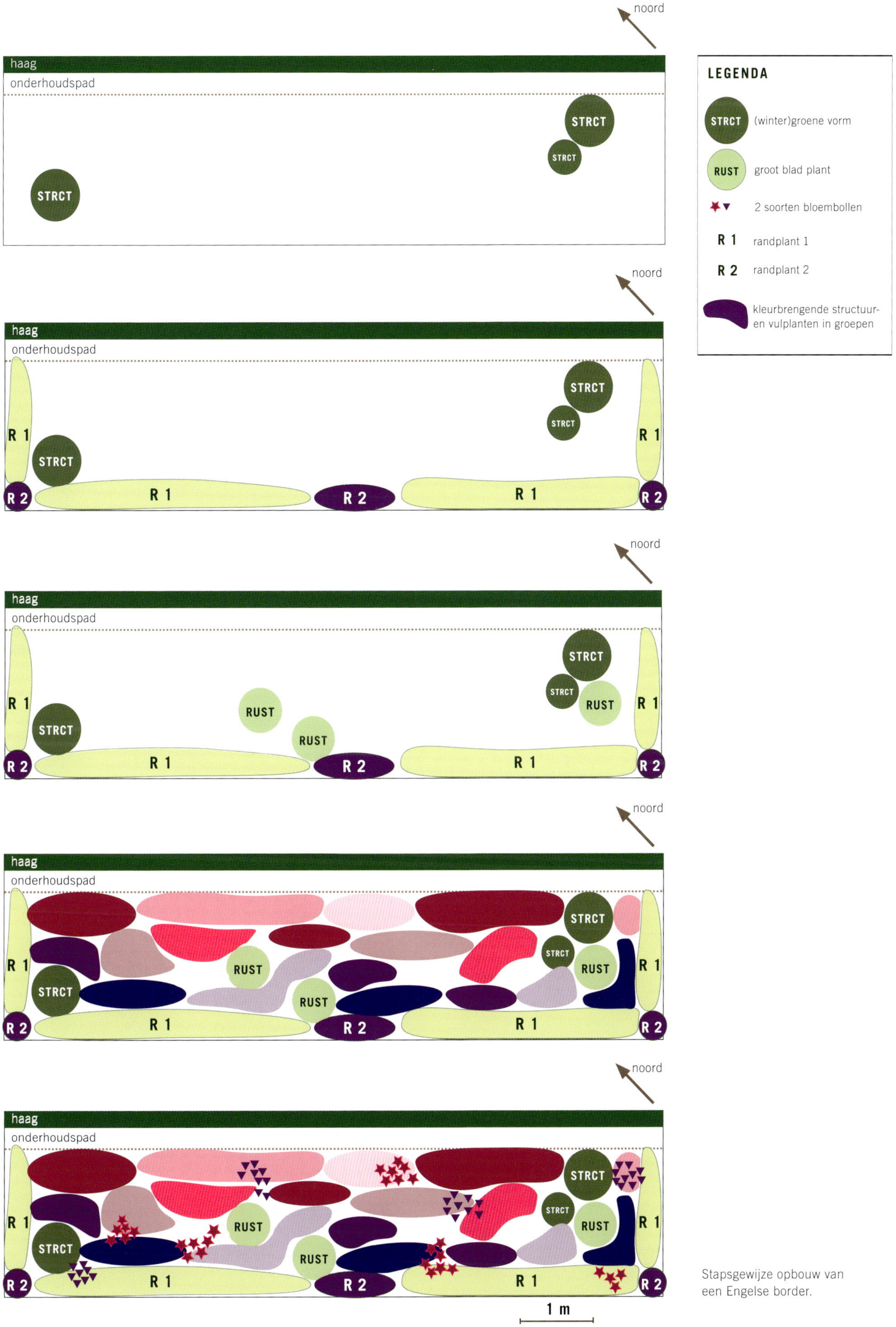

Stapsgewijze opbouw van een Engelse border.

DRIEHOEKSYSTEEM VOOR GROTE ENGELSE BORDERS

Een vast frame kan je helpen bij de rangschikking van de plantgroepen in een Engelse border. Hiervoor kan het driehoeksysteem handig zijn. Met dit systeem maak je over de hele border een frame van driehoeken. De driehoeken lopen van voor naar achter over de border en grijpen in elkaar. Het zijn gelijkzijdige driehoeken, maar wat smallere, langgerekte gelijkbenige driehoeken behoren ook tot de mogelijkheden. Dit systeem is vooral goed toe te passen voor een wat langere rechte border van minimaal 2 meter diep, maar het liefst nog iets dieper. De zijde van de driehoek die aan de voorkant of achterkant van de border grenst, is bijvoorbeeld 2 of 3 meter breed. Daarnaast verdeel je de border in drie stroken: een iets bredere strook voor hoge planten aan de achterkant, middelhoge planten in het midden en lage soorten langs de rand. Het driehoeksysteem werkt goed bij het ontwerpen van een grote klassieke Engelse border. Een dergelijke border moet toch wel minstens 2 meter diep zijn om een aantal planten achter elkaar te kunnen zetten. Een maximum breedte is er eigenlijk niet, maar Engelse borders zijn meestal tussen 3 en 5 meter diep. Vooral de lengte is afhankelijk van de beschikbare ruimte, voor echte plantenliefhebbers kan een border natuurlijk nooit lang genoeg zijn.
In elke driehoek spelen afwisseling van bloeitijd en vorm een belangrijke rol. Kies per driehoek drie tot vijf verschillende soorten: hoog voor de achterste strook, middelhoog voor de middelste strook en laag aan de rand van de border. Je kunt de beplanting in een driehoek eventueel ook spiegelen in de andere driehoeken. Omdat de driehoeken herhaald worden, krijg je vanzelf een ritme in de border.

EXPERT

BORDERONTWERP ZONDER SOORTNAMEN

Vind je een opeenvolgende bloeitijd, structuur en herhaling erg belangrijk voor je borderontwerp? Dan kan het handig zijn om de border eerst zonder planten op te zetten. Gebruik bijvoorbeeld het driehoeksysteem voor de indeling. Vul nu geen soortnamen in maar groepen met bijvoorbeeld 'lage voorjaarsbloeier wit', 'hoge nazomerbloeier violet', 'middelhoog siergras'. Op deze manier word je niet afgeleid door alle mooie soorten. De tweede stap is het uitzoeken van de beste soorten voor elke positie. Het kan ook handig zijn om elke plantengroep een kleur te geven die de bloeitijd aangeeft. Zo wordt duidelijk of de bloeitijd mooi verdeeld is over de hele border.

OP SCHAAL TEKENEN

Teken de border op millimeterpapier. Een schaal van 1:20 is heel handig. Op je papier is 5 centimeter dan een meter in de tuin. Teken je met een stippellijn een vierkantenraster over de tekening, dan zie je meteen wat een vierkante meter is op je ontwerp. Dus bij een schaal van 1:20 trek je zowel horizontaal als verticaal om de 5 centimeter een stippellijntje. Je krijgt een goed schaalgevoel en dat is heel handig als je straks de juiste aantallen wilt bepalen.

DE VORM VAN EEN BORDER

De meeste borders zijn rechthoekig maar de beplanting kan ook begrensd worden door een golvende lijn. Een ronde border behoort eveneens tot de mogelijkheden. Is er voldoende ruimte denk dan aan een dubbele border met een gespiegelde beplanting aan weerszijden van een pad. Is het de bedoeling echt zo veel mogelijk planten in je tuin te zetten? Dan kun je de hele tuin als border inrichten. Smalle paden zorgen ervoor dat je tussen de planten door kunt lopen.

Verhoogde border

VERHOOGDE BORDER

Het is heel goed mogelijk een border in een verhoogd bed aan te leggen. Het voordeel van zo'n verhoogd plantvak is de goede afwatering. Omdat de aarde hoger ligt, zal het regenwater er makkelijker uitlopen. Veel mooie borderplanten zijn gevoelig voor stagnerend water en zullen het in een verhoogd bed dus goed naar hun zin hebben. Zeker als je op zwaardere, natte grond tuiniert, bieden verhoogde borders extra mogelijkheden voor bloeirijke tuinen.

KLEINERE OF 'EIGENTIJDSE' ENGELSE BORDERS

Het driehoeksysteem is niet geschikt voor kleine borders met een Engels karakter. Wil je wel graag deze uitstraling in je border realiseren, maar is die niet zo groot, kijk dan op bladzijde 54 en 55. Wil je de planten in groepen rangschikken, maar met meer dynamiek en natuurlijke uitstraling dan in een klassieke Engelse border, dan is wellicht een tussenvorm zoals beschreven in hoofdstuk 12f een goed idee.

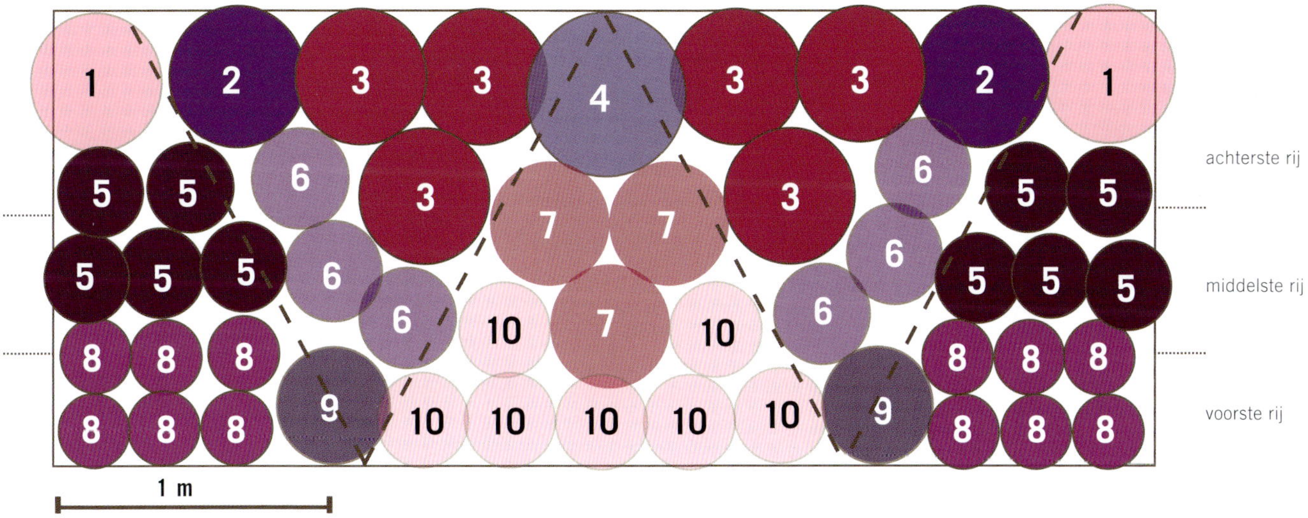

Driehoeksysteem

Als je goed kijkt, herken je het beschreven driehoeksysteem bij de opbouw van deze border.

12. BEPLANTINGSPLAN MAKEN
E NATURALISTISCHE BORDER

Bij het zoeken naar geschikte planten voor een naturalistische border letten we, meer dan bij de plantkeuze voor een Engelse border, op de natuurlijke uitstraling van de plant en de mate waarin hij voor insecten en vlinders aantrekkelijk is. Daarnaast is ook de wijze waarop de plant afsterft in de herfst belangrijk. Planten met goede wintersilhouetten worden graag gebruikt. In traditionele Engelse borders telt dit aspect vrijwel niet. Houd in de gaten dat de door Piet Oudolf voorgestelde verdeling van 70% structuurplanten en 30% vulplanten, de beste garantie is dat je border letterlijk en figuurlijk 'staat' en niet in elkaar zakt tot een oninteressante massa.
In naturalistische borders is de plantdichtheid vaak iets hoger, namelijk gemiddeld zes tot negen planten per m^2.

Kijk nog eens terug naar hoofdstuk 10 en bepaal hoe je de planten wilt rangschikken: willekeurig door elkaar (mixborder), in lange groepen die her en der gemixt zijn met een andere soort ('drifts') of als matrixbeplanting. Een border die geïnspireerd is op de natuur mag in de loop der jaren ontwikkelen en een eigen evenwicht vormen. Dat evenwicht wordt onder andere bepaald door de onderlinge concurrentiekracht van de planten. In de vakliteratuur is deze concurrentiekracht een onderbelicht onderwerp. Dat is jammer want voor een beplanting die langere tijd stand moet houden is deze kennis van groot belang. We kiezen voor onze borders planten die zich niet te sterk uitbreiden ten koste van andere planten. Dat geldt zeker voor natuurlijke, onderhoudsvriendelijke borders.

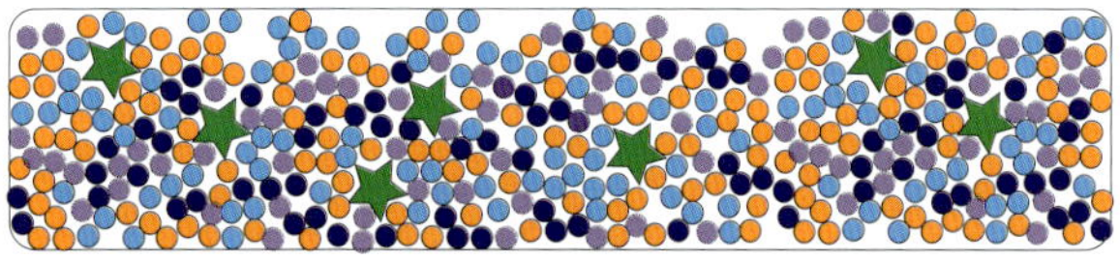

mixbeplanting

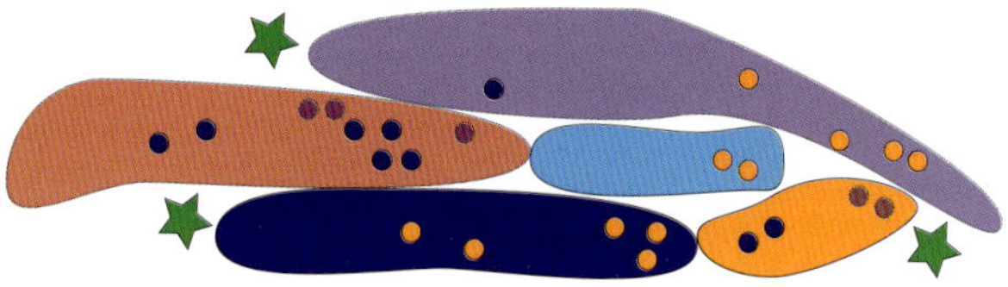

drifts

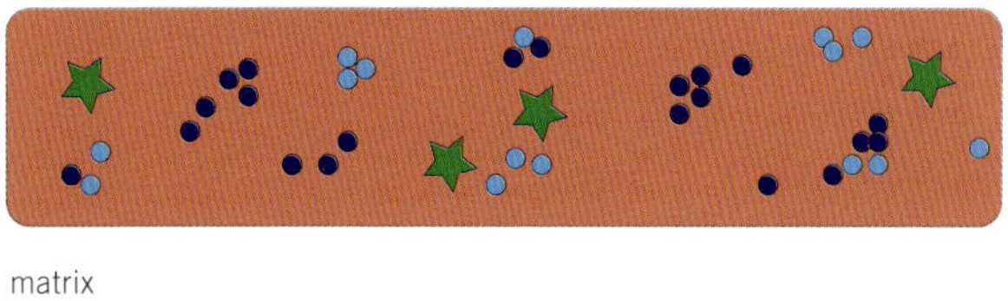

matrix

Schematisch beeld van de rangschikking van planten op drie manieren: mixbeplanting, beplanting in 'drifts' en matrixbeplanting. Elke kleur representeert een plantensoort. De groene ster staat voor een solitairplant.

REKENEN EN PLANTEN VERDELEN

1. Mixborder

Bepaal het totale borderoppervlak en ga uit van een plantdichtheid van zes tot negen planten per m^2. Het precieze aantal is ondermeer afhankelijk van de vruchtbaarheid van de grond, de grootte van de geleverde planten en het tempo waarin je het plantoppervlak dichtgegroeid wilt hebben. Je kunt nu uitrekenen hoeveel planten je totaal nodig zult hebben. De structuurplanten die je gekozen hebt, kun je weer onderverdelen in soorten waarna je percentages kunt bepalen en aantallen kunt uitrekenen.. Dat geldt ook voor de vulplanten (rekenvoorbeeld op blz. 52). Het plan hoeft in dit geval niet op papier uitgetekend te worden en de planten kunnen zo over het oppervlak verdeeld worden.
Plaats daarbij eerst de solitairen op een natuurlijk manier verspreid over de border(s). Daarna de kleurrijke structuurplanten, vervolgens de vulplanten en als laatste de strooiplanten, zoals een- of tweejarigen en bloembollen. Gebruik je te veel verschillende soorten of te hoge planten dan dreigt het beeld snel (te) wild te worden. Als tegenwicht dragen duidelijke ontwerplijnen en strakke ornamenten ertoe bij dat het geheel 'bij elkaar gehouden wordt'. Voorbeelden van dergelijke ornamenten zijn betonnen muurtjes, strak vormgegeven meubilair, palissadepalen of een opvallend modern kunstwerk. Dit geldt overigens niet alleen voor mixbeplanting maar voor álle natuurlijk ogende beplantingen.

2. 'Drifts'

Ook in deze borders worden solitair-, structuur-, vul- en strooiplanten gebruikt maar de planten worden in langgerekte, elkaar overlappende groepen gerangschikt. Her en der kunnen eventueel een of twee andere soorten verspreid opgenomen worden. Deze verdeling lijkt op de manier waarop planten zich over een bloemenweide verspreiden.

3. Matrixbeplanting

Hoewel het begrip matrixbeplanting niet altijd op dezelfde manier uitgelegd wordt, hanteren wij de definitie genoemd door Noel Kingsbury en Piet Oudolf in hun boek *Plannen en Planten*. Zij geven een prachtige omschrijving van een matrixborder die in een keer duidelijk maakt wat hiermee bedoeld wordt. Vrij vertaald: 'In een matrixbeplanting is er een basis van één plantensoort die je vergelijken kunt met het deeg van een krentenbrood. Daarin zijn een aantal planten als noten en rozijnen verdeeld.'
De planten die als matrixplanten gebruikt worden, zijn vaak fijnbloemige, onopvallende bloeiende planten of grassen. Denk bijvoorbeeld aan de grassen smele (*Deschampsia*), *Sesleria* en *Sporobolus* en voor vaste planten aan steentijm (*Calamintha nepeta*). Een klein aantal soorten bloeiende planten is willekeurig tussen deze basisplanten verdeeld. Het totaalbeeld is rustig en natuurlijk. Gebruik bij voorkeur niet te veel verschillende, maar wel goed gekozen, kleurrijke planten.

Mixborder
Alle planten staan willekeurig door elkaar heen. Herhaling en ritme ontstaan op deze manier vanzelf.

Drifts
De planten zijn in langgerekte elkaar deels overlappende groepen ('drifts', oftewel banen) verdeeld over het oppervlak.

Matrixbeplanting
Enkele soorten bloeiende vaste planten (*Heuchera villosa*, *Sedum* 'Matrona' en *Verbena bonariensis*) zijn op een natuurlijke manier verdeeld tussen een basisbeplanting van bijvoorbeeld lagere grassen.

HET CREËREN VAN DE JUISTE SFEER HANGT VOORAL AF VAN DE KEUZE VAN DE JUISTE PLANTEN.

REKENVOORBEELD VOOR EEN MIXBEPLANTING

Borderoppervlak	50 m^2
Aantal planten/m^2	7
Totaal nodig	350 planten
5 solitairen	overige planten: 345
75% structuurplanten	259
40% soort A	103
20% soort B	52
20% soort C	52
10% soort D	26
5% soort E	13
5% soort F	13
25% vulplanten	86
30% soort G	26
50% soort H	43
20% soort I	17
Extra	400 bloembollen (4 soorten) 1 zakje zaad van *Papaver somniferum* ter plekke gezaaid

NATURALISTISCHE SCHADUWBORDERS

Hoewel het ontwerp voor een naturalistische border meestal gemaakt wordt voor een border met zonnige omstandigheden, denken wij dat het ook heel goed mogelijk is om op deze manier een border op een schaduwplaats te maken. Je kunt natuurlijk proberen een bossituatie te imiteren, maar het is ook de moeite waard om te kijken of er meer mogelijk is waardoor je de essentie pakt.

Plantkeuze

De kenmerken van een schaduwtuin zijn rust en verstilling, weelderig groen, iets vochtig, mooie lichtval door bomen en/of heesters, varens, grassen en mossen. In te veel schaduw willen weinig planten groeien, maar met iets meer licht is wel een mooie beplanting realiseerbaar. Het ontwerp is van ondergeschikt belang en er worden weinig tot geen harde bestratingsmaterialen gebruikt. Het creëren van de juiste sfeer hangt dus voornamelijk samen met de keuze van de juiste planten. Net als voor een border in zonnige omstandigheden kiezen we ook hier natuurlijk voor niet-woekerende of sterk uitzaaiende planten. Aanplant van enkele natuurlijk ogende heesters of kleine bomen is een goed idee. Denk bijvoorbeeld aan een opgekroonde hazelaar, een krentenboom (*Amelanchier lamarckii*) of een kardinaalsmuts (*Euonymus planipes* bijvoorbeeld). Heb je een grotere schaduwtuin dan kun je natuurlijk ook grotere bomen kiezen.

Schaduwbeplanting opgebouwd uit 'drifts'.

De meeste planten die het goed doen in de schaduwsfeer zijn planten die van humeuze vochtige grond houden. Hoewel we een voorstander zijn van het kiezen van planten die bij de omstandigheden van de tuin passen, zouden we in dit geval willen adviseren om een flinke hoeveelheid compost aan de grond toe te voegen. Een laag van ongeveer 8 tot 10 centimeter compost kan door de bovenste 30 centimeter van de bestaande grond gewerkt worden. Vaste planten worden vooral op bladkwaliteit, kleur en textuur gekozen (hoofdstuk 7). Varens (wintergroen) en grassen mogen niet ontbreken. We kiezen niet te veel verschillende soorten om een rustig beeld te houden. Kleur komt van voorjaarsbloeiers zoals sleutelbloemen (*Primula*), bosanemoontjes (*Anemone nemorosa*) en misschien aronskelken (*Arum maculatum*) en natuurlijk heel veel voorjaarsbollen zoals sneeuwklokjes, narcissen en de in mei bloeiend Engelse boshyacinthen.

Groeperen van de planten

Het groeperen van de planten zoals in een Engelse border levert niet het effect op dat we graag zien in een naturalistische schaduwtuin. Het oogt te gekunsteld. We kiezen daarom graag voor een beplanting die is samengesteld uit 'drifts' of een willekeurige mix van planten. Een grote, bemoste zwerfkei, houtsnippers of oude stam verhogen de sfeer.

Schaduwbeplanting als een schijnbaar nonchalante mix van planten.

EXPERT

EVENWICHT

Elk beplantingsplan is een basis en vraagt om regelmatig observeren en bijstellen. Bij naturalistische beplantingen geldt dat evenzeer. Omdat de ontwikkeling van deze stijl nog niet uitgekristalliseerd is, wordt er nog veel geëxperimenteerd. De consequentie is dat het voor een tuinliefhebber daarom niet altijd duidelijk is wat hij verwachten mag. Het onderhoudsvriendelijke karakter en de natuurlijke diversiteit van dergelijke borders is zeker een voordeel. Dit geldt ook voor het lossere, meer natuurlijke effect. Daarentegen ogen naturalistische borders soms wild en vindt niet iedereen het prettig dat de border een eigen evenwicht zoekt en je soms dus planten zult verliezen. Ook is niet iedereen gecharmeerd van een border die het natuurlijk verval in herfst en winter laat zien.

12. BEPLANTINGSPLAN MAKEN
F TUSSENVORM BORDER

Een traditionele Engelse border kan stijf ogen en is arbeidsintensief. Een naturalistische border komt vooral tot zijn recht in grote tuinen met grote borders en wordt soms te wild voor kleine tuinen. En niet iedereen houdt daarvan. De vraag is dus of er een tussenvorm bestaat.

'EIGENTIJDSE' ENGELSE BORDER

Een border die rustig oogt maar met een meer dynamische en losse uitstraling zou wenselijk zijn, zeker voor kleinere tuinen. Je kunt daarvoor de opbouw van een Engelse border gebruiken, maar de groepen iets kleiner maken. De planten die gebruikt worden, selecteer je op hun natuurlijke uitstraling. Vooral planten met kleinere bloemen zijn geschikt. Planten die aantrekkelijk zijn voor insecten en vlinders verdienen de voorkeur. Je kiest sterke en gezonde vaste planten die geschikt zijn voor de omstandigheden en niet uitzaaien of woekeren. Behalve de kleur en vorm van de bloemen letten we ook op het wintersilhouet. Een plant die dat alles heeft, is aantrekkelijk om op te nemen in deze border. En ook hierbij is de verhouding van 75% structuurplanten en 25% vulplanten van belang! Her en der voegen we siergrassen die niet woekeren of uitzaaien toe. De beste keuze voor grassen die de border een natuurlijk accent geven, zijn grassen waarvan de pollen maar langzaam breder worden. Deze grassen, zeker als ze wat hoger zijn, worden als eenlingen of in kleinere groepen verspreid tussen de vaste planten.
Enkele niet extreem uitzaaiende, kortlevende planten worden niet als groep ingetekend, maar tussen de andere vaste planten gezet en kunnen zich vandaar gaan verspreiden. Een teveel aan zaailingen wordt in het voorjaar gewied. Alle bloembollen worden gemengd, uitgestrooid in de border en geplant op de plaats waar ze gevallen zijn.

Let op dat ze wel op ongeveer 15 tot 20 centimeter afstand van de vaste planten worden geplant. Op deze manier ontstaat een border waar 'meer mag', die onderhoudsvriendelijker is en een meer natuurlijke uitstraling heeft. Een border die op deze manier is samengesteld wordt ook wel eens aangeduid als *perennial meadow*, een door de plantenexpert Michael King geïntroduceerd begrip.

GESCHIKTE GRASSEN VOOR BORDERS:

- *Molinia*-soorten (niet te droge grond in halfschaduw of zon)
- *Panicum virgatum* (zon)
- *Achnatherum calamagrostis* (droge, weinig voedselrijke grond)
- *Sesleria autumnalis* (zon)
- *Chasmantium latifolium* (halfschaduw)

13. **BEPLANTING** GROTE TUINEN EN KLEINE TUINEN

In grote tuinen is er qua beplanting natuurlijk meer mogelijk, maar ook kleine tuinen kunnen fantastisch beplant worden.

GROTE TUINEN

In grote tuinen kunnen de borders vanzelfsprekend groot zijn. Omdat er meer ruimte is, liggen ze vaker in de zon. In grote tuinen kunnen planten en plantgroepen groter zijn. En dat is ook nodig omdat de borders vanaf grotere afstand bekeken worden. Té kleine planten zouden dan afbreuk doen aan het effect. Het is in een grote tuin gemakkelijker de border jaarrond te voorzien van kleur omdat er immers ruimte genoeg is voor veel soorten planten.

> Kleine tuinen, kleine planten. Een hardnekkig misverstand. Juist in een kleine tuin kan één grote plant beter effect sorteren dan tien kleine planten samen.

KLEINE TUINEN

In kleine tuinen heb je te maken met kleine borders of soms zelfs slechts open vakken in de bestrating. Er is vaak relatief veel schaduw omdat hoge muren de zon al snel tegenhouden.
Over het algemeen is het maken van een beplantingsplan voor kleine tuinen lastiger omdat je je steeds moet beperken en weloverwogen keuzes moet maken. Is de tuin goed zichtbaar vanuit het huis, dan moet je als ontwerper zorgen voor een mooi beeld gedurende het hele jaar. Een uitdaging dus!
Als je een kleine border wilt beplanten, volstaat het Engelse bordersysteem niet. De groepen zijn al snel te groot, waardoor er te weinig ruimte is om veel verschillende soorten planten te gebruiken. Is een deel uitgebloeid, dan is dat stuk van de border oninteressant geworden. Ritme door herhaald planten van dezelfde soorten is, vanwege ruimtegebrek, niet of nauwelijks mogelijk. In dit geval is het beter om mixbeplanting (hoofdstuk 10 en 12) toe te passen. Kies per jaargetijde een of twee vaste planten – afhankelijk van de beschikbare ruimte – die lang bloeien, goed overeind blijven staan en goed blad hebben. Planten met een goed wintersilhouet zijn favoriet. Kies geen voorjaarsbloeiende planten, maar beperk je tot voorjaarsbollen. Tot en met mei kun je op die manier uitbundige bloei verzorgen door het gebruik van verschillende soorten bloembollen. De bollen en de later bloeiende vaste planten kun je relatief dicht naast elkaar planten. Zo kun je het beschikbare oppervlak twee keer gebruiken: één keer voor de bloembollen en één keer voor de vaste planten. Verdeel de uitgekozen soorten over het hele borderoppervlak in kleine groepjes of door elkaar heen als mixbeplanting. Meng er nog een paar

Kleine tuin (11x5 meter) met vijver en (moeras)borders. De beplanting versterkt het concept van deze vijvertuin: weelderig groen, planten met groot blad en planten met lijnvormige bladeren.

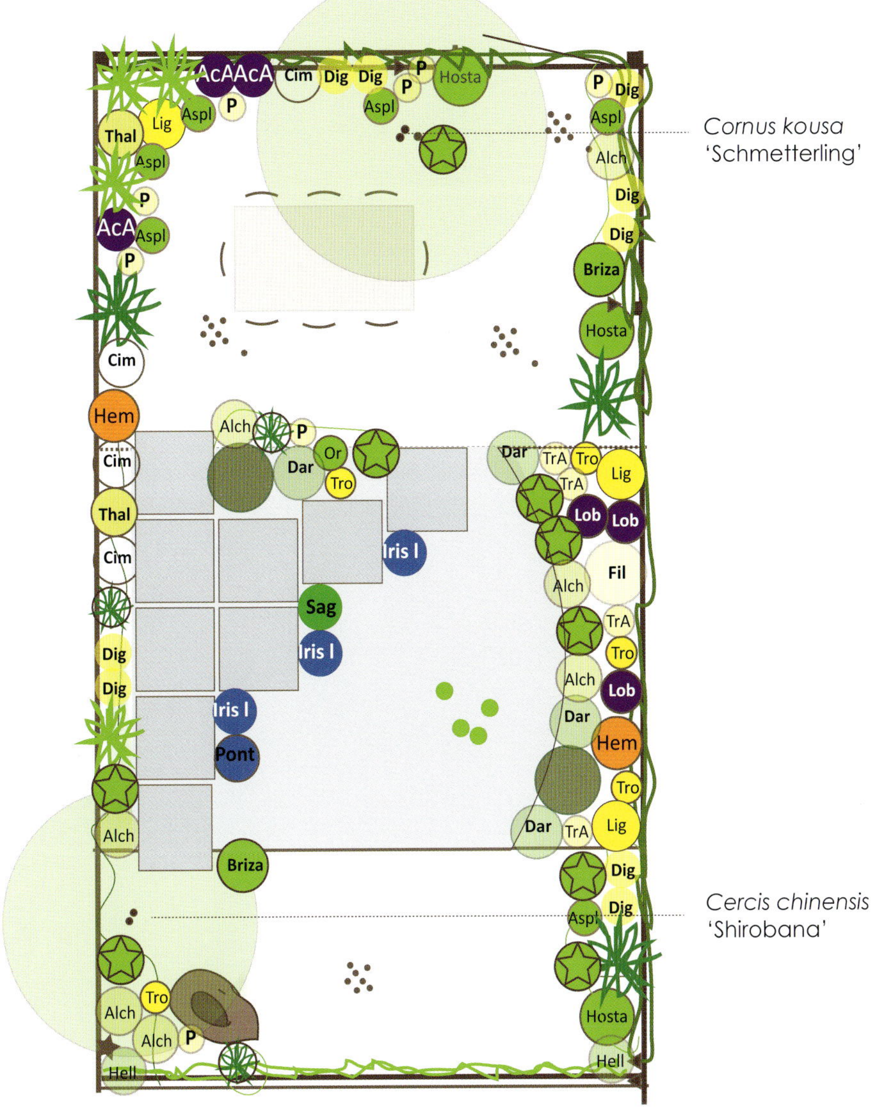

LEGENDA

- Lob — *Lobelia gerardii* 'Vedrariensis'
- Aspl — *Asplenium scolopendrium*
- P — *Primula veris*
- Dar — *Darmera peltata*
- Iris l — *Iris laevigata*
- *Hakonechloa macra*
- Hem — *Hemerocallis* 'Sammy Russell'
- Cimi — *Cimicifuga simplex (syn. Actaea simplex)*
- *Molinia caerulea* 'Edith Dudszus'
- AcA — *Aconitum carmichaelii* 'Arendii'
- TrA — *Trollius cultorum* 'Alabaster'
- Tro — *Trollius europeus*
- *Osmunda regalis*
- Hosta — *Hosta* 'So Sweet'
- Hell — *Helleborus orientalis* (wit of groen bloeiend)
- Alch — *Alchemilla mollis*
- Fil — *Filipendula ulmaria*
- Thal — *Thalictrum flavum*

HET IS DE KUNST OM IN EEN KLEINE TUIN HET BESCHIKBARE OPPERVLAK ZO EFFICIËNT MOGELIJK TE GEBRUIKEN.

langzaam groeiende pollen siergrassen door. Een goed siergras voor dergelijke borders, mits niet té droog, vind je in de groep van pijpenstrootjes (*Molinia caerulea*). Op deze manier beplant, zie je elk seizoen bloei over het gehele borderoppervlak. Extra mogelijkheden ontstaan als je twee verdiepingen in je border realiseert. Rozen op stam zijn ideaal, want hiermee creëer je hogerop maandenlang bloei met daaronder voldoende ruimte voor lagere planten.
De derde dimensie moet ook in een kleine tuin niet vergeten worden. Grote bomen kunnen hier geen plaats krijgen, ook al ben je van plan ze steeds door snoei klein te houden. Dat zal nooit lukken, want het gezegde 'snoeien doet groeien' klopt absoluut. In een kleine tuin is een opgekroonde meerstammige heester vaak wel mogelijk. Dit moet een 'schaap met 5 poten' zijn: altijd interessant. Denk aan een geurende *Viburnum* met een mooie herfstkleur en bessen. Of *Stewartia pseudocamellia* die langzaam groeit, geurende bloemen en leuke zaaddoosjes heeft en een intense herfstkleur krijgt. Ook *Cercis chinensis* 'Shirobana', witbloeiend in april, is een prachtige struik die goed op te kronen is. Hetzelfde geldt voor een aantal langzaam groeiende Japanse esdoorns en het in alle seizoenen mooie krentenboompje (*Amelanchier*). Wil je geen kleine boom, dan bieden pergola's, muren en schuttingen ruime mogelijkheden voor kleurrijke klimplanten.

VOORDEEL VAN EEN KLEINE TUIN

Het voordeel van een kleine tuin is dat de gewenste sfeer na aanplant snel is gerealiseerd. Je hoeft niet minimaal 10 jaar te wachten tot een boom het beeld geeft dat je in gedachten had. Intimiteit en sfeer ontstaan snel. Kleine tuinen zijn vaak schaduwrijker, maar dat hoeft niet per se te betekenen dat je tuin minder interessant is of minder prettig is om in te vertoeven. Hoewel veel mensen schaduw in de tuin als een nadeel zien, is een goed beplante schaduwtuin prachtig. Je moet er alleen anders naar leren kijken!
En een streepje zon is ook in een schaduwtuin vast en zeker wel te vinden!

14. TWEE VOORBEELDBORDERS

Mocht je het moeilijk vinden een beplantingsplan voor je border te maken, dan helpen we je met twee voorbeeldborders en uitgetekende beplantingsplannen. Eén voor een eigentijdse Engelse border en één voor een naturalistische border.

> Komt de maat van je eigen border niet overeen met de maat van de voorbeeldborder dan kun je, naar eigen wens en inzicht, deze inkorten om hem te verkleinen of een deel ervan kopiëren en daarmee de border verlengen.

Naturalistische border met 'drifts'. Deze royale border vraagt weinig onderhoud omdat er met grote groepen sterke planten gewerkt is. De plattegrond geeft een deel weer van 2 meter diep en 5 meter lang.

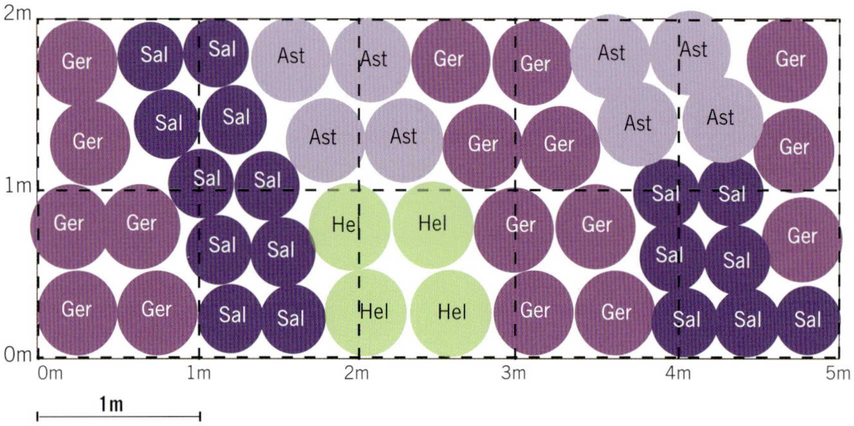

LEGENDA

- **Ger** — *Geranium* 'Dragon Heart' of *Geranium* 'Patricia'
  Beide ooievaarsbekken zijn bruikbaar.
  Ze lijken sterk op elkaar en bloeien lang.
- **Sal** — *Salvia nemorosa* 'Mainacht'
- **Ast** — *Aster laevis*
- **Hel** — *Helicotrichon sempervirens* 'Saphirsprudel'

Beplantingsplan voor een naturalistische border met 'drifts' in volle zon. Om nog meer kleur te krijgen kunnen er botanische narcissen en tulpen, diverse soorten sieruien en eenjarigen zoals *Papaver somniferum* worden toegevoegd.

Eigentijdse Engelse border. In deze border is opeenvolgende bloei belangrijk, er is kleur van april tot in oktober. De plattegrond hieronder hoort bij deze border en laat een representatief deel van de beplanting zien. In werkelijkheid is deze border 2,5m diep en 15m lang. Deze foto is 2 maanden later genomen dan de foto van dezelfde border op bladzijde 54.

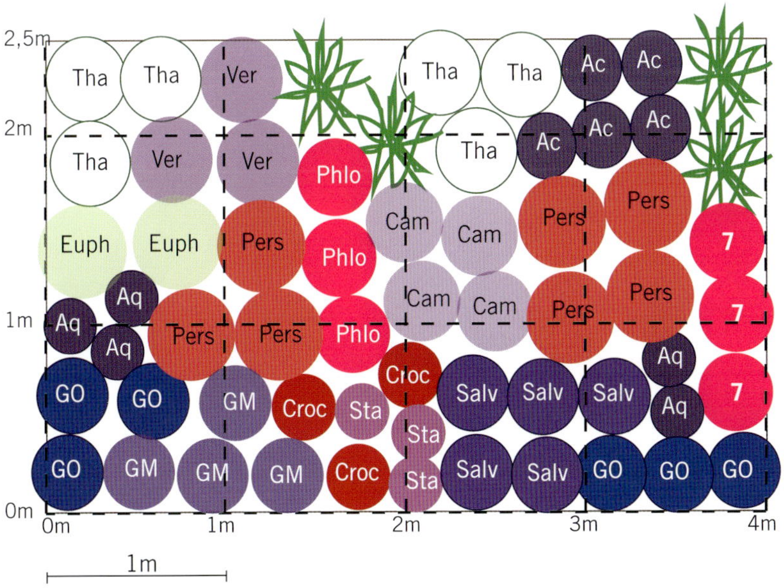

Beplantingsplan voor de 'eigentijdse' Engelse border (volle zon/halfschaduw). Elke cirkel is één plant. Het vierkantraster geeft een indicatie van de grootte van de planten, het aantal planten per vierkante meter maar kan ook worden gebruikt om later de beplanting in de border uit te zetten (zie blz. 177).

LEGENDA

- Tha *Thalictrum polyganum*
- Ver *Veronicastrum virg.* 'Fascination'
- *Calamagrostis brachitricha*
- Ac *Aconitum carm.* 'Barker's Variety'
- Euph *Euphorbia palustris* 'Walenburg 's Glorie'
- Pers *Persicaria amplexicaulis* 'JS Caliente'
- Phlo *Phlox* (Paniculata groep) 'Le Madhi'
- Cam *Campanula lactiflora* 'Prichard's Variety'
- Aq *Aquilegia vulgaris*
- Ger *Geranium* 'Orion'
- Sta *Stachys monieri* 'Hummelo'
- Cro *Crocosmia* 'Lucifer'
- GM *Geranium sylvaticum* 'Mayflower'
- Salv *Salvia nemorosa* 'Caradonna'

Diverse bloembollen en enkele eenjarigen zijn toegevoegd

DEEL 2
INSPIRERENDE COMBINATIES

In deel 1 lieten we zien op welke manieren planten voor de border worden gekozen. De keuze wordt ondermeer bepaald door de natuurlijke omstandigheden zoals de hoeveelheid zon en de bodemgesteldheid, maar ook door het karakter van de plant, de kleur en de vorm. In dit deel draait het vooral om ‘mooi’, om esthetiek, om prachtige combinaties, met natuurlijk de kanttekening dat ieder voor zichzelf bepaalt wat hij of zij mooi vindt.

ZEVEN COMBINATIES

In dit tweede deel van het boek laten we zeven, op elkaar afgestemde, kleurcombinaties zien die voor een kleurrijk en lang tuinseizoen zorgen. Behalve op kleur hebben we vanzelfsprekend ook steeds op de vorm van de bloemen binnen de combinatie gelet. We hebben soms ook blad en siergrassen ter aanvulling gebruikt. Elk van deze kleurcombinaties bestaat uit drie series van negen planten: voor het voorjaar, voor de zomer en voor de nazomer/het najaar. Soms bloeien ze gelijktijdig en soms overlapt de bloei gedeeltelijk. Daarnaast laten we met overzichtsfoto's van borders of delen daarvan zien hoe een border in dergelijke tinten eruitziet.
De drie seizoenen werden niet zozeer op meteorologische indicatie gekozen, maar meer zoals we ze zelf ervaren. Het voorjaar van eind februari tot en met mei, de zomer van eind mei tot en met augustus en nazomer van september tot en met november. De planten zijn geselecteerd omdat ze zowel qua kleur als qua vorm steeds een prachtig negental vormen. De planten zijn sterk en groeien op zonnige en/of halfschaduw standplaatsen op normale grond. Planten die geschikt zijn voor andere omstandigheden komen in deel 3 van dit boek aan de orde. In dat deel vind je ook voorbeeldborders die daarbij passen.
De benaming van de kleuren volgt de normen van de internationale RHS (Royal Horticultural Society) zodat er geen verwarring kan ontstaan. Alle kleuren zijn in dit systeem gestandaardiseerd. Dat kan een enkele keer verwarring in het normale spraakgebruik opleveren. Zo wordt de kleur aubergine, waarvan velen een duidelijke voorstelling hebben, aangeduid met term 'grijspaars'.

INSPIREREN

Je kunt dit deel gebruiken om geïnspireerd te raken, om enthousiast te worden en te genieten van de foto's van tuinen en combinaties. Wellicht ontdek je welke kleurcombinatie je prachtig vindt en graag in je eigen borders wilt realiseren. Mogelijk word je uitgedaagd om op een andere manier naar borders in tuinen te gaan kijken en ga je zien waarom nu juist die ene border zo mooi is.

PRAKTISCH

Wanneer je enthousiast bent over één van de combinaties en deze graag wilt toepassen in je eigen borders, dan kan dat natuurlijk. Let erop dat de omstandigheden van jouw border wel moeten lijken op die van de combinaties. Zo niet, dan raden we je aan verder te kijken in deel 3.
Neem niet álle planten op in je keuze. Voor een grote border is een aantal van tien tot vijftien verschillende soorten bloeiende, vaste planten al meer dan genoeg. Heb je een kleine border dan kies je bijvoorbeeld uit elk seizoen twee soorten vaste planten waarbij je behalve op kleur, ook let op de vorm van bloem en/of blad. Je kunt deze dan verder aanvullen met één of twee soorten siergras en een bladplant. Zorg er steeds voor dat ongeveer twee derde deel van het aantal bestaat uit planten die goed rechtop blijven staan (structuurplanten). Het andere deel bestaat uit vulplanten. Kijk eventueel nog eens terug naar deel 1 van dit boek. Kies voor een kleine border vooral uit langbloeiende planten. De vaste planten mogen aangevuld worden met een ruime hoeveelheid bloembollen. Beperk ook hier het aantal soorten, maar gebruik van elk soort wel een ruime hoeveelheid. Als leidraad kun je stellen dat je per vierkante meter border van erg grote bollen zoals grote sieruien er drie tot vijf gebruikt, van grote bollen zoals tulpen acht tot tien, van middelgrote bollen zoals *Muscaria* (blauwe druifje) vijftien en van kleine bolletjes zoals *Scilla* (sterhyacint) ongeveer 25 stuks.
Je tuin wordt het mooist als je in alle borders een paar planten steeds laat terugkomen. Zo ontstaat een plezierig ogende eenheid.

Phlox, *Astilbe* en *Crocosmia* 'Lucifer' in combinatie met het siergras *Deschampsia cespitosa*.

De veelkleurige border op de foto bestaat uit complementair geel-violet met oranje als extra toevoeging. Hij ligt in een grote tuin, verscholen achter een haag en verrast de bezoeker die hier de hoek omgaat.

1. VIOLETBLAUW - GROENGEEL

Paars, blauw, violet, zachtgeel en groengeel vormen een lieflijke, dromerige combinatie. Blauw en geel zijn weliswaar contrasterende kleuren, maar zorgen in deze zachte nuance niet voor een sterk contrasterend effect. De kleuren bestaan stijlvol naast elkaar. Toevoeging van een felgeel en een pittig paars tintje verleent deze combinatie een meer gedurfde en vrolijke toets.

VOORJAAR

Polemonium 'Northern Lights'

Magnolia 'Elizabeth'

Eranthis hyemalis

Tulipa 'Fringed Elegance'

Euphorbia polychroma en *Myosotis sylvatica*

Narcissus 'Pueblo'

Aquilegia chrysantha 'Yellow Queen'

Iris (Germanica-groep) 'Norfolk Belle'

Anemone blanda

Winteraconieten (*Eranthis hyemalis*) bloeien als eerste en luiden het voorjaar in. Zij worden snel gevolgd door de baardiris (*Iris* Germanica-groep) en narcissen. Er zijn veel planten en bloembollen in deze kleuren beschikbaar dus de keuze is groot. Dit geldt zowel voor zonnige als voor halfschaduw plaatsen, voor het voorjaar, de zomer en de nazomer. Het voorjaar ontluikt in deze combinatie met de zachtgele, geurende bloemen van de *Magnolia*, die mooi combineren met het zachte blauw van de langbloeiende *Polemonium caeruleum* 'Northern Lights' (jacobsladder). Het tweejarige vergeet-mij-nietje zaait zichzelf uit en vindt altijd een geschikt plekje. Voor een opvallend contrast zorgen blauwe anemoontjes en felgele akelei (*Aquilegia chrysantha* 'Yellow Queen').

De zachtgele en geelgroene kleuren van de wolfsmelk (*Euphorbia*), het brandkruid (*Phlomis*) en de feller gele akeleien (*Aquilegia*) wisselen zich ritmisch af met het zachte paarsviolet van kattenkruid (*Nepeta*), salie (*Salvia*) en ooievaarsbek (*Geranium*). Deze ritmiek is opvallend en zorgt voor rust en een samenhangend geheel. Siergrassen en virginische ereprijs (*Veronicastrum*) maken de combinatie elegant. Het donkere blad van de rode, zuilvormige beuk (*Fagus sylvatica* 'Atropunicea') op bovenstaande foto zorgt ervoor dat de bloemkleuren nog sprekender ervaren worden.

ZOMER

Amsonia 'Blue Ice'

Phlomis russeliana

Nepeta kubanica

Alchemilla mollis

Succisa pratensis

Euphorbia wallichii

Geranium x *magnificum* 'Blue Blood'

Hemerocallis 'Suzie Wong'

Achillea filipendulina 'Gold Plate'

Een zomercombinatie met een wat natuurlijker karakter. De planten kunnen in groepen naast elkaar gebruikt worden, maar zijn ook mooi als er meer grassen tussen gemengd worden. Denk daarbij bijvoorbeeld aan *Molinia* (pijpestrootje) of *Panicum* (vingergras). *Amsonia* 'Blue Ice' is een lage cultivar waarvan de bloemen blauwer zijn dan van de andere, wat hogere soorten. Een fantastische combinatie ontstaat als je deze *Amsonia* in een border mengt met vroegbloeiende saliesoorten (*Salvia nemorosa* 'Mainacht', *Salvia nemorosa* 'Viola Klose') en vrouwenmantel (*Alchemilla mollis*). In de nazomer kleurt de hele plant naar warm oranjebruin. Blauwe knoop (*Succisa pratensis*) laat de kleine, ronde bloemhoofdjes vrolijk dansen en staat echt prachtig bij iets hogere grassen zoals *Panicum*.

Het paarsviolet van de dropplant (*Agastache* 'Black Adder') en van ijzerhard (*Verbena bonariensis*) worden extra levendig door het zachte crèmegeel van de pluimvormige bloem van alsem (*Artemisia lactiflora* 'Elfenbein'). De vele vlinders, bijen en andere insecten die de planten in deze border aantrekken, zorgen voor een extra leuk effect.

NAZOMER

Physocarpus opulifolius 'Dart's Gold'

Artermisia lactiflora 'Elfenbein'

Helianthus 'Lemon Queen'

Aronia (bessen)

Agastache 'Blue Boa'

Asclepias incarnata 'Ice ballet'

Verbena bonariensis

Geranium 'Sunrise Blue' (blad)

Aster thomsonii en *Salvia nem.* 'Caradonna'

Naarmate het jaar vordert, moeten we zachtgeel bloeiende planten met een kaarsje zoeken. Het geel wordt feller en intenser. Gelukkig kunnen we voor deze combinatie uitwijken naar crèmekleurige bloemen, zoals de losse pluimen van alsem (*Artemisia lactiflora* 'Elfenbein'), *Asclepias* (zijdeplant) en natuurlijk vele siergrassen. De zijdeplant bloeit als de zomer al een klein beetje overgaat in de nazomer en trekt veel insecten aan. De donkerpaarse bessen van de (op de achtergrond van de border groeiende) heester *Aronia* zijn eetbaar. Maar let op, vogels zijn er ook dol op.

PAARS, VIOLET, BLAUW, ZACHTGEEL EN GEELGROEN VORMEN EEN PRACHTIGE EN BIJZONDERE KLEURENCOMBINATIE.

2. PITTIG ROZE

Ton sur ton zijn kleuren die in diverse nuances naast elkaar gebruikt worden. Het zijn monochrome composities of simpelweg, borders in één kleur. Deze borders ogen rustig en harmoniëren. Veel mensen houden ervan. Voegen we een paar witbloeiende planten toe dan oogt de border frisser, maar met grijspaarse tinten wordt de beplanting 'pittiger' en meer sprekend. Dit laatste geldt voor alle kleurcombinaties. De kleur die gekozen is voor de stoelen in deze tuin sluit prachtig aan bij de kleur van de beplanting en zorgt voor een verfijnd accent.

VOORJAAR

Viola Wittrockiana-groep

Deutzia x *hybrida* 'Monte Rose'

Aquilegia 'Winky Red White'

Lathyrus vernus 'Alboroseus'

Tulipa mix roze

Prunus cistena

Viburnum burkwoodii 'Mohawk'

Centaurea montana 'Purple Heart'

Pulsatilla vulgaris 'Rubra'

In het voorjaar zijn er voldoende bloembollen in roze tinten beschikbaar. Kijk eens naar al die kleurnuances van de tulpen. Het leukste is om ze in grote aantallen te gebruiken en alles door elkaar te mixen. Strooi de bollen in oktober lukraak in de borders en plant ze op de plaats waar ze gevallen zijn. Zorg wel dat ze ongeveer 15 tot 20 centimeter van een vaste plant geplant worden zodat het bloembolblad de plant niet verdringt. Je krijgt op deze manier een geweldig voorjaarseffect. Voorwaarde is wel dat je voldoende bollen gebruikt. De bollen komen tussen het groen van de opkomende vaste planten op. Vroegbloeiende vaste planten in dezelfde tinten versterken het effect. Denk aan de in maart-april bloeiende *Pulsatilla* (wildemanskruid) en de wat later bloeiende akeleien en voorjaarslathyrus (*Lathyrus vernus*). Deze laatste kan goed op een zonnige plaats staan, maar prefereert halfschaduw. De *finishing* en zeer elegante *touch* wordt geleverd door het donker grijspaarse blad van *Prunus cistena*, een sierkers, die tegelijkertijd uitbundig bloeit met fijne witte bloempjes met roze meeldraden. De sierkers kan op de achtergrond van de border geplant worden, maar bij jaarlijkse snoei kan hij klein gehouden worden en ontstaat extra veel van het mooie donkere blad. Op de achtergrond van de border zou de geurende, zachtroze *Viburnum* geplant kunnen worden. Zo ontstaat een border die zowel voor het oog als voor de neus een feest is.

EEN ZOMERBORDER VOL KLEUR! DE BEPLANTING OOGT NATUURLIJK OMDAT DE PLANTEN IN KLEINERE GROEPEN GERANGSCHIKT ZIJN. DE FELLER ROZE EN ROZE-RODE TINTEN TREKKEN ONMIDDELLIJK DE AANDACHT EN DOOR DE HERHALING VAN PLANTGROEPEN DWAALT JE BLIK ALS VANZELF OVER DE HELE BORDER HEEN.

ZOMER

Astrantia 'Roma'

Sanguisorba menziesii

Rosa 'Rhapsody in Blue'

Filipendula purpurea

Heuchera 'Pinot Noir'

Dictamnus albus

Phlox paniculata 'Hesperis'

Allium sphaerocephalon

Lavatera olbia 'Rosea'

Wil je naast zachtroze tinten iets pittigers toevoegen, kijk dan eens bij de *Phlox* of de *Geranium*. Beide plantensoorten hebben de meest uiteenlopende roze tinten, waaronder ook een aantal felroze. Ronduit chic is het toevoegen van donkergekleurd blad. *Heuchera* met paarsrood blad is ideaal, maar vindt té veel zon niet prettig, zeker niet als de grond wat droger is. In plaats van de veel gebruikte *Heuchera micrantha* 'Palace Purple' is aan deze combinatie de *Heuchera* 'Pinot Noir' toegevoegd. Zoek je een hoger alternatief met grijspaars blad dan is *Penstemon digitalis* 'Husker Red' met donker blad en heel lichtroze bloempjes een goede keuze. Deze plant houdt van een zonnige tot licht beschaduwde standplaats en goede grond. Als extraatje geeft hij in de herfst leuke zaaddozen.

Een monochrome border in roze tinten loopt het risico té lieflijk, té zacht en daardoor minder aansprekend te zijn. Dit voorkom je door her en der bloemen in pittiger roze tinten toe te voegen. Bijvoorbeeld een roos, zoals *Rosa* 'Rhapsody in Blue', die bijna paars is.

NAZOMER

Sedum 'Karlfunkelstein'

Abelia grandiflora

Geranium wallichianum 'Rozette'

Panicum virgatum 'Shenandoa'

Euonymus hamiltonianus 'Red Elf'

Leycesteria formosa

Aster novi-belgii 'Crimson Brocade'

Persicaria amplexicaulis 'Orangefield'

Anemone x *hybrida* 'Königin Charlotte'

In de nazomer wordt de keuze van roze bloeiende planten wat lastiger. Juist dán moeten we de horizon verbreden en ook kijken naar bessen, herfstblad en grassen. Gelukkig zijn er veel soorten roze asters, herfstanemonen en dahlia's. Samen met siergrassen vormen ze een goed tuinbeeld dat standhoudt tot de eerste nachtvorsten in november. Gecombineerd met de spinnenwebben maken ze de herfst aangenaam en lijkt het minder lang te duren tot de sneeuwklokjes weer gaan bloeien! Aan de achterzijde van een grotere border zou je een fazantenbes (*Leycesteria formosa*) kunnen planten. De langgerekte bloemen met donkere zaden zijn prachtig om te zien, terwijl het blad tot in november mooi blijft. Een aanrader die bloeit op eenjarig hout en door jaarlijkse snoei in het vroege voorjaar klein te houden is.

DOOR TOEVOEGING VAN ENKELE ACCENTEN VAN DONKER BLAD KRIJGT EEN BEPLANTING MEER KARAKTER.

3. **WIT - GROEN - ZILVERGRIJS**

Niet voor niets is de witte tuin in de Sissinghurst Castle Gardens in Groot-Brittannië zo beroemd! Witte sereniteit. Ook in Nederland is een witte tuin te vinden in de Tuinen in Demen. De kleur van het blad van bomen, heesters en vaste planten doet mee in het witte spel. Groen blad verbindt, schept rust. Zeker wanneer we voor groter blad kiezen. Zilvergrijs combineert fantastisch met wit en draagt nog meer bij aan de lichte sfeer in de border.

VOORJAAR

Tulipa 'White Triumphator'

Paeonia lactiflora 'Gardenia'

Choisya ternata 'Aztec Pearl'

Dicentra spectabilis 'Alba'

Hosta undulata 'Albomarginata'

Narcissus poeticus var. *recurvus*

Brunnera macrophylla 'Silver Heart'

Lonicera fragantissima

Carex siderosticha 'Variegata'

Hoewel wit officieel geen kleur is maar juist de afwezigheid van kleur, duiden we in dit boek voor het gemak wit toch als een kleur aan. Het maken van een witte tuin is niet eenvoudig. Hoe mooi witte bloemen ook zijn er kleven toch nadelen aan. Ten eerste zijn uitgebloeide witte bloemen vaak minder mooi als hun bloembladen verwelken. De bruinige kleur brengt het stralende wit een beetje in diskrediet. Daarnaast komt een witte border minder goed tot zijn recht in fel zonlicht. Er wordt wel gezegd dat de kleur wit dan 'gaten slaat'. Een witte tuin is het mooist en heel sereen in de avond of bij maanlicht. Het wit lijkt dan te reflecteren.

Witte bloemen komen beter uit in de schaduw en laten deze als het ware oplichten. Daarom kiezen we op schaduwplaatsen het liefst witte, of in elk geval lichtgekleurde, bloemen. Als witte bloemen gemengd worden met andere kleuren kan dat het geheel net iets opfrissen, maar het wit kan ook te dominant zijn en de harmonie verstoren.
Een witte tuin wordt pas écht mooi als er voldoende blad aan toegevoegd is. Dat kan heldergroen blad zijn, maar witbont, zilverkleurig of grijs blad is vaak subtieler en mooier. Het contrast is dan minder groot waardoor de beplanting een rustigere, zachtere en dromerige uitstraling krijgt.

EEN ROMANTISCHE, WITTE TUIN. DE VERHOUDING TUSSEN WITTE BLOEMEN EN BLAD LUISTERT BIJ HET SAMENSTELLEN VAN EEN WITTE BORDER NAUW. IS ER TE WEINIG GROEN OF GRIJS BLAD TEN OPZICHTE VAN WITTE BLOEMEN DAN KAN DE BORDER TE OVERWELDIGEND OF ONRUSTIG WORDEN.

ZOMER

Gaura lindheimeri 'Whirling Butterflies'

Salvia nemorosa 'Schneehügel'

Rosa 'Climbing Schneewitchen'

Allium nigrum

Stachys byzantina 'Big Ears'

Campanula persicifolia 'Alba'

Leucanthemum superbum 'Thomas Killen'

Cornus alba 'Elegantissima'

Rosa 'Kew Gardens'

Grijze en zilvergrijze tinten zien we zowel in het blad van vaste planten als bij bomen, heesters en siergrassen. Het kleine, wilgbladige sierpeertje *Pyrus salicifolia* is heel geschikt om in een witgrijze border te gebruiken. Dit sierpeertje bloeit in april-mei met witte bloemen en geeft in de zomer kleine groene peertjes die nooit overlast veroorzaken. Grijsbladige beplanting is aangepast aan warme, droge omstandigheden en gedijt daar ook het beste. De grijze tint wordt veroorzaakt door kleine wasachtige deeltjes en de haartjes op het blad die zonlicht reflecteren en de verdamping van vocht uit het blad verminderen. Daar doet zich gelijk een probleem voor. Willen we witte beplanting combineren met grijs of zilverkleurig blad dan vraagt dat vaak om speciale omstandigheden. Zo is de combinatie van witte rozen en de grijsbladige andoorn (*Stachys byzantina* 'Big Ears') esthetisch gezien prachtig, maar levert in de praktijk mogelijk moeilijkheden op. Rozen houden immers van leemachtige, rijke grond en de *Stachys* prefereert arme droge grond. Overigens houden ook *Salvia* en *Gaura* van armere, drogere grond. Een dilemma dus, dat alleen op te lossen is met speciale maatregelen zoals het verarmen of juist verrijken van de grond voor een aantal planten.

DE PLUIMEN VAN SOMMIGE SIERGRASSEN KLEUREN IN DE HERFST PRACHTIG ZILVERGRIJS.

NAZOMER

Veronica longifolia 'Charlotte'

Anemone x *hybrida* 'Honorine Jobert'

Pennisetum alopecuroïdes 'Japonicum'

Zinnia (éénjarig)

Cynara cardunculus

Allium tuberosum

Euonymus fortunei 'Emerald Gaiety'

Leucanthemella serotina

Bergenia 'Jelle'

Op grijze herfstdagen valt de gemakkelijk groeiende herfstanemoon (*Anemone* x *hybrida* 'Honorine Jobert') direct op. De laatste rozen bloeien in deze tijd en combineren goed met het lampenpoetsersgras (*Pennisetum*). In een witte border is *Pennisetum alopecuroides* 'Japonicum' met het witte pluimpje aan het eind van de bloeiaar een subtiele toevoeging. Knoflookbieslook (*Allium tuberosum*) begint pas in augustus te bloeien en laat zien dat kruiden in de border zeker niet misstaan.
Euonymus fortunei, een wintergroene kleine struik, kan in vorm geschoren worden en geeft dan met *Bergenia* (schoenlappersplant) een goede winterstructuur. De eenjarige *Zinnia*, bloeit van juli tot oktober en is daarmee een waardevolle toevoeging aan de wit-groen-zilvergrijze border.

STRALEND WIT. SEREEN EN SPROOKJESACHTIG GECOMBINEERD MET GRIJS EN ZILVER. IN DE AVOND ROMANTISCH EN ADEMBENEMEND OPLICHTEND IN HET DONKER. SOMS EMOTIONEEL. DENKEND AAN WITTE BRUIDEN, MAAR OOK AAN STIL STERVEN.

4. PAARS - VIOLET

Paars, paarsviolet, violet, violetblauw... Van geen enkele kleur in de tuin bestaan zoveel nuances. Paars is een menging van het warme rood en koele blauw. Naarmate er minder rood inzit, wordt de beleving koeler en afstandelijker. Een beetje wit laat paars sprankelen. Naast grijspaars (aubergine) wordt paars intenser en naast frisgroen een beetje bijzonder. Een border die alleen uit donkerpaars bestaat, oogt snel somber en een border met alleen zachte lila tinten is saai. Speel met paars en alle nuances, mengen dus!

VOORJAAR

Pulsatilla vulgaris

Ipheion uniflorum 'Wisley Blue'

Crocus tomassinianus

Geranium sylvaticum 'Mayflower'

Tulipa 'Ronaldo'

Lunaria rediviva

Allium 'Ambassador'

Iris sibirica 'Dear Delight'

Aquilegia vulgaris (zaailing)

Ipheion is een klein bolgewasje dat in het Nederlands de wat onvriendelijke naam 'oude wijfjes' heeft. Ze bloeien heel gemakkelijk en vrijwel overal. Je krijgt er steeds meer. Het is een misverstand om kleine bolletjes zoals sneeuwklokjes, krokussen en deze *Ipheion* alleen aan de voorzijde van de border te planten. Verspreid over de border, maar zeker ook aan de achterzijde van de border scoren ze effect. De vaste planten komen immers in maart-april nog maar voorzichtig uit de grond en ook deze kleinere bloemen zijn dus overal goed zichtbaar. De zwart-paarse tulp 'Ronaldo' geeft deze voorjaarscombinatie extra cachet. Zouden we deze donkere accenten weglaten dan verliest de beplanting een beetje zeggingskracht. Zoals altijd gaat het ook hier zowel om een juiste balans van kleuren en tinten als om een afwisseling van vormen. De bloembollen verdwijnen na de bloei weer onder de grond, maar het wildemanskruid (*Pulsatilla*) blijft nog lange tijd leuk met de bijzondere zaadpluizen. Akeleien leven kort maar zaaien zich kwistig uit. Niet erg! Het teveel wied je makkelijk weg en dit zaaigedrag geeft juist een natuurlijke toets aan de border. De vaste judaspenning (*Lunaria rediviva*) is interessant vanwege de heerlijke geur die je in de avond overal ruikt. Het is een plant die gemakkelijk groeit en zelfs op schaduwrijke drogere plaatsen nog gedijt. Het frisgroene, vrij grote blad blijft tot de herfst mooi. Knip na de bloei de zaaddozen af als je niet wilt dat de plant zich uitzaait. Het zou fijn zijn deze vaste judaspenning vaker in beplantingen te zien. Het is een plant met veel mogelijkheden.

ZOMERSE UITBUNDIGHEID! EEN ZOMERBORDER MET PLANTEN DIE IN GROEPEN GERANGSCHIKT ZIJN. ER ZIJN RELATIEF VEEL AARVORMIGE BLOEMEN GEBRUIKT: STACHYS, NEPETA GRANDIFLORA 'BRAMDEAN', TRIFOLIUM RUBENS EN SESLERIA AUTUMNALIS. DE ZACHTROZE GERANIUM EN DE ZILVERROZE SIERUIEN VERZACHTEN DEZE DUIDELIJKE BLOEIWIJZEN.

ZOMER

Baptisia 'Dutch Chocolate'

Allium schoenoprasum 'Forescate'

Salvia nemorosa 'Caradonna'

Kalimeris incisa 'Blue Star'

Cotinus coggygria 'Royal Purple'

Rosa 'Rhapsody in Blue'

Phlox paniculata 'Gräfin von Schwerin'

Acanthus mollis

Anemone 'Elfin Swan'

De statige *Acanthus*, de intense paarsblauw bloeiende *Salvia*, de oersterke en langbloeiende zomeraster (*Kalimeris*) kunnen allemaal deel uitmaken van een paars-violet gekleurde zomerborder. Ook de kruidige bieslook mag daar best een plaatsje in hebben. Op rijkere, iets vochtiger grond is *Phlox* eigenlijk onmisbaar! Vooral in het voorjaar als de knoppen aangelegd worden, houdt de plant van extra vocht. Naast bloemen in roze tinten zijn er ook witte met een violet streepje of helemaal violetblauwe. Probeer deze *Phlox* 'Gräfin von Schwerin' eens. Deze staat te boek als één van de best geurende phloxen. Aan de voorzijde van de border verdient *Anemone* 'Elfin Swan' zeker een plek. Hij bloeit vanaf juni tot ver in september. Wil je lila ontdekken dan moet je naar de achterkant van de bloemblaadjes kijken! Het donkere blad van de heester *Cotinus coggygria* 'Royal Purple' laat de kleuren van de vaste planten intenser lijken. Snoei je deze heester jaarlijks terug dan is hij weliswaar minder bloeirijk maar kan door de beperkte grootte een plaatsje in de border krijgen. Door deze snoei wordt het blad groter en om de grijspaarse kleur van dit blad gaat het in deze combinatie juist.

Tricyrtis formosana 'Dark Form'

Zinnia elegans 'Benary's Giant White'

NAZOMER

Buddleja davidii 'Black Knight'

Aconitum carmichaelii 'Arendsii'

Panicum virgatum 'Shenandoa'

Verbena bonariensis

Bergenia cordifolia 'Wintermärchen'

Salvia 'Amistad'

Geranium 'Azure Rush'

Callicarpa bodinieri 'Profusion' (bessen)

Aster novi-belgii 'Schöne von Dietlikon'

Er zijn paars of violetblauwe planten, zoals *Geranium* 'Rozanne' en *Geranium* 'Azure Rush' die heel lang bloeien, van juni tot aan de eerste nachtvorst. Worden ze te wild of te groot dan mag je ze rustig afknippen waarna ze onvermoeibaar verder bloeien. Naarmate de buitentemperatuur daalt, wordt de kleur van beide geraniums intenser.
Salvia 'Amistad' bloeit eveneens vanaf juni en stopt daarmee pas in november; prachtig volpaars met een intense zwart-paarse kelk. De bloemen trekken tijdens de bloei veel insecten. Geef deze hoge plant wel de ruimte. Hij is winterhard tot circa -10 °C. Het blad van *Bergenia* 'Wintermärchen' verkleurt in de herfst naar grijspaars en blijft ook in de winter structuur geven.

PAARS IN ALLE VARIATIES TUSSEN ROOD EN BLAUW, ALS SYMBOLISCHE KLEUR IN RELIGIE EN POLITIEK, MAAR HIER ALS KLEUR OM EINDELOOS MEE TE VARIËREN IN BORDERS.

5. ROZE - ZILVER - WIT

Een beplanting in pasteltinten vinden veel mensen mooi. Als je zachtroze en witte combinaties van bloemen maakt en aanvult met zilverkleurig blad krijg je een border waarvan velen genieten. We associëren een dergelijke kleurcombinatie met lieflijk en harmonieus. Als je rozen toevoegt, wordt de beplanting heel romantisch!

VOORJAAR

Magnolia stellata

Nectaroscordum siculum

Deutzia rosea

Tulipa 'Lovers Town'

Pyrus salicifolia

Paeonia 'Sarah Bernhardt'

Allium basalticum 'Silverspring'

Pulsatilla vulgaris

Iris (Germanica-groep) 'English Cottage'

De zachte tinten van deze voorjaarsbeplanting zorgen voor een sprookjesachtige en feeërieke sfeer. Het wildemanskruid (*Pulsatilla*) voegt na de bloei haar zilveren pluizen nog aan dit lieflijke beeld toe. Soms blijven er regendruppeltjes in hangen. De witte bloemen van *Magnolia stellata* gaan al vroeg in het voorjaar open. De kortdurende, maar o zo mooie bloei wordt gevolgd door de bloei van het sierpeertje (*Pyrus salicifolia*) met het smalle zilveren blad. De tweede naam 'salicifolia' is niet voor niks gekozen, want de blaadjes lijken op het blad van de wilg (*Salix*). De roze meeldraden van de bloemen weerspiegelen subtiel de roze kleuren van de vaste planten.

Dikke gevulde pioenen leveren hun romantische bijdrage en laten zich goed verwerken in een boeket. Het blad van de pioen blijft nog heel lang mooi. De bijzondere oudroze kleur van *Nectaroscordum* (Bulgaarse ui) past mooi in deze combinatie. Een wonder hoe de puntige knop van deze ongeveer 80 centimeter hoge ui eerst helemaal recht omhoog staat. Als de bloemen zich openen, gaan de bloemsteeltjes hangen zodat het net vuurwerk lijkt.

ZOMER

Stachys byzantina

Rosa 'Hyde Hall'

Linaria purpurea 'Canon J. Went'

Phlox paniculata 'Utopia'

Eryngium giganteum 'Miss Wilmott's Ghost'

Sanguisorba hakusanensis 'Lilac Squirrel'

Anaphalis triplinervis

Geranium wallichianum 'Rainbow'

Rosa 'Jacqueline du Pré'

Zodra het zomer wordt, gaan de rozen bloeien. Hoe meer rozen je voor je borders kiest hoe romantischer het wordt. Er zijn witte en roze rozen in allerlei nuances en vormen. In onze optiek kies je dan natuurlijk vooral rozen die weinig ziektegevoelig zijn, lang doorbloeien en lekker geuren! We vinden dat *Rosa* 'Jacqueline du Pré' er zeker bij hoort. De bloemen staan wijd open en de meeldraden komen prachtig uit. De heel zachtroze bloeiende, geurende *Phlox* (Paniculata-groep) 'Utopia' kan ongeveer 1,5 meter hoog worden en verdient dus een plaats tussen hogere planten of achter in de border. *Phlox* heeft, net als de rozen, goed bemeste en vochtvasthoudende grond nodig. Daarentegen gedijen de zilvergrijze *Stachys*, *Anaphalis*, *Eryngium giganteum* en de vlasleeuwenbek (*Linaria*) beter in drogere grond. *Linaria* leeft meestal niet heel lang, maar kan zich kwistig uitzaaien. Het teveel aan zaailingen laat zich makkelijk wegwieden. Door het zaaigedrag ontstaat een wat ongedwongen luchtige toets in de border.

De sierlijke pluimen van siergrassen in deze combinatie kleuren zilver of roodpaars. Gecombineerd met de slanke aren van *Persicaria* (duizendknoop) en de pluizige bloemen van *Eupatorium* (leverkruid) blijft dit tot ver in de herfst een aantrekkelijk beeld. De laatste hortensiabloemen geven nog wat extra kleur in deze herfstborder.

NAZOMER

Dahlia 'Eveline'

Pennisetum alopecuroïdes 'National Arboretum'

Saponaria lempergii 'Max Frei'

Clerodendrum trichotomum

Artemisia arborescense en *Verbena rigida*

Sedum 'Strawberry and Cream'

Anemone x *hybrida* 'Königin Charlotte'

Vernonia lettermania 'Iron Butterfly'

Miscanthus sinensis 'Flamingo'

Dahlia's, siergrassen en anemonen. Meer heb je eigenlijk niet nodig om een goed herfstbeeld neer te zetten. De late bloei van de *Clerodendrum trichotomum* (kansenboom) voegt een verrassend element toe met de fijne roze bloemknopjes die zich openen tot geurende witte bloempjes. Na de bloei volgen de opvallend felgekleurde paars met roze bessen. De plant kan zich ondergronds wel wat uitbreiden. De elegante aren van *Miscanthus sinensis* 'Flamingo' hangen sierlijk over. Ze kleuren zilverig roze in de herfst. De dahlia's bloeien door tot de eerste nachtvorst. Nu de winters zachter worden, laten veel mensen ze in de grond zitten. Soms met goed resultaat, soms lukt het niet. Zeker niet als het een natte, strenge winter is.

ZACHTROZE AANGEVULD MET EEN BEETJE WIT EN GRIJS BLAD. EEN SPROOKJESACHTIGE SFEER WAAR JE BIJNA JE ADEM VAN INHOUDT.

6. WIT - GEEL

Het voorjaar in de tuin begint voorzichtig, zoekend naar nieuwe mogelijkheden en kansen. In de loop van het tuinseizoen raken veel kleuren meer verzadigd. Dat kun je ook in de beplanting laten zien: de kleuren van deze zachtgele voorjaarsborder worden dieper en warmer naarmate het jaar vordert. Een snufje oranje mag er best bij. Geel wordt helaas niet door iedereen gewaardeerd. Jammer want een gele beplanting zorgt ervoor dat 'de zon elke dag schijnt'.

VOORJAAR

Iris sibirica 'Butter and Sugar'

Narcissus 'Jack Snipe'

Philadelphus coronarius 'Aureus'

Primula elatior

Hacquetia epipactis

Paeonia 'White Wings'

Doronicum orientale

Tulipa turkestanica

Euonymus fortunei 'Emerald 'n Gold'

Ontluikend voorjaar. Eén van de eerste vaste planten die in het voorjaar bloeit, is de weinig gebruikte *Hacquetia epipactis*. Een plant zonder Nederlandse naam, van ongeveer 10 centimeter hoog die goed tot zijn recht komt in combinatie met allerlei vroege voorjaarsbloeiers, zoals narcissen, vaste lathyrus (*Lathyrus vernus*) en kleine wilde tulpen. *Hacquetia* groeit graag in humeuze, iets vochtige grond onder heesters en bomen. Dit is de plaats die veel voorjaarsbollen ook prefereren. Het geel van de meeldraden herhaalt zich in de heldergele bloem van de voorjaarszonnebloem (*Doronicum*), de gele trompetten van de narcissen en het subtiele gele kroontje van de elfenbloem (*Epimedium* x *versicolor* 'Sulphureum').

Wit en zachtgeel kunnen goed samengaan in een beplanting. Gebruik je in een gele beplanting een té groot aantal witte bloemen dan gaat de harmonie vrij snel verloren en wordt het wit opdringerig. Het contrast wordt te groot met een onrustig resultaat als gevolg. Juist door een klein beetje wit samen met diverse zachte crèmewitte en heel lichtgele tinten te gebruiken ontstaat een uitgebalanceerde combinatie. Zet de witte bloemen bij voorkeur in kleinere groepen die over de border herhaald worden.

Er zijn volop wit- en geelbloeiende rozen waaruit gekozen kan worden voor een zomerborder. Vrouwenmantel (*Alchemilla mollis*), zachtgeel brandkruid (*Phlomis*) en de hoge *Cephalaria gigantea* combineren goed met witte en zachtgele rozen. Plant je er de kantachtige witte schermbloemen van *Cenolophium denudatum*, de eenjarige *Ammi majus* of grotere *Selinum wallichianum* (karwijselie) bij dan heb je een prachtige combinatie gemaakt, zowel qua kleur als qua vorm.

ZOMER

Buddleja x *wyeriana* 'Sungold'

Gaura lindheimeri 'Snowbird'

Hemerocallis 'Corky'

Phlomis russeliana

Carex elata 'Aurea'

Lilium martagon 'Album'

Geranium maculatum 'Album'

Rosa 'The Poet's Wife'

Coreopsis 'Solar Dance'

Het voorjaar gaat langzaam over in de zomer en de kleuren van de beplanting worden uitgesprokener geel. Begin juni gaat het brandkruid (*Phlomis russeliana*) bloeien met de in etages gerangschikte bloemen. Het grote blad is wintergroen mits de winter niet te streng is. De uitgebloeide bloemen staan als stevige silhouetten opvallend en lang in de winterborder. Een laagje sneeuw erop maakt het helemaal mooi. Let wel op dat deze plant ruimte nodig heeft want hij maakt grote bladtoeven, breidt zich langzaam uit en kan ook flink zaaien. De geurende bloemen van de lelie (*Lilium martagon*) lijken op Turkse mutsen waaronder de gele meeldraden grappig ver uitsteken. Deze meeldraden vormen een subtiele verbinding met de gele kleuren van deze zomerborder. Als je een kleinere tuin hebt, is *Coreopsis* 'Solar Dance' een must. Hij bloeit werkelijk eindeloos en met heel veel bloemen. Van juni tot november is er voortdurend kleur. Sommige soorten meisjesogen (*Coreopsis*) komen na de winter niet altijd goed terug maar deze 'Solar Dance' is heel betrouwbaar.
Behalve bloemen kunnen siergrassen met lichter groengeel blad en vaste planten die bladeren met een gele rand hebben een bijdrage leveren aan een zonnige, gele zomerborder. Grassen bewegen met het minste zuchtje wind en geven een border een natuurlijk aanzien. Zet ze bij voorkeur tegen het licht in zodat de lage avondzon ze mooi aanlicht.

VEEL SIERGRASSEN KLEUREN IN DE HERFST WARM GEEL EN SOMS ZELFS ORANJE OF ROOD. SAMEN MET ENKELE LAATBLOEIENDE BLOEMEN EEN SFEERVOL AFSCHEID VAN DE ZOMER.

NAZOMER

Solidago 'Fireworks'

Kniphofia 'Percy's Pride' en *Helichrysum* 'Schwefellicht'

Chrysanthemum indicum 'Poesie'

Potentilla fruticosa 'Vilmoriana'

Molinia arundinacea

Rudbeckia nitida

Rudbeckia subtomentosa 'Henry Eilers'

Hypericum olympicum

Heuchera villosa 'Chantilly'

In de herfst wordt geel verzadigder, intenser en warmer. De hoge geelbloeiende planten combineren goed met de bloempluimen van hoog oprijzende grassen zoals prachtriet (*Miscanthus sinensis*). Laagbloeiende gele planten kunnen worden vergezeld door diamantgras (*Calamagrostis brachytricha*), lampenpoetsersgras (*Pennisetum alopecuroides*) of de intens geel kleurende pijpenstrootjes (*Molinia caerulea*). Deze drie soorten siergras blijven in de winter goed rechtop staan en vormen zo een belangrijke bijdrage aan de wintertuin. De laatste bloemen van de vuurpijlen (*Kniphofia*) bloeien nog, net als de bloemen van het bijna onverwoestbare en eindeloos bloeiende struikje *Potentilla fructicosa*. Het is onvoorstelbaar hoe lang *Rudbeckia* in de herfst nog bloeit en fier blijft staan.

VROLIJK GEEL IN ALLERLEI NUANCES. RUDBECKIA, ALS SLOTSPEKTAKEL, BLOEIT TOT DE EERSTE NACHTVORST. LAAT DE ZON MAAR SCHIJNEN OP EEN GRIJZE DAG!

7. ORANJE - PAARS

Paars en oranje naast elkaar in de tuin. Wij vinden het mooi. Intens kleur beleven. Aan zo'n border ga je niet ongemerkt voorbij. Toch kom je dergelijke oranje-paarse borders weinig tegen. Misschien omdat mensen het geen mooie combinatie vinden? Is het té overweldigend? Oranje en paars zijn kleuren die elkaars uitstraling en effect versterken. Het resultaat van deze combinatie is een opvallende en felgekleurde border met veel effect en energie.

VOORJAAR

Frittilaria imperialis 'Aurora'

Crocus tomassinianus

Geum 'Prinses Juliana'

Aquilegia vulgaris

Tulipa fosteriana 'Orange Emperor'

Baptisia 'Indigo Spires'

Erysimum cheiri

Iris (Germanica-groep) 'Black Night'

Euphorbia griffithii 'Fireglow'

Voor de voorjaarsbeplanting is er keuze genoeg in oranje. Tulpen met warme oranje kleuren, zoals *Tulipa* 'Abu Hassan', *Tulipa* 'Prinses Irene', *Tulipa* 'Orange Emperor'. Zet er gelijktijdig bloeiende oranje keizerskronen (*Fritillaria imperialis*) en intens violetblauwe of paarsbloeiende *Iris* (Germanica-groep) (baardiris) naast en het effect is spectaculair. In mei voegt *Euphorbia griffithii* (wolfsmelk) zich erbij met bloemen waarvan de grote schutbladeren vooral bij de variëteit 'Fireglow', feloranje zijn. Deze *Euphorbia* kan, als hij het naar zijn zin heeft, wel wat 'weglopen' met ondergrondse wortelstokken. De muurbloem (*Erysimum cheiri*) leeft weliswaar maar een paar jaar, maar voegt geurend oranje als een extra cadeautje toe. Hoe je het ook wendt of keert, een oranje-paarse tuin valt op en je gaat er niet argeloos aan voorbij… of je het nu mooi of lelijk vindt.

JE HOEFT NIET ALTIJD VOOR FELORANJE TE KIEZEN. ZACHTORANJE GECOMBINEERD MET PAARS IS HEEL VERFIJND EN MOOI.

ZOMER

Hemerocallis 'Mrs. John Tigrit'

Campanula 'Sarastro'

Kniphofia 'Tawny King'

Salvia nemorosa 'Mainacht'

Rosa 'Wollerton Old Hall'

Agastache 'Black Adder'

Heuchera 'Caramel' (blad)

Echinops ritro 'Veitch's Blue'

Helenium 'Sahin's Early Flowering'

Deze zomerplanten kunnen van laag tot hoog de zomerse borders van oranje en paarse kleuren voorzien. Maar ze zijn niet allemaal even gemakkelijk te onderhouden. Tuinieren gaat niet altijd over rozen! De vuurpijl (*Kniphofia*) is een exotische blikvanger, maar komt niet altijd gemakkelijk de winter door. Rozen zijn de koninginnen van de border en willen ook dusdanig behandeld worden: met zorg, aandacht en onderhoud. De dropplant (*Agastache*) groeit het liefst op armere droge grond in de volle zon. Het is een kortlevende plant maar absoluut de moeite waard om aangeplant te worden. Zó veel insecten komen erop af! Af en toe moeten we dus toch een compromis sluiten: voedselrijke grond voor de rozen en arme grond voor de *Agastache* die we zo mooi vinden combineren met zachtoranje rozen. We gebruiken graag *Agastache* 'Black Adder' die steriele bloemen heeft en daardoor garant staat voor lange bloei. De dikke uitgebloeide bloeiaren blijven lang mooi en geven met de bloeiaren van iets hogere grassen een prachtig herfstbeeld. Ook *Helenium* 'Sahin's Early Flowerer' (zonnekruid) geeft maandenlang plezier en bloeit in de nazomer nog. De kleuren variëren, afhankelijk van de temperatuur, van meer geel tot oranje. Soms kan de *Helenium* wel wat steun gebruiken. Door de plant half mei gedeeltelijk in te knippen wordt hij wat bossiger, verleng je de bloeitijd nog meer en valt hij minder snel om. *Heuchera* 'Caramel' is een plant met een heel bijzondere bladkleur die vaak lastig is om in te passen in een kleurenschema. In een oranje-paarse border komt hij prima tot zijn recht!

NAZOMER

Crocus speciosus

Iris foetidissima (zaden)

Lobelia x *gerardii* 'Vedrariensis'

Dahlia 'Karma Corona'

Rosa virginiana (bottels)

Meconopsis cambrica 'Aurantiaca'

Crocosmia 'George Davidson'

Geranium 'Rozanne'

Viburnum 'Michael Dodge'

Oranje kleurend herfstblad van Japanse esdoorns, amberbomen (*Liquidambar*) en sommige soorten *Viburnum* vormen de stralende achtergrond voor de oranje-paarse border. *Viburnum* 'Michael Dodge' krijgt prachtige geeloranje bessen die heel goed in ons kleurenschema passen. Felpaars steekt de, tot aan de eerste nachtvorst bloeiende, *Geranium* 'Rozanne' hiertegen af. Intens van kleur is de paarse *Lobelia* 'Hadspen Purple' die graag rijke, wat vochtige grond heeft. Het is onvoorstelbaar dat de kleine schijnpapaver (*Meconopsis*) na al die maanden nog steeds dapper bloeit. Deze plant verspreidt de zaden kwistig, groeit op lastige plaatsen en stelt nooit teleur. En dan, zo maar ineens zijn ze er: de herfstkrokussen, een kleine verrassing in de oranje-paarse herfstborder.

SPETTEREND! PROVOCEREND! VROLIJK, WARM EN EEN BEETJE BIJZONDER. EEN BORDER DIE OPVALT. WIE DURFT?

DEEL 3
PLANT-BESCHRIJVINGEN

Dit deel van het boek is bedoeld om je te helpen de beste planten voor een bepaalde standplaats te vinden. We hebben ongeveer vijfhonderd planten verzameld die prima presteren als borderplant. Het zijn voor een groot deel vaste planten, maar je vindt hier ook bloembollen, eenjarigen, heesters en verder handige lijstjes met nog meer planten. De foto's laten je de kleur en de vorm van een plant zien, zodat je hiermee alvast veel informatie krijgt die je nodig hebt om goed te kunnen combineren.

DE MOOISTE PLANTEN OP DE JUISTE PLEK IN DE TUIN

Dat een plant in een bepaald hoofdstuk staat, wil zeggen dat dit de meest geschikte standplaats is, niet de enige mogelijkheid. Voor veel planten geldt namelijk dat ze zich perfect kunnen aanpassen, ze doen het vaak ook goed op een andere plek. Daarom zijn er soorten die je in verschillende hoofdstukken tegenkomt. In elk hoofdstuk kun je meer lezen over de standplaats en zie je ook inspirerende voorbeelden van borders.
Bij elke plant staat een regeltje met extra informatie: de lichtbehoefte, de gemiddelde hoogte en de bloeitijd, het type plant en aanwijzingen voor geschikte grond. De betekenis hiervan vind je in het kader hieronder. Bij elke plant hebben we ook het aantal benodigde planten per vierkante meter opgenomen. Let op: dit is een richtlijn. Hoeveel planten je precies nodig hebt hangt ook af van de grond en de maat van de plant. Meer hierover lees je op blz. 176 (deel 4, hoofdstuk 3).

VERKLARING VAN AFKORTINGEN EN SYMBOLEN:

Bij de plantenbeschrijvingen is een aantal belangrijke gegevens steeds op één regel bij elkaar vermeld, waarbij enkele afkortingen en symbolen zijn gebruikt. Deze hebben de volgende betekenis:

↕ = hoogte, gegeven in centimeters (cm) of meters (m)
✿ = bloeiperiode, aangeduid in cijfers (5 = mei, 6 = juni, enzovoort)

LICHTBEHOEFTE

☼ = volle zon (5 tot 7 uur zon per dag in de zomer)
◑ = halfschaduw (3 tot 5 uur zon per dag in de zomer)
● = schaduw (minder dan 3 uur zon per dag, of langere tijd gefilterd licht)

TYPE PLANT

- eenjarige of eenjarig gekweekte plant
- tweejarige of tweejarig gekweekte plant
- vaste plant
- bolgewas
- knol- of wortelstokgewas
- struik
- boom

GROND

① humusrijk, voedzaam en niet te droog
② goed doorlatend, vrij arm en aan de droge kant, vooral 's winters droog
③ normale tuingrond, stelt weinig eisen

Rhododendron groeit en bloeit goed in de schaduw.

SCHADUW

Een schaduwrijke tuin hoeft niet eentonig en kleurloos te zijn, in de koele schaduw kunnen juist de mooiste planten groeien. Ze zijn dan misschien minder spectaculair dan de planten in een zonnige border, maar zeker niet minder mooi. Met een beetje extra zorg is van elke schaduwtuin een plantenparadijsje te maken.

SCHADUWTUIN

De eerste reactie op een tuin met veel schaduw is vaak: daar is niets van te maken. Gelukkig zijn er genoeg voorbeelden van mooie schaduwtuinen om het tegendeel te bewijzen. Het maakt wel uit hoe zwaar de schaduw is. Onder de altijd groene takken van grote coniferen wil inderdaad bijna niets groeien en ook onder een grote beuk is vaak alleen mos te zien. Maar in de veel lichtere schaduw van bomen met een transparantere kroon kan toch een verrassend groot sortiment vaste planten groeien. Als de schaduw van hoge muren komt zijn er zelfs nog meer mogelijkheden.
Voor de planten in dit hoofdstuk gaan we uit van minder dan drie uur zon per dag in de zomer of van zwaar gefilterd zonlicht.

SCHADUW DOOR BOMEN

In oudere tuinen zorgen hoge bomen vaak voor veel schaduw. Alleen echte bosplanten kunnen in zo'n 'bostuin' groeien. Een bostuin is in het voorjaar het kleurigst. Omdat er dan nog geen blad aan de bomen zit, komt er extra veel licht op de bodem en daar maken de bosplanten gebruik van door juist dan te bloeien. Veel soorten zijn ook wintergroen of hebben grote bladeren, zodat ze zo veel mogelijk licht op kunnen vangen. Bloembollen zorgen voor nog meer kleur. Door de onderste takken van bomen weg te snoeien en de kroon wat uit te dunnen, kun je ervoor zorgen dat er meer licht in de tuin komt.

Een schaduwrijke tuin aan de rand van het bos met bloeiende sierappels, witte judaspenning, tulpen en keizerskronen.

In deze binnentuin komt nauwelijks zon.

SCHADUW DOOR MUREN

In stadstuinen komt de schaduw meestal van hoge muren die de tuin omringen. Ook al is er veel schaduw, toch is zo'n stadstuin een stuk lichter dan een bostuin. De planten kunnen direct het licht opvangen. Door de muren en de bestrating een lichte kleur te geven, zal de ruimte al groter en minder somber lijken. Ook door planten met lichtgekleurd of bont blad te kiezen wordt de tuin vrolijker. Witte bloemen lichten mooi op in de schaduw en geven de tuin iets geheimzinnigs.

EXPERT

SPROEISYSTEEM

Dankzij een vast sproeisysteem wordt de lijst van geschikte planten voor een schaduwrijke tuin een stuk langer. Samen met veel humus zorgt voldoende water voor perfecte 'bosgrond'. Bekijk voor een vast systeem eerst goed waar de sproeiers moeten komen, zodat het water overal komt. Een eenvoudig en goedkoop sproeisysteem is zelf te maken met 40-60 centimeter diep ingegraven soepele tyleen-buis. Verbind de buizen met koppelstukken aan elkaar en aan vaste sproeiers. Elektrische kranen in een putje regelen de watertoevoer, een sproeicomputer zorgt besproeiing op vaste tijden.

AANDACHT VOOR DE BODEM

Schaduw is meestal niet de ergste boosdoener in de schaduwtuin, veel erger is de droge en slechte grond onder bomen of bij muren. Voeg daarom zo veel mogelijk humus (bladaarde, compost) aan de bodem toe. Humus werkt als een spons en houdt water en voedsel beter vast. Vaak is het nodig elk jaar opnieuw humus toe te voegen als een mulchlaag (afdeklaag). Werk een laag van 5 tot 8 centimeter door de bovenste 25 centimeter van de grond. Dit is 5 tot 8 m3 voedselarme compost of bladaarde per 100 m2. Ook bodembedekkers zijn goed voor de bodem, met hun bladeren vormen ze een aaneensluitend dek boven de grond.

175-200 cm
9-10
vaste plant
1
7 per m²

Actaea simplex 'James Compton'
ZILVERKAARS

Zeer lange bloeiaren en decoratief paarsachtig getint blad. De witte bloemen komen uit roze knoppen, heerlijk geurend. Hoe meer licht des te fraaier kleurt het blad. Zorg wel voor vochtige grond.

25-50 cm
4-5
bolgewas
1
11 per m²

Allium ursinum
DASLOOK

Witte bloemen in losse schermpjes. Het glanzende blad sterft 's zomers al af. Ideaal voor verwildering onder bomen, woekert wel. Eetbaar, geurt sterk naar ui. Voor vrij vochtige grond.

10-15 cm
3-5
vaste plant
1
11 per m²

Anemone nemorosa
BOSANEMOON

Vormt tapijten van mooi ingesneden blad en witte of lichtroze bloemen. Op de foto 'Vestal' met gevulde bloemen. Geschikt voor verwildering. Verdwijnt onder de grond na de bloei. Stinzenplant.

5-10 cm
5-6
vaste plant
1
7 per m²

Convallaria majalis
LELIETJE-VAN-DALEN

De stevige stengels dragen grote bloempluimen vol geurende bloemen. Er zijn veel prachtige tuinvormen van deze onmisbare borderplant, ze bloeien vanaf begin juli tot in de herfst. Deze cultivar bloeit als laatste.

5-10 cm
4-5
knol- of wortelstokgewas
1
5 per m²

Oxalis acetosella
KLAVERZURING

Een inheemse bosplant met heel kleine klaverblaadjes en witte bloemen. De plant vormt dankzij de kruipende wortelstokjes al snel dichte matten onder bomen of struiken. 'Rosea' bloeit roze.

50-75 cm
5-6
vaste plant
1
7 per m²

Polygonatum multiflorum
SALOMONSZEGEL

De overhangende stengels zijn bezet met opgerichte, ovale bladeren. De kleine witte bloemen hangen sierlijk onder aan de stengels. Later blauwe bessen en een gele herfstkleur van het blad. Groeit langzaam. Giftig.

50-75 cm
5-6
vaste plant
1
7 per m²

Smilacina racemosa
VALSE SALOMONSZEGEL

Grote pollen van licht overhangende stengels en vrij groot blad. De crèmewitte bloemen geuren en zitten aan het eind van de stengel in een grote pluim. Later rode bessen.

15-25 cm
6-9
vaste plant
3
9 per m²

Corydalis lutea
GELE HELMBLOEM

De sterke plant vormt dichte bosjes van fijn geveerd blad met daartussen de hele zomer door gele bloemen. Groeit makkelijk, zowel in de schaduw onder heesters als op schaduwrijke muren.

25-50 cm
4-5
vaste plant
3
7 per m²

Euphorbia amygdaloides
AMANDELWOLFSMELK

Donkergroen blad in rozetten en groengele bloemen. Verdraagt droogte goed, groeit ook onder bomen en struiken. In het voorjaar terugknippen tot circa 15 cm voor een compacte plant. Zaait zich uit. Wintergroen.

75-100 cm
8-9
vaste plant
1
5 per m²

Kirengeshoma palmata
JAPANSE WASBLOEM

Het bijna ronde blad is gelobd en sierlijk getand. De lichtgele klokvormige bloemen hebben dikke, wasachtige bloemblaadjes. Ze gaan niet helemaal open. Bij *K. koreana* gaan de bloemen iets meer open.

75-100 cm
5-6
vaste plant
3
7 per m2

Iris foetidissima
STINKENDE LIS

De lichtpaarse bloemen vallen nauwelijks op, wel de feloranje zaden in openspringende peulen. Het zwaardvormige blad is wintergroen. Kan goed tegen droogte. Aan te raden is 'Citrina' met lichtgele bloemen.

50-75 cm
5-6
vaste plant
1
7 per m²

Actaea rubra
CHRISTOFFELKRUID

Een mooie bladplant met witte bloemen in opstaande trossen, gevolgd door felrode bessen (giftig). De vorm *neglecta* heeft lichtgroen blad en witte bessen. *A. pachypoda* draagt witte bessen aan rode stelen.

25-50 cm
4-5
vaste plant
3
7 per m²

Bergenia 'Baby Doll'
SCHOENLAPPERSPLANT

Lichtroze bloemen boven aan rode stelen, eerst babyroze en later donkerder. Het lepelvormige, leerachtige blad blijft 's winters aan de plant en krijgt dan vaak een rode gloed. Er zijn ook witbloeiende tuinvormen.

5-10 cm
2-4
knol- of wortelstokgewas
1
11 per m²

Cyclamen coum
TUINCYCLAAM

De leerachtige, donkergroene tot zilvergrijze bladeren verschijnen pas in de herfst en zijn bijna rond van vorm. De bloemen zijn paarsviolet, soms wit. In diepe schaduw minder bloemen. Zaait zich uit.

15-25 cm
5-7
vaste plant
1
7 per m²

Dicentra formosa 'Stuart Boothman'
GEBROKEN HARTJE

Fijn ingesneden grijsgroen blad en hartvormige rozerode bloemen. Bloeit goed door als de grond niet te droog is. 'Langtrees' bloeit wit en heeft wat grover blauwgroen blad. Meer bloemen in de halfschaduw.

50-75 cm
5-6
vaste plant
1
7 per m²

Dicentra spectabilis
TRANEND HARTJE

Blauwgroen blad en apart gevormde roze bloemen in een rij onder aan de overhangende stengels. Sterft na de bloei bovengronds af. 'Alba' bloeit wit en blijft wat kleiner, 'Valentine' is rood.

15-25 cm
5-6
vaste plant
3
7 per m²

Geranium x *cantabrigiense* 'Karmina'
OOIEVAARSBEK

Een zodevormende plant met dichte bossen blad en kleine roze bloemen. In het najaar kleurt het blad rood, in zachte winters blijft het aan de plant. 'St. Ola' bloeit wit. Ook een goede bodembedekker.

25-50 cm
2-4
vaste plant
1
3 per m²

Helleborus orientalis
KERSTROOS

Prachtig gevormde bloemen, zoek in de bloeitijd de mooiste kleur uit bij de kweker. In het vroege voorjaar oud blad afknippen. Een rijkere bloei in de halfschaduw. Voor humusrijke, kalkrijke grond.

10-15 cm
4-7
vaste plant
1
11 per m²

Montia sibirica
WINTERPOSTELEIN

De vlezige blaadjes zijn eetbaar, volop kleine roze bloemen vanaf het voorjaar. De hele plant blijft groen als het niet te koud of te nat is. Zaait zich uit.

25-50 cm
4-5
vaste plant
1
7 per m²

Lathyrus vernus
VASTE LATHYRUS

Een niet-klimmende, bossige plant met kleine paarse bloemen in een tros. Het blad blijft tot in de herfst mooi. 'Alboroseus' heeft lichtroze bloemen met een witte lip, 'Albiflorus' bloeit wit.

25-50 cm
4-5
vaste plant
1
5 per m²

Brunnera macrophylla 'Jack Frost'
KAUKASISCHE VERGEET-MIJ-NIET

Groot hartvormige blad, de kleine blauwe bloemen steken hier goed bovenuit. Bij 'Jack Frost' heeft het zilverkleurig blad een fraai patroon van groene nerven. 'Seaheart' is nog sterker. Uitgebloeide bloemstengels wegknippen.

10-15 cm
3-4
vaste plant
1
9-11 per m²

Hepatica transsylvanica 'Blue Jewel'
LEVERBLOEMPJE

Het bijzonder gevormde blad is behaard, de blauwe bloempjes komen goed boven het blad uit. 'Eisvogel' bloeit wit. Een langzame groeier voor kalkhoudende grond, bij voorkeur onder bladverliezende heesters planten.

STINZENPLANTEN

Stinzenplanten groeien rond de Friese en Groningse stinzen, de grond om deze landhuizen is dankzij zeer lange bewerking los, luchtig en voedselrijk. Oude bomen zorgen voor schaduw. Verwilderde voorjaarsbloemen voelen zich thuis in dit bijzondere milieu. Door het stinzenmilieu te imiteren kunnen veel stinzenplanten ook in een schaduwrijke achtertuin groeien. Voeg compost of bladaarde, oude koemest en wat kalk of schelpen toe. Ongewenste soorten zul je moeten wieden, maar na verloop van tijd vormen de stinzenplanten een prima, sluitende ondergroei in een schaduwtuin. Bekendste stinzenplanten zijn daslook, bosanemoon, knikkende vogelmelk, lelietje-van-dalen, sneeuwklokje, donkere ooievaarsbek, lenteklokje en longkruid.

15-25 cm
3-4
vaste plant
1
7 per m^2

Pulmonaria officinalis
LONGKRUID

Een inheemse bosplant met zilverig gevlekt blad, de bloemen openen roze en verkleuren blauw. 'Sissinghurst White' bloeit wit. Na de bloei lelijk blad afknippen. Fraai als bladplant, heeft geen last van slakken.

50-75 cm
4-5
vaste plant
1
5 per m^2

Trachystemon orientalis
ORIËNTAALS KOMKOMMERKRUID

De kleine, violetblauwe bloemen verschijnen al als het ruw behaarde, hartvormige blad begint uit te lopen. Een zeer forse plant, kan goed onder bladverliezende bomen groeien mits niet kurkdroog.

10-15 cm
3-4
vaste plant
1
11 per m^2

Viola odorata
MAARTS VIOOLTJE

De violetblauwe bloempjes verspreiden een verrukkelijke geur, het hartvormige blad bedekt de bodem prima. 'Alba' bloeit wit, 'Coeur d'Alsace' is roze. *V. labradorica* lijkt hierop, het blad is donkergetint. Zaait zich uit.

175-200 cm
4-5
vaste plant
1
7 per m^2

Arum italicum
ITALIAANSE ARONSKELK

In het voorjaar verschijnen de bloemen, omgeven door een lichtgroen schutblad. Het glimmende blad is vooral bij 'Marmoratum' geelgroen geaderd, in de zomer sterft het af. De giftige feloranje bessen rijpen in de nazomer.

25-50 cm
vaste plant
1
5-7 per m^2

Asplenium scolopendrium 'Undulatum'
TONGVAREN

De lange, glanzende bladeren hebben een gegolfde rand. Ze staan in een trechtervorm gerangschikt en hangen sierlijk over. Voor kalkrijke grond en een beschutte plek. Wintergroen.

15-25 cm
vaste plant
1
5 per m^2

Athyrium nipponicum 'Purple garden'
REGENBOOGVAREN

Een elegante varen met een kruipende wortelstok en zilvergroen blad aan roodachtige stengels. De variëteit *pictum* (ook 'Metallicum'genoemd) heeft extra-zilverkleurig blad met paarse nerven, net als de afgebeelde vorm.

25-50 cm
vaste plant
1
5 per m^2

Dryopteris erythrosora
HERFSTVAREN

Het blad van deze mooie varen is in het voorjaar bruinoranje getint, in de zomer wordt het groen. Bij 'Prolifica' is het blad nog iets roder, blijft lager. Verdraagt droogte redelijk goed.

25-50 cm
5-6
vaste plant
1
5 per m^2

Geranium phaeum 'Springtime'
DONKERE OOIEVAARSBEK

Fijne roodpaarse bloemen, dankzij de fraaie tekening op het lichtgroene blad is dit toch vooral een bladplant. 'Album' is wit, 'Samobor' heeft een paarsbruine ring op het blad. Zaait zich uit.

25-50 cm
7-8
vaste plant
1
3-5 per m^2

Hosta 'Patriot'
HARTLELIE

Het gerimpelde blad heeft een brede crèmewitte rand, later spierwit. De bloemen zijn lichtpaars. Een van de beste witbonte, het sortiment is echter zeer uitgebreid. Gevoelig voor slakkenvraat.

100-125 cm
vaste plant
1
3 per m^2

Matteuccia struthiopteris
STRUISVAREN, BEKERVAREN

Een 'beker' van heldergroene onvruchtbare bladeren die licht overhangen, in de zomer groei- en kortere vruchtbare sporenbladen die stijf rechtop staan. Gele herfstkleur. Niet te droge grond. Breidt zich uit via uitlopers.

BOLGEWASSEN IN DE SCHADUW

De meeste bloembollen bloeien in het voorjaar en houden hun rustperiode in een droge zomer. Dit past heel goed in een schaduwrijke tuin: in het voorjaar is er voldoende licht en in de zomer is het meestal vrij droog. Heel veel bolgewassen kun je daarom goed gebruiken als er veel schaduw is. Het zogenaamde 'bijgoed', de kleinbloemige voorjaarsbollen, zal ook prima verwilderen onder de bomen. Vooral geschikt zijn narcissen, vogelmelk, *Puschkinia*, sterhyacinten (*Hyacinthoides* en *Scilla*), prairielelie (*Camassia*), winteraconiet, hondstand (*Erythronium*), blauwe druifjes en het lenteklokje. *Cyclamen hederifolium* en de blauwe anemoon (*Anemone blanda*) zijn knolgewasjes die graag onder bomen of heesters groeien.

KLIMPLANTEN

tot 300 cm
4-5
struik
1
1 per m²

Clematis alpina 'Pink Flamingo'
BOSRANK

Deze kleinbloemige klimmer bloeit rijk met hangende bloemen die een licht hart hebben. Later pluizige zaadhoofdjes. Geschikt om in struiken te laten groeien. Ook in wit en violetblauw. Koele voet.

tot 500 cm
5-6
struik
3
1 per m²

Euonymus fortunei 'Emerald 'n Gold'
KARDINAALSHOED

Een kruipende of klimmende struik, de takken maken hechtwortels die zich vast kunnen houden aan een muur. De gewone soort heeft effen groen blad, 'Emerald Gaiety' heeft vrij grote, witgerande bladeren. Wintergroen.

tot 20 m
8-10
struik
3
1 per m²

Hedera helix
KLIMOP

Glanzend groen, gelobd blad, aan de bloemtakken groene bloemen in bolvormige schermen. Later zwarte vruchtjes. *H. hibernica* heeft groter blad, mooi voor wanden. Zelfhechtend en wintergroen, vijf stuks per strekkende meter.

tot 8 m
5-7
struik
3
1 per m²

Hydrangea anomala ssp. *petiolaris*
KLIMHORTENSIA

Het donkergroene blad kleurt in de herfst geel. De bloemen zijn wit en staan in platte schermen. Een sterke klimplant, die ook geschikt is voor muren op het noorden. Zelfhechtend.

tot 3 m
12-3
struik
3
1 per m²

Jasminum nudiflorum
WINTERJASMIJN

Slappe groene twijgen en klein, eivormig blad. Rijkbloeiend in de winter met gele bloempjes. De takken kunnen zichzelf niet vasthouden, daarom tegen een muur of hek binden. Liefst beschut plaatsen.

tot 4 m
6-8
struik
1
1 per m²

Lonicera periclymenum
BOSKAMPERFOELIE

De heerlijk geurende bloemen van deze klimplant zijn van binnen lichtgeel en aan de buitenkant rozerood. Later rode vruchten. 'Heaven Scent' is crèmewit en geurt sterk. Niet zelfhechtend.

SIERGRASSEN

50-75 cm
6-7
vaste plant
3
5-7 per m²

Briza media
TRILGRAS

Dit kleine siergras vormt een dichte pol van smal blad, de lange bloemstelen dragen driehoekige aartjes die altijd bewegen in de wind. 'Tinkerbell' is een goede tuinvorm, tot 1 m hoog.

15-25 cm
5-6
vaste plant
3
7-9 per m²

Carex oshimensis 'Evergold'
ZEGGE

Smal blad met een lichtgele tot witte streep in het midden, in de schaduw groener. De bloeiaartjes vallen niet zo op. Er zijn ook witbonte en effen groene tuinvormen. Bodembedekker, wintergroen.

25-50 cm
4-5
vaste plant
3
5-7 per m²

Carex morrowii 'Variegata'
ZEGGE

Deze witbonte vorm groeit in grote ronde pollen, groenblijvend en daarom vooral in de winter decoratief. 'Gilt Edge' heeft smaller blad met een wit randje. Sterker dan *C. oshimensis*.

25-50 cm
7-8
vaste plant
1
5 per m²

Hakonechloa macra 'Aureola'
JAPANS BOSGRAS

Het lange geelgestreepte blad hangt sierlijk over en kleurt geel tot oranje in de herfst. De luchtige bloeipluimen vallen minder op. De gewone soort is effen groen en kan beter tegen zon.

25-50 cm
4-6
vaste plant
3
7 per m²

Luzula nivea
VELDBIES

Het smalle blad is langs de rand wit gewimperd. De kleine witte bloemen staan in sierlijke, iets overhangende trosjes boven het blad. Voor een niet te droge standplaats, wintergroen.

15-25 cm
4-6
vaste plant
3
12 per m²

Luzula pilosa 'Igel'
VELDBIES

Een bolvormig siergras, het lijkt wel een egeltje. De bloempluimen vallen niet zo op. Vooral in grote groepen mooi. Een bodembedekker voor een niet te droge, maar goed gedraineerde grond. Wintergroen.

15-25 cm
5-6
vaste plant
③
11 per m²

Cardamine trifolia
VELDKERS

In het voorjaar verschijnen de witte bloemen, hoe meer licht des te uitbundiger de bloei. Een sterke plant die ook op moeilijke plekken groeit, droogte wordt getolereerd. Wintergroene bodembedekker.

10-25 cm
5-6
vaste plant
①
9-11 per m²

Galium odoratum
LIEVEVROUWEBEDSTRO

Het lichtgroene blad staat in regelmatige kransen rond hoekige stengels. Aan het eind van de stengels witte bloemen in losse trosjes. Een leuke bodembedekker die een frisgroen tapijt van blad vormt.

25-50 cm
3-5
vaste plant
①
7 per m²

Pachyphragma macrophyllum

Het grote, bijna ronde blad bedekt de bodem goed en blijft in zachte winters aan de plant. In het voorjaar een massa aan witte 'pinksterbloemen'. Geschikt als vervanger voor *Pachysandra*.

15-25 cm
5-6
vaste plant
①
7 per m²

Tiarella cordifolia
SCHUIMKAARS

Deze bodembedekker breidt zich goed uit met ondergrondse worteluitlopers en vormt zo dichte matten van hartvormig lichtgroen blad. De witte bloemen zitten in opstaande trosjes. Wintergroen.

15-25 cm
4-6
vaste plant
7-9 per m²

Vinca minor 'Alba'
KLEINE MAAGDENPALM

Het kleine blad is donkergroen, de bloemen zijn wit (bij de soort violetblauw). In diepe schaduw weinig bloemen. De liggende twijgjes wortelen waar ze de grond raken, een perfecte wintergroene bodembedekker.

25-50 cm
5-6
vaste plant
③
7 per m²

Tellima grandiflora
FRANJEKELK

Rond tot hartvormig blad in rozetten, in zachte winters blijft het aan de plant. Witte tot groene bloemen, versierd met roze franje. 'Rubra' heeft donkergetint blad. Bodembedekker.

15-25 cm
4-5
vaste plant
①

Epimedium x *versicolor* 'Sulphureum'
ELFENBLOEM

Deze elfenbloem heeft vooral in het voorjaar paarsbruin getint blad. De bloemen zijn lichtgeel. Deze krachtige groeier is in zachte winters wintergroen. Goede bodembedekker. In februari afknippen, net voor de bloei.

10-15 cm
3-5
vaste plant
③
11 per m²

Hacquetia epipactis

Een compact bolletje gele bloemen, omgeven door heldergroene schutblaadjes. Deze leuke bodembedekker groeit goed onder heesters of bomen, mooi in combinatie met voorjaarsbolletjes. Niet te droog.

15-25 cm
4-5
vaste plant
③
7 per m²

Symphytum grandiflorum
SMEERWORTEL

Buisvormige lichtgele bloemen uit rode bloemknoppen en ruw behaard blad. De bloemknoppen zijn roodgetint. 'Hidcote Pink' bloeit roze, 'Hidcote Blue' is violetblauw. Een sterke wintergroene bodembedekker voor moeilijke plaatsen.

15-25 cm
4-5
vaste plant
③
7-9 per m²

Waldsteinia ternata
GOUDAARDBEI

Het driedelige blad is frisgroen van kleur. In het voorjaar kleine, gele bloemen. Oud blad eventueel in het vroege voorjaar afknippen. Deze zodevormende plant is een perfecte wintergroene bodembedekker.

25-50 cm
5-6
vaste plant
③
7 per m²

Geranium macrorrhizum 'Czakor'
OOIEVAARSBEK

Deze ooievaarsbek blijft in niet al te strenge winters groen en is daarom een goede bodembedekker. Helderroze bloemen boven sterk geurend blad. Kan vrij veel schaduw en droogte verdragen. 'Spessart' bloeit wit.

15-25 cm
5-7
vaste plant
②
11 per m²

Saxifraga x *urbium*
SCHILDERSVERDRIET

Het dikke blad staat in stevige rozetten, de kleine bloemen zitten in losse pluimen. Ze zijn wit met rode puntjes en geven een roze kleurindruk. 'Clarence Elliott' blijft kleiner. Sterke wintergroene bodembedekker.

25-30 cm
4-6
vaste plant
1
7 per m^2

Tiarella 'Pink Skyrocket'
SCHUIMKAARS

Het ingesneden blad heeft vaak een donkere vlek in het hart. De lichtroze tot witte bloemen zitten in opstaande 'kaarsen'. Bodembedekker voor niet te droge grond, rijkere bloei in de halfschaduw.

25-50 cm
8-10
vaste plant
1
7 per m^2

Liriope muscari 'Royal Purple'
LELIEGRAS

Dankzij het smalle blad lijkt deze plant op een siergras. De kleine violette bloempjes zitten rond een stijf rechtopstaande bloemsteel. 'Big Blue' is ook een goede tuinvorm. Prima wintergroene bodembedekker.

15-25 cm
4-5
vaste plant
1
9 per m^2

Omphalodes cappadocica
AMERIKAANS VERGEET-MIJ-NIETJE

Ovaal blad en blauwe bloempjes in losse trosjes. Bij 'Starry Eyes' hebben de bloemen een wit randje. De bloei is rijker in de halfschaduw. *O. verna* vormt korte uitlopers, goed als bodembedekker.

15-25 cm
5-6
vaste plant
3
9-11 per m^2

Ajuga reptans 'Burgundy Glow'
KRUIPEND ZENEGROEN

Violetblauwe lipbloemen in aren, het blad bedekt de bodem. 'Atropurpurea' is interessant vanwege het donkere blad. 'Catlin's Giant' is een 'reuzen'vorm. Niet te droog.

10-15 cm
3-4
vaste plant
3
9-11 per m^2

Asarum europaeum
MANSOOR

Het donkergroene, glimmende blad heeft de vorm van een mensenoor. In het vroege voorjaar geurende bloempjes, verstopt onder het blad. Langzaam groeiende bodembedekker, ook voor zware schaduw. Wintergroen.

15-25 cm
4-5
vaste plant
1
9 per m^2

Epimedium x perralchicum 'Frohnleiten'
ELFENBLOEM

Een sterke bodembedekker met glimmend donkergroen blad, dat in de winter en het voorjaar een bruine tekening heeft. Heldergele bloemen in losse pluimpjes. In zachte winters wintergroen. In februari het blad afknippen.

tot 2,5 m
8-10
struik
3
7 per m^2

Hedera helix 'Yellow Ripple'
KLIMOP

Deze kleinbladige klimop is heel geschikt als bodembedekker. Het gelobde, vrij diep ingesneden blad is versierd met een zachtgele rand. In de schaduw wordt het blad groener. Kan ook klimmen. Wintergroen.

10-15 cm
6-8
vaste plant
3
7 per m^2

Lamium maculatum 'Beacon Silver'
GEVLEKTE DOVENETEL

Zilvergroen blad met een donkergroen randje. De roze lipbloemen zijn in verhouding vrij groot en staan in kransen rond de stengels. 'White Nancy' bloeit wit. Leuke bodembedekker, in zachte winters bladhoudend.

15-25 cm
4
vaste plant
3
9 per m^2

Pachysandra terminalis
DIKKEMANSKRUID

Een laag halfstruikje met glanzend blad, dat zich via ondergrondse uitlopers uitbreidt. De kleine witte bloemen vallen niet zo op. 'Green Carpet' is een goede tuinvorm. Heeft helaas last van schimmelziekten. Wintergroen.

tot 50 cm
5-6
struik
3
3 per m^2

Viburnum davidii
SNEEUWBAL

Het leerachtige blad heeft drie duidelijke nerven. De bloemen zijn wit en worden bij de vrouwelijke struiken gevolgd door blauwe bessen. Deze dichtvertakte struik kan als bodembedekker gebruikt worden. Wintergroen.

BODEMBEDEKKERS

Een plant is echt een goede bodembedekker als het blad de bodem zo goed bedekt dat er (bijna) geen onkruid meer tussen groeit. De beste soorten zijn wintergroen. De meeste bodembedekkers vermeerderen zichzelf via uitlopers. Voor een groot stuk kun je daarom beginnen met vrij weinig planten. Schoffel het eerste jaar tussen de jonge planten, rooi ze het volgende jaar (voorjaar of najaar) en deel ze in kleinere stukken. Plant alles opnieuw, in korte tijd zal het bed helemaal dichtgegroeid zijn. Voor een mooi groen tapijt kun je de bodembedekkers in maart met een heggenschaar kort afknippen, net voordat de jonge scheutjes verschijnen.

tot 6 m
4-5
struik, boom
3
< 1 per m^2

Amelanchier lamarckii
KRENTENBOOMPJE

Rood uitlopend blad in het voorjaar, gevolgd door een zee aan witte bloemen. In de zomer eetbare krentjes. Opvallende oranjerode herfstkleur. Mooi als meerstammig boompje. 'Ballerina' heeft grotere bloemen. Plantafstand 2 tot 4 m.

tot 2 m
5-6
struik
3
1 per m^2

Aronia melanocarpa
APPELBES

Witte bloemen en later ronde zwarte vruchtjes in bundels bij elkaar. Een makkelijke struik die vooral opvalt in de herfst als het gladde, glimmende blad felrood kleurt. 'Professor Ed' blijft lager (125 cm).

tot 1,5 m
3-4
struik
3
1 per m^2

Aucuba japonica 'Rozannie'
BROODBOOM

De broodboom is bekend van de bontbladige vormen, 'Rozannie' heeft echter effen donkergroen blad en veel rode bessen. Niet erg opvallend misschien, maar wel erg sterk en wintergroen.

tot 1,5 m
5-6
struik
3
< 1 per m^2

Euonymus hamiltonianus 'Red Elf'
KARDINAALSHOED

De groene bloemen verschijnen vanaf mei, de vruchten kleuren roze in de herfst. Als ze opengaan zie je de oranjerode zaden. Zoek je een soort met een rode herfstkleur kies dan *E. planipes* of *E. alatus*.

tot 1,5 m
4-5
struik
1
1 per m^2

Exochorda 'Magical Springtime'
PARELSTRUIK

Een slank opgroeiende struik die in het voorjaar overladen is met trossen witte bloemen. Ze komen uit ronde witte knoppen, net parels. 'The Bride' groeit compact met overhangende takken.

tot 125 m
8-10
struik
3
1 per m^2

Hedera hibernica Arborescent-groep
STRUIKKLIMOP

Dit is de struikvorm van de bekende klimop, een bolvormige bloeiende struik. De groene bloemen trekken veel bijen en vlinders, later zwarte vruchten. Ook geschikt als losse haag. Snoeien is niet nodig.

tot 3 m
5-6
struik
3
< 1 per m^2

Ilex 'Clusterberry'
HULST

Deze hulst groeit rustig tot een kegelvormige struik, het glimmende blad heeft vrijwel geen stekels. Veel rode bessen vanaf september. Ook geschikt als stamboompje of voor vormsnoei. Wintergroen.

50-75 cm
5
struik
1
3 per m^2

Leucothoe 'Zeblid'
DRUIFHEIDE

Lancetvormig, glimmend blad en kleine witte urnvormige bloemen in 5 cm lange trosjes. Ook 'Scarletta' genoemd. In de herfst en de winter mooi roodgetint. *L. fontanesiana* 'Rainbow' heeft geelgevlekt blad. Zure grond. Wintergroen.

tot 2 m
5-6
struik
1
1 per m^2

Rhododendron 'Marcel Menard'
RODODENDRON

Dieppaarse bloemen met een fraaie tekening. De bloei is rijker in de halfschaduw, volle zon kan mits niet te droog. Wordt op den duur 2 m breed. Voor niet te droge, zure grond. Wintergroen.

tot 1,5 m
5-6
vaste plant
3
1 per m^2

Rhododendron 'Cannon's Double'
AZALEA

Een bladverliezende struik met trompetvormige bloemen in een dichte tros, bij deze cultivar gevuld. Fraaie herfstkleur. De bloei is rijker in de halfschaduw. Voor niet te droge, zure grond.

HEESTERS VOOR DE SCHADUWTUIN

Omdat er in de lente in de schaduwtuin het meeste licht is, kunnen er veel voorjaarsbloeiende heesters groeien. Prachtige bloemen vind je bij de winterjasmijn, de parelstruik (*Exochorda*), *Rhododendron*, azalea, ranonkelstruik (*Kerria*), *Camellia* en het krentenboompje. Geschikte struiken die vruchten dragen zijn hazelaar, vlier, lijsterbes, krentenboompje, kornoelje (*Cornus mas*), laurierkers (*Prunus*), meidoorn en hulst. De vruchten vormen 's winters een extraatje voor de vogels. Zoek je groenblijvende struiken dan kun je kiezen uit *Rhododendron*, *Camellia*, broodboom, hulst, klimop, kardinaalshoed (*Euonymus fortunei*), de kleine struikjes *Gaultheria procumbens* en *Pernettya* met opvallende bessen, *Mahonia*, *Sarcococca* en *Skimmia*.

KLEURRIJKE SCHADUWTUIN

Bijzondere bomen en heesters, *Rhododendron*, bloembollen en andere kleurige voorjaarsbloeiers vullen deze speelse en kleurrijke schaduwtuin. Langs de schaduwrijke oprit is onder de aanwezige bomen een bosachtige sfeer gecreëerd met *Rhododendron*, diverse kleine bomen zoals het krentenboompje en op de zonnigste plekken de beverboom (*Magnolia*) en goudenregen (*Laburnum*). De rododendron is in grote maten aangeplant, zodat er direct een volwassen tuin is ontstaan. Favorieten zijn hier *Rhododendron* 'Viscy' (zalmkleurig) en de geurende azalea 'Soir de Paris' (roze). Tussen de heesters groeien onder andere goudaardbei (*Waldsteinia*), schuimkaars (*Tiarella*), ooievaarsbek (*Geranium macrorrhizum* en *G. phaeum*), wolfsmelk (*Euphorbia amygdaloides* var. *robbiae*), kleine maagdenpalm (*Vinca*) en varens. De bomen worden gebruikt als steun voor klimmende bosrank.

Halfschaduw door bomen en een klimopwand.

EXPERT

SCHADUWKAART MAKEN

Met een schaduwkaart zie je precies hoeveel zon er op elke plek in de tuin is. Maak de kaart ongeveer een maand voor of na de langste dag (21 juni) op een onbewolkte dag. Neem een plattegrond van de tuin en arceer de plekken waar schaduw is om 8.00 uur, om 12.00 uur en om 16.00 uur. Gebruik hierbij drie keer een andere arcering. Of maak van bovenaf foto's op deze tijdstippen en teken de schaduw in op de plattegrond. Is er geen arcering op een plek? Dan is er sprake van volle zon. Eén arcering: lichte schaduw, twee arceringen: schaduw en drie arceringen: zware schaduw.

HALFSCHADUW

In veel achtertuinen is gedeeltelijk schaduw van enkele bomen, struiken of muren, maar er zijn ook plaatsen waar meer zon komt. Hier voelen heel veel planten zich thuis. De meest spectaculaire borders liggen meestal in de volle zon, maar met de planten uit dit hoofdstuk kun je een kleurige beplanting maken in de halfschaduw.

TUIN IN DE HALFSCHADUW

Een wat kleinere tuin met enkele struiken en een boom, omgeven door schuttingen of hagen, ligt meestal voornamelijk in de halfschaduw. Een tuin op het oosten is 's morgens licht en zonnig, bij een tuin op het westen is dat 's avonds. Een tuin op het zuiden is de zonnigste variant, in een tuin op het noorden zal achterin de zon het meest schijnen. In de zomer krijgen enkele plaatsen drie tot vijf uur volle zon, langs de randen is er meer schaduw. Alle planten in dit hoofdstuk groeien prima in deze situatie, we gaan uit van drie tot vijf uur zon per dag in de zomer of langere tijd licht gefilterd zonlicht.

Een border in de halfschaduw met Zeeuws knoopje (*Astrantia*), hartlelie (*Hosta*) en purperklokje (*Heuchera*).

EEN BORDER IN DE HALFSCHADUW

Vaak is het lastig om voor een border in de halfschaduw de juiste planten te kiezen. Bladplanten zijn er voldoende, maar kleurrijke bloemen zijn toch ook gewenst. De planten die in dit hoofdstuk staan beschreven zorgen allemaal voor kleur in de border en nemen genoegen met halfschaduw. Een voedzame, matig vochtige en humusrijke grond is wel belangrijk voor een goed resultaat. Door een interessante compositie te maken, waarbij vorm en kleur worden afgewisseld, is er met de planten uit dit hoofdstuk een fraaie border te maken die het hele tuinseizoen mooi is. Ook in het volgende hoofdstuk vind je planten die het goed doen in de halfschaduw, zie hiervoor het symbool voor de lichtbehoefte. Vergeet niet een aantal mooie bladplanten te kiezen, zoals *Hosta* of siergrassen. Natuurlijk kun je de vaste planten ook combineren met bloembollen, eenjarigen en kleine struiken.

ONDERHOUDSVRIENDELIJKE HEESTERTUIN

Heb je weinig tijd om een tuin die in de halfschaduw ligt te onderhouden? Dan is een tuin met veel heesters ideaal. Een heestertuin bestaat uit verschillende lagen. In de eerste laag de hogere struiken, bijvoorbeeld een lijsterbes, het krentenboompje, sierappel of een kornoelje. In de tweede laag veel lagere struiken die de ruimte opvullen, zoals de hortensia, de spierstruik (*Spiraea*) of *Rhododendron*. De derde laag bestaat uit lagere vaste planten en sterke bodembedekkers, zoals vrouwenmantel (*Alchemilla*), ooievaarsbek (*Geranium*) of goudaardbei (*Waldsteinia*). Een tuin die weinig onderhoud nodig heeft, zou dus kunnen bestaan uit bestrating en een gazon. Daarbij een aantal vakken vol heesters met daaronder kleinere heesters en bodembedekkers. Let bij het plaatsen van hogere struiken wel op de schaduw die de struik gaat geven, het is wel fijn als de zonnigste plekken in de tuin zo licht mogelijk blijven.

Ooievaarsbek (*Geranium*), Zeeuws knoopje (*Astrantia*) en vrouwenmantel (*Alchemilla*).

25-50 cm
7-9
vaste plant
2
7 per m^2

Anaphalis triplinervis 'Silberregen'
WITTE KNOOP

Een mooie soort voor de border met grijsgroen blad dat drie duidelijke nerven heeft. De bloemen zijn wit en voelen aan als een droogbloem. De plant maakt geen uitlopers en woekert niet.

25-50 cm
5-10
vaste plant
1
7 per m^2

Anemone 'Elfin Swan'
ANEMOON

Een compact groeiende anemoon die heel lang doorbloeit. De witte bloemblaadjes zijn aan de achterzijde violetblauw van kleur. 'Dreaming Swan' wordt hoger (90 cm) en heeft halfgevulde bloemen.

130-160 cm
7-9
vaste plant
1
5 per m^2

Artemisia lactiflora
ALSEM

Een hoge plant met donkergroen, glimmend blad en boven aan de stevige stengels fijne crèmewitte bloempluimen. Bij 'Elfenbein' is het blad lichtgroen, 'Guizhou' heeft paarsig blad. Geeft een gipskruid-effect in de border.

50-75 cm
8-9
vaste plant
3
5 per m^2

Aster divaricatus
ASTER

Deze aster verdraagt schaduw en droogte goed. Boven donkergroen blad in de nazomer heel veel kleine witte bloemen. Licht woekerend. Ook mooi voor de halfschaduw is de paarse *A. ageratoides* 'Ezo Murazaki'.

75-100 cm
6-9
vaste plant
1
5 per m^2

Cenolophium denudatum
BALTISCHE PETERSELIE

Een forse schermbloemige met heel fijn, verdeeld blad en grote, kantachtige witte schermbloemen boven aan stevige stengels. Bloeit zeer lang. Sterker en makkelijker dan *Selinum*. Kan zich uitzaaien. Bijenplant.

60-80 cm
5-6
vaste plant
1
5 per m^2

Iris sibirica 'Snow Queen'
SIBERISCHE LIS

Prachtig gevormde bloemen, ook na de bloei is de pol grasachtig blad nog decoratief. Er zijn veel mooie rassen, zoals 'Perry's Blue' (donker violetblauw), 'Jewelled Crown' (violet met wit) en 'Ruffled Velvet' (lichtpaars).

75-100 cm
5-6
bolgewas
1
3-5 per m^2

Lilium martagon
TURKSE LELIE

Een geurende lelie met kleine rode bloemen, de bloemblaadjes zijn sterk teruggeslagen. Afgebeeld is de witte vorm, 'Orange Marmalade' is oranje en 'Claude Shride' is donker bruinrood. Niet te diep planten, goed winterhard.

50-75 cm
5-6
vaste plant
3
5 per m^2

Lunaria rediviva
VASTE JUDASPENNING

Vrij groot, hartvormig blad in grote pollen met daarboven geurende, lichtviolette bloemen in luchtige schermen. Na de bloei vruchten met zilverige schutbladen. Bloeit in diepe schaduw nog goed. Zaait zich uit.

130-160 cm
8-9
vaste plant
3
5 per m^2

Sanguisorba canadensis
SORBENKRUID

Een stevige, forse plant met lichtgroen geveerd blad en rechtopstaande, vrij lange crèmewitte bloeiaren. In de herfst kleurt het blad geeloranje. Deze late bloeier zorgt voor een opvallend verticaal accent.

75-100 cm
5-7
vaste plant
1
7 per m^2

Thalictrum aquilegifolium 'Album'
AKELEIBLADIGE RUIT

De bloempjes zitten in vlakke tuilen. Ze zien er heel luchtig uit vanwege de lange meeldraden, de kroonbladen ontbreken. Later nog decoratieve groene zaden. Het blad is blauwgroen. 'Thundercloud' bloeit paars.

25-50 cm
6-8
vaste plant
3
5 per m^2

Alchemilla mollis
VROUWENMANTEL

Een sterke borderplant met kleine, groengele bloemen in losse schermen. Het blad is sierlijk geplooid als een manteltje. Na de bloei de hele plant afknippen, ook het blad. 'Robustica' is wat hoger en steviger.

25-50 cm
5-6
vaste plant
3
7 per m^2

Euphorbia polychroma
WOLFSMELK

De bloempjes met groengele schutbladen staan in grote schermen. Het blad krijgt een opvallende herfstkleur. 'Major' heeft grotere bloemen en wordt hoger, 'Sonnengold' is een rijkbloeiend tuinras.

75-100 cm
6-8
vaste plant
①
5 per m^2

Euphorbia wallichii
WOLFSMELK

Een zomerbloeiende soort, de kleine bloemen zijn omgeven door groengele schutbladen. De brede bloemschermen staan op stevige stengels. Het blad valt op door de brede witte hoofdnerf.

50-75 cm
6-8
vaste plant
①
5 per m^2

Hemerocallis 'Suzie Wong'
DAGLELIE

De daglelie vormt een pol grasachtig blad, de bloemen lijken op lelies. Er zijn enorm veel rassen, de kleuren variëren van wit tot geel, oranje, roze en paars. Groeit ook op vochtige grond.

15-25 cm
4-5
vaste plant
①
9 per m^2

Primula elatior
SLANKE SLEUTELBLOEM

Een inheemse plant met lichtgele bloemen, mooi voor niet te droge plekjes. Er zijn ook cultivars, zoals 'Gold Laced' met heel donkerpaarse bloemblaadjes die een geeloranje randje hebben.

50-75 cm
6-7
vaste plant
③
7 per m^2

Digitalis grandiflora
VINGERHOEDSKRUID

De lichtgele bloemen staan losjes rond de stengel en zijn van binnen mooi getekend. Blijft meestal een paar jaar staan of zaait zich uit. *D. lutea* heeft kleinere bloemen, maar leeft langer.

50-75 cm
6-7
vaste plant
①
7 per m^2

Aquilegia chrysantha 'Yellow Queen'
AKELEI

Deze akelei trekt veel aandacht dankzij de grote bloemen met sierlijke sporen. Bloeit later en langer dan de meeste akeleien. ' Denver Gold' is robuuster en tot 80 cm hoog. Terugknippen voor herbloei.

15-25 cm
4
bolgewas
③
7-10 per m^2

Narcissus 'Topolino'
DWERGNARCIS

Smalle, groene bladeren en korte bloemstelen. De bloemen bestaan uit een lange citroengele trompet en puntige witte bloemblaadjes. Deze kleinbloemige narcis kan goed verwilderen, laat de bollen in de grond zitten.

25-50 cm
4-5
vaste plant
③
7 per m^2

Doronicum orientale
VOORJAARSZONNEBLOEM

Een sterke plant met hartvormig blad en gele bloemen op stevige stengels. 'Finesse' heeft smalle straalbloempjes, 'Little Leo' is een nieuw compact ras met een dubbele krans van fijne lintbloempjes.

160 cm
7-10
vaste plant
③
3 per m^2

Helianthus 'Carine'
VASTE ZONNEBLOEM

Een hoge plant die gedurende een lange tijd overladen is met lichtgele zonnebloemen. Woekert niet, maar neemt veel ruimte in. Aantrekkelijk voor bijen en vlinders. 'Lemon Queen' wordt 2 m of hoger.

75-100 cm
5-6
struik
①
1 per m^2

Paeonia suffruticosa 'High Noon'
BOOMPIOEN

De dikke twijgen zijn bezet met dubbelgeveerd blad, de bloemen zijn heel groot en geuren. Er zijn veel rassen, zoals 'Banquet' met lichtrode bloemen. Voedselrijke grond en een warme plek.

EENJARIGEN VOOR DE HALFSCHADUW

Voor veel eenjarige planten geldt dat ze vooral in de volle zon rijk zullen bloeien. Voor een border in de halfschaduw zijn er gelukkig ook geschikte soorten. Je kunt kiezen uit babytranen (*Bacopa*), *Begonia*, luciferplantje (*Cuphea*), vlijtig liesje (*Impatiens*), hanglobelia (*Lobelia erinus*), schildzaad (*Lobularia*), maskerbloem (*Mimulus*), bosliefje (*Nemophila*), tabaksplant (*Nicotiana*), vlambloem (*Phlox drummondii*) en Oost-Indische kers (*Tropaeolum*). Kijk ook eens naar tweejarige planten, zoals de judaspenning (*Lunaria annua*) en damastbloem (*Hesperis*). Plant de eenjarigen tussen de vaste planten om je border extra kleur te geven. Ook in potten en bakken kunnen deze soorten een plekje krijgen.

HALFSCHADUW

100-130 cm
8-9
vaste plant
(3)
5 per m²

Solidago 'Strahlenkrone'
GULDENROEDE

Smalle, lancetvormige bladeren aan stevige stengels. Boven aan de stengels zitten de gele bloemen in een grote pluim. 'Loysder Crown' bloeit lichtgeel (1 m). Bijenplant. De wilde soort woekert.

100-130 cm
8-9
vaste plant
(1)
3 per m²

Ligularia dentata 'Desdemona'
OLIFANTSOOR

Geeloranje bloemen aan donkere stengels, het grote blad is bijna rond en aan de onderzijde paarsgetint. 'Britt Marie Crawford' is een fraaie cultivar. Ook voor vochtige grond. Gevoelig voor slakkenvraat.

160-200 cm
7-8
vaste plant
(3)
3 per m²

Inula magnifica
ALANT

En sterke plant met grote gele bloemen. De onderste bladeren worden wel 1 m lang. Mooi voor een natuurlijke tuin. Kan goed tegen droogte. *I. ensifolia* is een lange bloeier, 35 cm hoog.

50-75 cm
5-7
vaste plant
(1)
7 per m²

Geum 'Totally Tangerine'
NAGELKRUID

De bloemen staan op lange, zich vertakkende stengels, ver boven het blad. 'Mai Tai' is abrikoosroze, 'Mrs Bradshaw' bloeit rood, 'Lady Stratheden' is geel. Om het jaar scheuren voor een rijke bloei.

50-70 cm
7-11
vaste plant
(3)
3 per m²

Persicaria amplexicaulis 'JS Caliente'
DUIZENDKNOOP

Een bossige plant die vooral in wat grotere groepen mooi is. Het blad verkleurt roodachtig in de herfst. De bloemen zitten in lange smalle aren. Er zijn veel cultivars in wit, roze of rood.

75-100 cm
8-10
vaste plant
(1)
5 per m²

Anemone x *hybrida* 'Bressingham Glow'
JAPANSE ANEMOON

Een prachtige hoge anemoon met halfdubbele roze bloemen in een los scherm aan stevige stengels. Verdraagt vrij veel schaduw. 'Pamina' blijft lager (70 cm), 'Honorine Jobert' bloeit wit.

50 -75 cm
6-8
vaste plant
(1)
5 per m²

Astrantia major 'Roma'
ZEEUWS KNOOPJE

De kleine, schermvormige bloeiwijze is omgeven door een zachtroze schutblad, het omwindsel. Het blad is vijflobbig. 'April Love' bloeit zeer lang, 'Hadspen Blood' is donkerrood. Ook voor vochtige grond, groeit goed op klei.

50-75 cm
7-8
vaste plant
(1)
7 per m²

Filipendula purpurea
MOERASSPIREA

Boven donkergroen blad staan vrij grote, schermvormige trossen vol helderroze bloemen. Kan zich flink uitbreiden. 'Elegans' heeft witte bloemen met rode meeldraden, 'Nephele' is lichtroze. Voor vrij vochtige grond.

50 -75 cm
6-8
vaste plant
(1)
5 per m²

Phlox amplifolia 'Minnehaha'
VLAMBLOEM

Een compact groeiende vlambloem met brede pluimen vol geurende bloemen. 'Winnetou' heeft donkerder felroze bloemen, 'Christine' is lichtroze. Verdraagt meer droogte en schaduw dan de bekende *P. paniculata*.

75-100 cm
5-7
vaste plant
(3)
5 per m²

Sanguisorba menziesii
PIMPERNEL

Het gefranjerde blad is blauwgroen, de grote vingerdikke aren hebben een dieprode tint. De lichtroze meeldraden steken ver uit de bloempjes. De aren hebben vaak bijzondere uitstulpingen. Bijenplant.

25 -50 cm
6-8
vaste plant
(1)
7 per m²

Astilbe 'Visions in Red'
PRACHTSPIREA

De roodpaarse bloemen komen uit donkere knoppen, het blad heeft een bruinrode gloed. De uitgebloeide pluimen zijn tot diep in de winter decoratief. In de volle zon is vochtige grond gewenst. Zure grond.

75-100 cm
5-6
bolgewas
(3)
9 per m²

Nectaroscordum siculum
BULGAARSE SIERUI

Het lange blad staat in een rozet, de klokvormige bloemen zijn wit met groene vegen en een roodpaars hart. Een aan *Allium* verwante plant. Plant de bollen in het najaar 10 tot 15 cm diep.

25-50 cm
6-10
vaste plant
③
5 per m²

Geranium 'Anne Thomson'
OOIEVAARSBEK

Fel roodpaarse bloemen met een bijna zwart hartje. Het fijn ingesneden blad is vooral bij het uitlopen lichtgroen. Groeit vrij compact, licht rankend. Bloeit lang door. 's Winters niet te nat.

15-25 cm
3-4
vaste plant
②
9 per m²

Pulsatilla vulgaris
WILDEMANSKRUID

Een vroege bloeier met fijn behaard blad en grote bloemen met opvallend gele meeldraden. Later rijpen de mooie pluizige zaden. 'Alba' bloeit wit, 'Papageno' heeft fijn ingesneden rozerode bloemblaadjes.

25-50 cm
6-8
vaste plant
③
7 per m²

Campanula glomerata 'Blue Ocean'
KLUWENKLOKJE

De violette bloemen zitten bij deze klokjesbloem in 'kluwen' rond de stengels. Het grote blad staat in rozetten en voelt ruw aan. 'Charlotte' bloeit roze. De gewone soort kan woekeren.

100-130 cm
8-9
vaste plant
①
7 per m²

Lobelia x *gerardii* 'Vedrariensis'
VASTE LOBELIA

Glanzend blad en diep violetblauwe bloemen in een lange, smalle aar. Een late bloeier voor een opvallend verticaal accent. Ook mooi is L. 'Ruby Slippers' (donkerrood). Niet te droog.

50-75 cm
6-7
vaste plant
③
7 per m²

Geranium sylvaticum 'Mayflower'
BOSOOIEVAARSBEK

Het grote blad is sterk ingesneden, de bloemen zijn paarsviolet. Ze zijn vrij klein, maar de plant bloeit zeer rijk. 'Album' heeft witte bloemen en lichtgroen blad, 'Amy Doncaster' heeft iets donkerder bloemen.

25-50 cm
7-10
vaste plant
③
7 per m²

Geranium 'Blue Sunrise'
OOIEVAARSBEK

Een fraaie cultivar met vooral in het voorjaar oranjegeel uitlopend blad dat later groengeel kleurt. De violetblauwe bloemen steken hier mooi tegen af. Eén van de laatst bloeiende ooievaarsbekken.

75-100 cm
6-7
vaste plant
③
5 per m²

Campanula latifolia
BREEDBLADKLOKJE

De grote, violetblauwe klokken zitten aan stevige, onvertakte stengels en staan horizontaal af. Opvallend tijdens de korte bloei. Ook voor de schaduw, vooral de witte 'Alba' is daar mooi. Zaait zich uit.

10-15 cm
3-4
knol- of wortelstokgewas
①
20 per m²

Anemone blanda 'Blue Splendour'
BLAUWE ANEMOON

Eén van de mooiste voorjaarsbloeiers, goed te combineren met vroegbloeiende bolletjes en vaste planten. Groeit ook onder bladverliezende struiken. Vaak worden mengsels geleverd in wit, violetblauw en roze.

25-50 cm
5-6
vaste plant
①
7 per m²

Phlox divaricata 'Chattahoochee'
VOORJAARSVLAMBLOEM

Een kruipende plant met in verhouding vrij grote bloemen in losse trossen, licht geurend. Een rijke bloeier die goed in de halfschaduw kan groeien. 'Blue Dreams' is licht violetblauw. Niet te droog.

75-100 cm
8-9
vaste plant
①
7-9 per m²

Aconitum carmichaelii
MONNIKSKAP

Een extra late bloeier met grote bloemen in opvallend violetblauw. 'Barker's Variety' is tot 130 cm hoog, 'Kelmscott' wordt 160 cm. De knolvormige wortels na drie jaar opnemen en delen (februari). Zeer giftig.

VOORJAARSBOLLEN VOOR DE HALFSCHADUW

Een border in de halfschaduw wordt in het voorjaar opgevrolijkt voor bloembollen en -knollen. Er zijn veel bolgewassen die prima bloeien in de halfschaduw, je kunt kiezen uit sierui (*Allium moly*), Brimeura, sneeuwroem (*Chionodoxa*), helmbloem (*Corydalis*), krokus (*Crocus*), kievitsbloem (*Fritillaria*), sneeuwklokjes (*Galanthus*), zomerklokje (*Leucojum*), blauwe druifjes (*Muscari*) en narcissen. Alleen grootbloemige narcissen bloeien niet altijd zo goed opnieuw. Plant in het najaar en zorg voor losse, humusrijke grond. De bollen kunnen gewoon in de grond blijven, ze komen elk voorjaar weer op. Geef de bloembollen in het najaar vinassekali en mest direct na de bloei bij met speciale bloembollenmest of organische mest die rijk is aan kalium.

SIERGRASSEN

KLIMPLANTEN

50-75 cm
8-10
vaste plant
(1)
5 per m^2

Chasmantium latifolium
PLATAARGRAS

Een dikke bos breed blad, net een kleine bamboe. Typische platte aartjes aan overhangende stengels. Het blad kleurt in de herfst geel en oranje. 'Little Tickler' blijft lager (50 cm).

50-75 cm
5-7
vaste plant
(3)
7 per m^2

Melica ciliata
WIMPERPARELGRAS

Een klein siergras met smal blad en opstaande pluizige aartjes. Een leuk grasje voor als er weinig ruimte is, ook fraai in grote groepen. In de volle zon is de bloei wel rijker. Zaait zich uit.

tot 6 m
4-5
struik
(3)
1 per m^2

Akebia quinata
SCHIJNAUGURK

Het blad is handvormig samengesteld, steeds vijf blaadjes bij elkaar. Donker roodpaarse bloemen, vrouwelijke en mannelijke bloemen in een hangende tros. In zachte winters bladhoudend. Na de bloei snoeien. Slingerplant.

tot 8 m
5-6
struik
(1)
1 per m^2

Aristolochia macrophylla
DUITSE PIJP

De pijpvormige bloempjes zijn groengeel van kleur, de binnenzijde is paars. Meestal zitten ze onder het blad verborgen. Het hartvormige blad kan tot 30 cm lang worden. Na de bloei zo nodig uitdunnen. Slingerplant.

160-200 cm
9-10
vaste plant
(3)
1 per m^2

Miscanthus sinensis 'Gracillimus'
PRACHTRIET

Vormt op den duur een grote ronde pol vol smal blad met een witte middennerf, meestal geen bloei. 'Ferner Osten' is een fraaie bloeiende cultivar, bruinpaarse pluimen en mooie herfstkleur. Elke drie jaar delen.

200-225 cm
8-10
vaste plant
(1)
3 per m^2

Molinia arundinacea 'Windspiel'
PIJPENSTROOTJE

Smal blad en grote, losse bloempluimen aan licht overhangende stengels. Prachtige gele en oranje herfstkleuren. 'Skyracer' (180 cm) groeit stevig rechtop. 'Moorflamme' blijft laag (80 cm), extra mooie oranje herfsttint.

4-5 m
3-4
struik
(1)
1 per m^2

Clematis armandii
BOSRANK

Lange, leerachtige bladeren en in het vroege voorjaar geurende witte bloemen. 'Apple Blossom' bloeit roze. Beschut plaatsen. Als het niet te hard vriest wintergroen. Licht snoeien na de bloei. Slingerplant.

tot 3 m
6-9
struik
(1)
1 per m^2

Clematis tangutica
BOSRANK

Hangende, klokvormige gele bloemen, nabloei tot in september. De bloemen worden gevolgd door zilverige zaadpluizen. 'Bill MacKenzie' is een ras met wat grotere bloemen en gelige zaadpluizen. Snoeien in maart. Slingerplant.

75-100 cm
6-8
vaste plant
(2)
5 per m^2

Poa labillardierei 'Glauca'
BEEMDGRAS

Het zeer smalle blad is blauwgroen, de luchtige strokleurige aartjes verschijnen in grote hoeveelheden en staan vanuit het hart van de pol in een waaiervorm. Prachtig wintersilhouet. Mooi in grote groepen.

100-125 cm
8-10
vaste plant
(3)
2 per m^2

Spodiopogon sibiricus

Een snelgroeiend siergras dat regelmatige, stevige pollen vormt. Het blad lijkt op bamboe, in de herfst kleurt het roodbruin. 'Westlake' heeft extra mooie aren in paarsbruin.

tot 3 m
6-8
struik
(1)
1 per m^2

Clematis 'Etoile Violette'
BOSRANK

Kleinbloemige bosrank met fijn gevormde paarse bloemen. Ook mooi om in een struik te laten groeien. Alle cultivars uit de Viticella-groep zijn vrij sterk, in maart flink terugsnoeien. Koele, niet te droge grond. Slingerplant.

tot 6 m
6-7
struik
(1)
1 per m^2

Lonicera japonica 'Hall's Prolific'
JAPANSE KAMPERFOELIE

Een half-wintergroene klimmer met behaarde twijgen. Geurende, wit met gele bloemen. 'Aureorcticulata' heeft geel geaderd blad. Zonodig na de bloei uitdunnen. Slingerplant. Niet te droog.

15-25 cm
7-8
vaste plant
1
7 per m^2

Astilbe chinensis 'Pumila'
PRACHTSPIREA

Pluizige paarsviolette bloemen in opstaande pluimen, het varenachtige blad blijft vrij laag. Een makkelijke bodembedekker, breidt zich uit via uitlopers. Vooral op een zonnige plek niet te droog plaatsen. Liefst zure grond.

25-50 cm
4-5
vaste plant
3
7 per m^2

Bergenia cordifolia
SCHOENLAPPERSPLANT

Leerachtig blad en al vroeg in het voorjaar roze bloemen. Een goede bodembedekker met een vlezige, kruipende wortelstok. *B.* 'Wintermärchen' krijgt een rode herfstkleur. 'Jelle' bloeit wit. Wintergroen.

10-15 cm
6-9
vaste plant
1
5 per m^2

Campanula poscharskyana
KRUIPENDE KLOKJESBLOEM

Een lange bloeier met stervormige, violetblauwe bloemen aan liggende stengels. *C. portenschlagiana* lijkt hierop, de bloemen zijn meer klokvormig. *C.* 'Stella' heeft donkergetint blad en donker violetblauwe bloemen. Zo goed als wintergroen.

15-25 cm
5
struik
3
5 per m^2

Cotoneaster dammeri
DWERGMISPEL

Een sterk struikje met lange, kruipende en vaak wortelende takken. De kleine bloemen zijn wit, later enkele rode besjes. Ook om over een muurtje te laten hangen. In strenge winters valt het blad af. Wintergroen.

tot 5 m
5-6
struik
3
5 per m^2

Euonymus fortunei 'Emerald Gaiety'
KARDINAALSHOED

Een kruipende of klimmende struik waarvan meestal bonte rassen worden aangeplant. 'Dart's Blanket' is effen donkergroen. 'Emerald 'n Gold' heeft klein, geelbont blad, 'Harlequin' heeft heel bont groenwit gevlekt blad. Wintergroen.

25-50 cm
6-7
vaste plant
1
7 per m^2

Heuchera 'Beauty Color'
PURPERKLOKJE

Het lichtgroene tot zilvergroene blad heeft een fraaie tekening van donkere roodbruine nerven. De kleine witte bloemen vallen minder op. Bladhoogte ongeveer 20 cm. 'Silver Scrolls' heeft zilverig bruinpaars blad. Half-wintergroen.

50-75 cm
8-10
vaste plant
1
7 per m^2

Heuchera villosa
PURPERKLOKJE

Een groenbladig purperklokje met aan het eind van de zomer opvallende roomwitte bloempluimen. Het heldergroene blad kan wel 20 cm groot worden. Bladhoogte 30 cm. *H.* 'Chantilly' groeit compacter en heeft donkergroen blad.

25-50 cm
5-8
vaste plant
1
7 per m^2

Heucherella 'Infinity'
SCHUIMKLOKJE

Donker paarsachtig blad met fraaie nerven en een massa aan witte bloemen in opstaande trosjes. 'Kimono' heeft diep ingesneden zilvergroen blad. *H. alba* 'Bridget Bloom' heeft groen blad en veel roze bloemen. Half-wintergroen.

15-25 cm
5-6
vaste plant
3
11 per m^2

Ophiopogon planiscapus 'Niger'
SLANGENBAARD

Een polletje smal, vrij dik blad dat bijna zwart van kleur is. Witte bloemen en soms zwarte besjes. In ons klimaat komen er niet altijd bloemen en vruchten aan de plant. Verwant aan *Liriope*.

10-25 cm
7-9
vaste plant
3
7 per m^2

Persicaria affinis 'Darjeeling Red'
DUIZENDKNOOP

Een kruipende plant met lancetvormige blaadjes en rozerode bloemen in opstaande aren. Het blad verkleurt in de winter roodbruin. 'Donald Lowndes' en 'Superba' zijn ook mooie cultivars. Wintergroen.

15-25 cm
9-11
vaste plant
3
9 per m^2

Saxifraga cortusifolia 'Rubrifolia'
STEENBREEK

Het dikke paarsbruine blad staat op lange stengels, het is vaak mooi gevlekt. Fijne witte bloemen in losse trossen aan rode bloemstengels. *S.* 'Silver Velvet' heeft donkerpaars blad met witte nerven.

15-25 cm
5-6
vaste plant
3
7 per m^2

Tellima grandiflora 'Rubra'
FRANJEKOPJE

Rond tot hartvormig blad op lange stelen. De kleine, witte tot groene bloemen zitten langs lange stengels en zijn voorzien van kleine, roze franje. Het blad verkleurt in het najaar prachtig grijspaars. Half-wintergroen.

tot 3 m
4-5
struik
1
1 per m²

Acer palmatum 'Kogane nishiki'
JAPANSE ESDOORN

De bekendste esdoorn, er zijn veel rassen verkrijgbaar. De meeste blijven vrij klein en hebben een mooie herfstkleur. Zorg voor een beschutte plek en zure, vrij vochtige grond.

tot 2 m
6-7
struik
3
1 per m²

Callicarpa bodinieri 'Profusion'
SCHOONVRUCHT

Deze forse struik draagt aan het eind van de zomer kleine paarse besjes, ze blijven tot diep in de winter aan de takken. Ook de herfstkleur is interessant, de paarse bloemen vallen weinig op.

tot 3 m
5-6
struik
3
1 per m²

Cornus alba 'Elegantissima'
WITTE KORNOELJE

Mooi witbont blad dat elke beplanting opfrist. Weinig opvallende witte bloemen, later wittige bessen. De takken kleuren in de winter opvallend rood, vooral de jonge twijgen. Eventueel elk voorjaar terugsnoeien.

100-150 cm
6
struik
1
1 per m²

Deutzia x *hybrida* 'Strawberry fields'
BRUIDSBLOEM

Deze kleine heester bloeit zeer rijk en kan daarom ook in de border gebruikt. *D. gracilis* bloeit wit (70 cm). Direct na de bloei terugsnoeien om de bloei in het volgende jaar te bevorderen.

tot 4 m
1-2
struik
1
1 per m²

Hamamelis x *intermedia* 'Primavera'
TOVERHAZELAAR

De geurende bloemen verschijnen vaak al in december aan het nog kale hout. Het blad krijgt een gele of oranje herfstkleur. Neemt op den duur vrij veel ruimte in. Snoeien is niet nodig.

75-100 cm
8-9
struik
1
1 per m²

Hydrangea paniculata 'Sundae Fraise'
PLUIMHORTENSIA

De crèmewitte bloemen zitten in grote, kegelvormige pluimen, ze verkleuren al snel roze. Het blad vertoont een mooie gele herfstkleur. 'Limelight' (2 m) bloeit groengeel, 'Bombshell' (1 m) is wit. Elk voorjaar sterk terugsnoeien.

100 -150 cm
6-7
struik
1
1 per m²

Hydrangea quercifolia 'Snow Giant'
EIKENBLADHORTENSIA

Het blad lijkt erg op een eikenblad. De witte, eigenlijk heel lichtgele, bloempjes zitten in pluimen, later verkleuren ze roodachtig. Opvallend is de prachtige rode herfstkleur van het blad. Liever niet snoeien.

tot 3 m
7-9
struik
3
1 per m²

Leycesteria formosa
GROOTMOEDERS OORBEL

Witte bloemen in hangende schijnaren, omgeven door rozerode schutbladen. In het najaar donkerviolette bessen. Een sierlijke struik die de hele zomer door bloeit, het blad blijft lang mooi. Oude takken in april wegsnoeien.

tot 2m
3-4
struik
1
1 per m²

Magnolia stellata
STERMAGNOLIA

Een langzaam groeiende, vroegbloeiende struik met stervormige witte bloemen. 'Royal Star' is een goed ras dat wit bloeit, 'Rosea' heeft roze bloemen. Snoeien is niet nodig. Beschut plaatsen, humusrijke grond.

tot 2 m
5-6
struik
3
1 per m²

Philadelphus coronarius 'Aureus'
BOERENJASMIJN

In het voorjaar geurende witte bloemen, door het frisse groengele blad ook 's zomers mooi als bladplant. Verdraagt vrij veel schaduw, maar in de volle zon rijkere bloei. Verwijder in het voorjaar enkele oude takken.

DE HORTENSIA

Een van de mooiste en meest geliefde heesters voor de halfschaduw is de hortensia. Het bekendst is de boerenhortensia (*Hydrangea macrophylla*) met bolle bloemschermen of platte bloemschermen. Maar er zijn nog veel meer mooie hortensia's. Bijvoorbeeld de *H. aspera* 'Mauvette' met grijsviltig blad en lichtviolette bloemen. De roomwitte *H. arborescens* 'Annabelle' met zeer grote bolvormige bloemschermen. *H. serrata* lijkt op de boerenhortensia maar blijft kleiner, tot ongeveer 1 meter. *H. paniculata* heeft een pluimvormige bloeiwijze. *H. quercifolia* heeft een mooie herfstkleur, het blad lijkt op eikenblad.
Hortensia's houden van een vrij zure, humusrijke en steeds vochtige bodem die veel voedsel bevat.

tot 12 m
4-5
struik
3
6 per m

Acer campestre
VELDESDOORN

Deze sterke esdoorn laat zich goed tot een middelhoge of hoge haag snoeien. Het donkergroene blad is vijflobbig, de kleur in de herfst opvallend geel. Een zeer sterke haagplant. Bladverliezend.

tot 1 m
struik
1
2 -3 per m

Fargesia murieliae 'Bimbo'
BAMBOE

Een niet woekerende bamboe met klein blad. 'Rufa' (2-2,5 m) is sterker en aan te raden voor een hogere haag, de jonge twijgen zijn roodachtig getint. Snoeien is niet nodig. Wintergroen.

tot 5 m
5-6
struik
3
3 per m

Ilex aquifolium 'Silver Queen'
GEWONE HULST

Deze sterke hulst heeft witbont stekelig blad. In het voorjaar witte bloempjes, later rode bessen. 'Alaska' groeit minder snel, effen donkergroen blad. 'J.C. van Tol' heeft weinig stekels en veel grote, oranjerode bessen. Wintergroen.

75-100 cm
5-6
struik
3
4 per m

Ilex crenata 'Convexa'
JAPANSE HULST

Een struikje met een fijne vertakking, de kleine ongestekelde blaadjes staan bol. Onopvallende bloemen en kleine zwarte bessen. 'Green Hedge' en 'Dark Green' zijn goede vervangers voor buxus, ook voor snoeivormen. Wintergroen.

tot 2 m
5-6
struik
3
4 per m

Ilex maximowicziana var. *kanehirae*
JAPANSE HULST

Een kleinbladige hulst met glimmend middengroen blad. Lijkt op buxus, een prima vervanger. De kleine witte bloemen worden gevolgd door zwarte bessen. Groeit vrij snel, geen stekels. Wintergroen.

tot 2 m
5-6
struik
3
3 per m

Ilex x *meserveae*
BLAUWE HULST

Het donkergroene glimmende blad van deze soort heeft minder scherpe stekels. Vrouwelijke planten dragen rode bessen. 'Blue Prince' en 'Heckenpracht' zijn heel geschikt om een haag van te snoeien. Wintergroen.

tot 1,5 m
5
struik
3
5 per m

Lonicera nitida 'Baggesen's Gold'
STRUIKKAMPERFOELIE

Deze sterk vertakte struik heeft heel kleine glanzende blaadjes, bij de afgebeelde cultivar groengeel. 'Maigrün' (50 cm) en 'Elegant' (1 m) zijn goede vervangers voor buxus. Wintergroen.

50-75 cm
6-7
struik
1
3 per m

Nandina domestica 'Gulfstream'
HEMELSE BAMBOE

Het smalle blad loopt bronskleurig uit, later roodachtig. Stervormige witte bloempjes in pluimen, later rode vruchtjes. De afgebeelde cultivar groeit compact. Voor een losse haag. Wintergroen, tot -10 °C winterhard.

tot 4 m
5
struik
3
3 per m

Prunus laurocerasus
LAURIERKERS

Groot glanzend blad en witte bloempjes in opstaande trossen. 'Caucasica' is goed winterhard en geschikt voor hoge hagen door de opgaande groeiwijze. Bij voorkeur met de snoeischaar snoeien. Wintergroen.

tot 3 m
6-7
struik
3
3 per m

Prunus lusitanica
PORTUGESE LAURIERKERS

Smal glanzend blad en witte bloempjes. 'Angustifolia' is beter winterhard en heeft kleiner blad, de beste voor een haag. Bij voorkeur in het voorjaar planten, liefst beschut. Wintergroen.

HAGEN

De genoemde aantallen hangen af van de maat die de struikjes hebben. Voor een goede groei is voldoende voeding nodig: strooi in het najaar een mulchlaag van compost en geef in het vroege voorjaar organische mest. Snoei hagen twee keer per jaar: in juni en nog een keer in de herfst. Knip de haag taps, zo krijgt de onderkant ook voldoende licht. In de schaduw kan een haag dun worden. Op zo'n plek kun je wel kiezen voor een wintergroene wand van klimop. Deze neemt bovendien minder ruimte in. Geschikte soorten klimop zijn *Hedera helix* 'Baltica' (kleinbladig, zeer winterhard), 'Glacier' (witbont) en 'Green Ripple' (gekroesd blad, groeit langzaam).

BORDER IN DE HALFSCHADUW

In deze vrij smalle border tussen een haag en een grindpad spelen lichte en donkere tinten violetblauw de hoofdrol. Deze koele kleuren worden van een pittig warm accent voorzien door een klein beetje rood toe te voegen. De foto's zijn in juni genomen, de bijna blauwe bloemen van stermaagdenpalm (*Amsonia tabernaemontana* var. *salicifolia*) steken dan opvallend af tegen de donker violetblauwe aren van *Salvia nemorosa* 'Caradonna'. Daartussen de ooievaarsbek *Geranium* 'Blue Cloud', Siberische lis (*Iris sibirica*) en jakobsladder (*Polemonium*). Wat grotere groepen kattenkruid (*Nepeta*) vullen de ruimte verder op. Zuiver rood van brandende liefde (*Lychnis chalcedonia*) en oranjerood van etageprimula's (*Primula*) zorgen voor het sprekende koud-warm contrast, vanaf juli volgt nog het oranjebruin van het zonnekruid (*Helenium*). De haag van *Taxus baccata* vormt een fraaie donkergroene achtergrond voor de border, de golvende lijn trekt hier de aandacht. Ook geschikt voor de volle zon.

Een kleurrijke border met zonnekruid (*Helenium*), salie (*Salvia*) en riddersporen (*Delphinium*).

VOLLE ZON

Op een zonnige plek groeien planten met de mooiste bloemen, een kleurrijke bloemenborder ligt daarom altijd in de volle zon. Het is een uitdaging om met de planten uit dit hoofdstuk een persoonlijke creatie te maken met een unieke eigen sfeer.

TUIN IN DE VOLLE ZON

Veel zon in de tuin is fijn voor de planten én voor jezelf. Een tuin op het zuiden zal het zonnigst zijn, als er tenminste geen bomen of hoge muren omheen staan. In een grotere tuin is ook altijd wel een zonnig plek te vinden. De planten in dit hoofdstuk hebben allemaal volle zon nodig om optimaal te groeien en bloeien. Ze verlangen in de zomer het liefst zeven uur zon per dag, maar minimaal vijf uur. Een deel van deze planten zal het ook prima doen met wat minder zon, de bloei zal meestal wel wat minder rijk zijn. Is het zonnig en ook droog? Kijk dan op blz. 144 voor nog meer planten.

BORDER IN DE VOLLE ZON

Wil je een border vol bloemen dan is een zonnige tuin ideaal. Borderplanten die het meeste effect geven, hebben veel zon nodig om goed tot ontwikkeling te komen. Rozen bijvoorbeeld, *Phlox*, riddersporen, allemaal planten met vrij grote, kleurige bloemen. Bekijk voordat je de plek voor een bloemenborder bepaalt daarom altijd goed wat de zonnigste plek in de tuin is. Er is veel keus voor een zonnige border, zeker wanneer er sprake is van normale tuingrond die matig vochtig is, een goede structuur heeft en redelijk veel voedsel bevat.

Grote groepen duizendknoop (*Persicaria*), bergamotplant (*Monarda*), koninginnenkruid (*Eupatorium*) en siergrassen.

PRAIRIETUIN

De klassieke Engelse border wordt door eigentijdse tuinontwerpers steeds meer vervangen door een natuurlijke ogende en onderhoudsvriendelijke mix van siergrassen en rijkbloeiende vaste planten. De bijzondere plantengemeenschappen van de Noord-Amerikaanse prairies zijn de inspiratiebron voor deze naturalistische beplantingsstijl. Veel prairieplanten kennen we al als borderplant, zoals *Helenium*, *Echinacea*, *Eupatorium* en *Heliopsis*. In de klassieke Engelse border worden deze planten puur op uiterlijk met elkaar gecombineerd. De manier waarop deze rijke bloeiers op de prairie tussen grassen staan is heel anders. Meestal staan ze in grote groepen willekeurig verspreid, vaak in langwerpige banen of 'drifts' (zie blz. 50). Door de planten ook in de tuin op deze manier bij elkaar te zetten ontstaat een nieuwe tuinstijl met een heel natuurlijk effect. Wel worden er voor de tuin meestal meer kleurige vaste planten gebruikt, en wat minder grassen. Met veel rijkbloeiende planten en enkele siergrassen maak je in de volle zon een onderhoudsvriendelijke border in prairiestijl. Een prairiebeplanting wordt nog specialer als je via smalle paden tussen de planten door kunt lopen.

EXPERT

SEIZOENENBORDER

In een seizoenenborder groeit een uitgekiende mix van sterke planten die opeenvolgend bloeien. Laag één bestaat uit heesters, klimplanten en vaste planten, laag twee is een kleurrijke en eventueel tijdelijke aanvulling van bolgewassen en eenjarige soorten. Er kunnen groepen zijn van een soort, maak echter vooral gemengde groepen die meerdere seizoenen mooi zijn. Je kunt hierbij denken aan een groep van drie soorten die na elkaar van maart tot en met mei bloeien. Ervoor staat bijvoorbeeld een combinatie van twee planten die mooi zijn van juni tot in de herfst. Zo is de border alle tuinseizoenen mooi.

Duizendblad (*Achillea*), ooievaarsbek (*Geranium*), salie (*Salvia*) en slangenkop (*Penstemon*).

100-130 cm
8-10
vaste plant
(3)
3 per m^2

Aster glehnii 'Agleni'
HERFSTASTER

Een hoge aster die op den duur veel ruimte inneemt. De piepkleine witte bloemen zitten in brede schermen boven aan stevige stengels. Geeft een iets lichtgele kleurindruk vanwege de gele hartjes. Zeer sterk.

50-75 cm
5-6
bolgewas
(1)
5-7 per m^2

Camassia leichtlinii 'Alba'
PRAIRIELELIE

Smal, grasachtig blad en stervormige crèmewitte bloemen in een losse tros. 'Semiplena' heeft gevulde crèmewitte bloemen, 'Caerulea' is violetblauw. De bollen kunnen vast in de grond blijven.

50-75 cm
6-7
bolgewas
(3)
7 per m^2

Campanula persicifolia 'Alba'
PERZIKBLADKLOKJE

Een makkelijke soort voor de border. Het smalle blad staat in lage rozetten, de stevige bloemstengels steken daar een heel eind bovenuit. 'Hidcote Amethyst' is violet, 'Coerulea' bloeit violetblauw.

75-100 cm
8-10
vaste plant
(1)
5 per m^2

Chrysanthemum 'Poesie'
HERFSTCHRYSANT

Een stevige, mooie herfstbloeier met vrij grote, halfgevulde bloemen die een opvallend geeloranje hartje hebben. Bij het verbloeien kleuren de bloemblaadjes iets roze. Vlinderplant. Goed winterhard.

tot 2,5 m
6-7
vaste plant
(1)
5 per m^2

Eremurus himalaicus
NAALD VAN CLEOPATRA

Een zeer opvallende plant met honderden bloempjes in cilindrische bloeitrossen aan stevige stengels. Plant de tere, vlezige wortels in de herfst 10 cm diep in vruchtbare, goed gedraineerde grond.

50-75 cm
6-7
vaste plant
(1)
5 per m^2

Gillenia trifoliata
BRAAKWORTEL

Het blad is driedelig, de kleine witte bloemen zitten in losse pluimen. De steeltjes en kelkjes zijn roodgetint, dit contrasteert mooi met de zuiver witte bloemblaadjes. In de herfst bruine zaaddoosjes.

75-100 cm
7-9
vaste plant
(3)
5 per m^2

Kalimeris incisa
ZOMERASTER

Een sterke en stevige plant die ronde 'heuvels' vormt. Op het eerste gezicht lijkt het een kleinbloemige aster. Lancetvormig, getand blad en witte straalbloempjes met een geel hartje. 'Blue Star' is lichtviolet.

75-100 cm
7-9
vaste plant
(1)
5 per m^2

Leucanthemum 'Thomas Killen'
MARGRIET

De bloemen zijn vrij groot, rondom het gele hart een kransje van korte bloemblaadjes. De planten blijven mooi als je ze om de paar jaar in de herfst deelt en opnieuw plant.

50-75 cm
7-9
vaste plant
(3)
7 per m^2

Lysimachia ephemerum
WEDERIK

Kleine witte bloempjes in lange, rechtopstaande aren. Het smalle blauwgroene blad is vrij lang. Bescherm de wintergroene rozetten tegen strenge vorst. Voor doorlatende grond.

50-75 cm
6-9
vaste plant
(3)
7 per m^2

Malva moschata 'Alba'
MUSKUSKAASJESKRUID

Gelobd blad, aan de stengels fijn ingesneden. De bloemen hebben bijna transparante bloemblaadjes, in het hartje roze meeldraden. 'Rosea' bloeit lichtroze. Terugknippen voor herbloei. Bijenplant.

160-200 cm
6-8
vaste plant
(3)
2 per m^2

Persicaria polymorpha
DUIZENDKNOOP

Een zeer grote plant (zowel in hoogte als breedte) voor achter in grote borders. De crèmewitte bloemen zitten in luchtige pluimen. Blijft ook na de bloei nog lang decoratief.

75-1 00 cm
7-9
vaste plant
(1)
5 per m^2

Physostegia virginiana 'Summer Snow'
SCHARNIERBLOEM

De vierkante stengels zijn bezet met smalle bladeren. De leeuwenbekachtige bloemen zitten keurig in vier rijen in lange schijnaren. 'Bouquet Rose' bloeit roze, 'Variegata' heeft witbont blad.

↕ 50-60 cm
6-10
struik
①
3-4 per m^2

Rosa 'Diamant'
HEESTERROOS

Een sterke bodembedekkende roos die goed doorbloeit, gezonde donkergroen blad. De middelgrote witte bloemen zijn halfgevuld, in het hartje een bosje gele meeldraden. Groeit compact. In maart terugsnoeien.

↕ 160-200 cm
6-8
vaste plant
③
5 per m^2

Sanguisorba tenuifolia var. *alba*
SORBENKRUID

Een hoge en zeer transparante plant met dunne bloeiaren die sierlijk overhangen. Het fijne blad is geveerd. 'All Time High' is extra hoog en stevig, var. *purpurea* bloeit donkerrood.

↕ 100-130 cm
7-9
vaste plant
①
4 per m^2

Selinum wallichianum
KARWIJSELIE

Een robuuste schermbloemige met kantachtig, fijn ingesneden blad. De witte bloemen staan in grote, platte schermen, de meeldraden zijn zwart. De stevige stengels zijn roodgetint. Niet te droge grond.

↕ 25-50 cm
5-6
vaste plant
③
7 per m^2

Veronica gentianoides 'Tissington White'
GENTIAAN-EREPRIJS

Het glanzende, leerachtig blad staat in rozetten en bedekt de bodem. De witte tot iets licht violetblauwe bloemen zitten in lange, slanke trossen. 'Pallida' heeft wat grotere licht violetblauwe bloemen.

↕ 160-200 cm
6-7
vaste plant
①
4 per m^2

Thalictrum flavum ssp. *glaucum*
GELE RUIT, POELRUIT

Een hoge plant met mooi blauwgroen blad. De lichtgele bloemen zitten in pluizige pluimen. 'Illuminator' heeft in het voorjaar geel blad, in de zomer wordt het grijsgroen. Niet te droog.

↕ 250-300 cm
6-8
vaste plant
7 per m^2

Cephalaria gigantea
REUZENSCABIOSA

Groot, grof ingesneden blad en lange, vertakte stelen die de lichtgele bloemen dragen. De bloemen lijken sprekend op die van een *Scabiosa*. Eén van de hoogste vaste planten.

↕ 50-75 cm
5-6
vaste plant
①
4 per m^2

Paeonia 'White Wings'
PIOENROOS

De witte bloemen hebben een hart vol gele meeldraden. 'Jan van Leeuwen' is ook een enkele witte, 'Bowl of Beauty' is roze, een dik gevuld crèmegeel hart. Maximaal 5 cm diep planten, dieper geeft slechte bloei.

↕ 25-50 cm
6-10
vaste plant
②
7 per m^2

Coreopsis 'Solar Dance'
MEISJESOGEN

Lancetvormig blad en gevulde lichtgele bloemen op dunne stelen. Elegant en zeer rijkbloeiend. Bijenplant. 'Full Moon' (70 cm) heeft kleine zachtgele bloemen en zeer fijn blad.

↕ 50-75 cm
7-9
vaste plant
①
5 per m^2

Kniphofia 'Bees Sunset'
VUURPIJL

Wintergroen blad en buisvormige bloempjes in een cilindrische tros. Ze verbloeien van onder naar boven. Voor de winter het blad bij elkaar binden en afdekken met blad. 's Winters niet te nat.

↕ 75-100 cm
4-5
bolgewas
①
3-5 per m^2

Fritillaria imperialis 'Maxima Lutea'
KEIZERSKROON

Een indrukwekkend bolgewas en heel opvallend vanwege de bloeiwijze. De grote, hangende bloemen zitten in een krans boven aan de dikke bloemstengels. 'Rubra Maxima' bloeit oranjerood met donkere stelen.

EENJARIGEN VOOR DE VOLLE ZON

Door eenjarigen met vaste planten te combineren zorg je voor extra veel kleur in de border en voor een verlenging van de bloeiperiode. Bovendien zijn er elk jaar makkelijk veranderingen en verbeteringen aan te brengen omdat je de eenjarigen elk voorjaar opnieuw plant. Zet ze vanaf half mei in de border. Bedenk wel dat veel eenjarigen behoorlijk wat ruimte innemen in de loop van de zomer en plant dus niet te krap. Mooie soorten voor de volle zon zijn kantbloem (*Ammi majus*), tuinmelde (*Atriplex hortensis* 'Red Plume'), kattensnor (*Cleome spinosa*), cosmea (*Cosmos bipinnatus*), duizendknoop (*Persicaria orientalis*) en salie (*Salvia coccinea* en *S. farinacea*).

75-100 cm
6-8
vaste plant
(2)
5 per m²

Achillea filipendulina 'Parker's Variety'

DUIZENDBLAD

Een klassieke borderplant met lange, stevige stengels en heldergele bloemen in dichte platte schermen. Het blad is heel fijn ingesneden. Fraai wintersilhouet. *A.* 'Credo' is een mooie lichtgele. Regelmatig delen.

130-160 cm
8-9
vaste plant
(1)
3 per m²

Rudbeckia nitida 'Herbstsonne'

ZONNEHOED

Een hoge nazomerbloeier met grote bloemen. De gele bloemblaadjes hangen af rondom een kegelvormig groen hart. Breed, meestal ongedeeld blad. *R. laciniata* 'Goldquelle' heeft gevulde bloemen.

50-75 cm
7-9
vaste plant
(3)
5 per m²

Rudbeckia fulgida 'Goldsturm'

ZONNEHOED

Een zeer sterke en langbloeiende plant met lancetvormig, ruw behaard blad. De bloemhoofdjes hebben lange, geeloranje straalbloemen rondom een knoopvormig donkerbruin hart. *R. fulgida* var. *deami* is wat fijner.

75-100 cm
9-11
vaste plant
(1)
5 per m²

Chrysanthemum 'Bienchen'

HERFSTCHRYSANT

Deze bossige chrysant is tijdens de bloei overdekt met vrij kleine, dik gevulde bloemen. Ze zijn goudgeel tot oranjebruin van kleur, van een afstand meer oranje. Goed winterhard.

50-75 cm
7-9
vaste plant
(1)
7 per m²

Alstroemeria 'Colorita Sara'

INCALELIE

De lange, vrij slappe bloemstengels dragen tien tot dertig bloemen. De bovenste bloemblaadjes zijn mooi getekend. 'Freedom' is rood met wit. Vorstgevoelig, het best eenjarig kweken of in de winter afdekken met blad.

75-100 cm
7-9
vaste plant
(1)
5 per m²

Heliopsis helianthoides 'Asahi'

ZONNEOGEN

Kleine geeloranje, als een pompon gevulde bloemen. 'Summer Nights' (120 cm) heeft in het voorjaar paarsgetint blad, enkele oranjegele bloemen. 'Summer Pink' (65 cm) heeft bont blad.

75-100 cm
7-9
vaste plant
(1)
5 per m²

Helenium 'Sahin's Early Flowerer'

ZONNEKRUID

Deze sterke borderplant bloeit in opvallende gele en oranje tinten. De bloemen bestaan uit een bol bruin hart met daaraan een kransje van iets gefranjerde lintbloempjes, vaak met een bruine gloed.

75-100 cm
5-6
vaste plant
(1)
5 per m²

Euphorbia griffithii 'Fireglow'

WOLFSMELK

Grijsgroen blad met een oranjerode middennerf aan oranjerode stelen. De kleine bloempjes zijn geel, omgeven door oranjerode schutbladen. Het blad krijgt een vlammende geeloranje herfstkleur. Maakt uitlopers.

25-50 cm
4-5
bolgewas
(1)
8-10 per m²

Tulipa 'Apricot Beauty'

ENKELE VROEGE TULP

Deze lichtoranje tulp bloeit vanaf half april. Plant de bollen in oktober-november 20 cm diep. Meestal valt de bloei in het tweede jaar tegen, plant daarom jaarlijks nieuwe bollen.

50-75 cm
7-9
eenjarige plant
(3)
9 per m²

Rudbeckia hirta 'Autumn Colours'

ZONNEHOED

Behaard blad en grote bloemen met een grote paarsbruine vlek rondom het kegelvormige hartje. 'Marmalade' is effen geeloranje. Meestal eenjarig gekweekt, blijft soms over en kan zich uitzaaien. Snijbloem, bijenplant.

75-100 cm
7-9
knol- of wortelstokgewas
(2)
9 per m²

Crocosmia 'Lucifer'

MONTBRETIA

Smal opstaand blad en vaak horizontaal afstaande bloeiwijzen. 'Emily McKenzie' bloeit oranje. Plant de knollen in het voorjaar 10 cm diep. 's Winters afdekken met blad of vorstvrij bewaren.

100-130 cm
6-7
vaste plant
(1)
7 per m²

Lychnis chalcedonica

BRANDENDE LIEFDE

Zuiver rode bloemen in halfbolvormige schermen. Het langwerpige blad is behaard. Bij 'Plena' zijn de rode bloemen gevuld, en bloeit langer. 'Alba' is wit, soms heel lichtoranje.

↕ 50-75 cm
6-9
eenjarige plant
①
9-11 per m^2

Zinnia elegans 'Queen Red Lime'
ZINNIA

Een eenjarige plant met apart gevormde bloemhoofdjes: de bloemblaadjes liggen als kleine dakpannetjes over elkaar. In het hart zijn ze opgerold. In veel kleuren verkrijgbaar, in mei in de volle grond zaaien. Perfecte snijbloem.

↕ 50-75 cm
7-9
vaste plant
③
7 per m^2

Sanguisorba officinalis 'Tanna'
GROTE PIMPERNEL

Een slanke plant met fijn blauwgroen blad. Donkerrode bloemen in dichte bolletjes aan sterk vertakte stengels. 'Arnhem' (150 cm) bloeit helderder rood, 'Pink Tanna' (80 cm) heeft licht rozerode bloemen. Niet te droge grond.

↕ 75-100 cm
7-10
knol- of wortelstokgewas
①
3 per m^2

Dahlia 'Karma Choc'
DAHLIA

Donkerrode, bijna chocoladekleurige bloemen aan roodbruine stelen, licht geurend. De knollen zijn niet winterhard en moeten vorstvrij bewaard worden. In het voorjaar weer planten. Goede snijbloem.

↕ 75-100 cm
7
bolgewas
②
10-12 per m^2

Allium amethystinum 'Red Mohican'
SIERUI

Een bolronde bloeiwijze van kleine donkerrode bloemen, met bovenop een 'kuif' van langere bloemsteeltjes. Plant deze zomerbloeiende sierui in het najaar 15 cm diep, kan vast blijven staan.

↕ 25-50 cm
8-10
vaste plant
③
5 per m^2

Sedum 'Karfunkelstein'
HEMELSLEUTEL

Een opvallende plant dankzij het steeds donkerder kleurende, paarsachtige blad. In de nazomer openen de zalmroze bloemen in schermen. 'Purple Emperor' (35 cm) lijkt hierop, iets kleiner. Vlinderplant.

↕ 50-75 cm
8-10
vaste plant
③
5 per m^2

Sedum 'Matrona'
HEMELSLEUTEL

Een fantastische plant met een vrij open groeiwijze, dik grijsgroen blad en vaak roodgetinte bloemstelen. De bloemen zijn licht rozerood met een grijzige waas, ze zitten in grote schermen. Vlinderplant.

↕ 50-75 cm
7-9
vaste plant
③
5 per m^2

Knautia macedonica
BEEMDKROON

Een rijkbloeiende *Scabiosa*-achtige plant met een bijzondere, dieprode bloemkleur. De bloemen staan op enigszins slappe lange stelen, kan daarom goed tussen andere planten door groeien. 'Mars Midget' wordt 40 cm hoog.

↕ 50-75 cm
6-9
vaste plant
③
7 per m^2

Nepeta grandiflora 'Dawn tot Dusk'
KATTENKRUID

Een bossige plant met stevige, rechtopstaande stengels en vrij compacte bloempluimen vol lichtroze bloempjes in donkerder schutbladen. 'Blue Danube' (60 cm) is een iets lagere vorm met lichtpaarse bloemen in paarse schutbladen.

↕ 50-75 cm
5-6
vaste plant
③
5 per m^2

Papaver orientale 'Perry's White'
OOSTERSE PAPAVER

Grote schotelvormige bloemen met een donker hart en zwarte vlekken op de witte tot heel zachtroze bloemblaadjes. Behaard blad. Sterft in de zomer bovengronds af, zet er daarom een laatbloeiende plant voor.

↕ 75-100 cm
5-9
vaste plant
②
7-9 per m^2

Linaria purpurea 'Canon J. Went'
VLASLEEUWENBEK

Het smalle blad is grijsgroen, de kleine lichtroze lipbloemen zitten in een slanke aar. De soort bloeit paarsviolet. Door de luchtige groeiwijze goed te combineren. Zaait zich uit.

VOORJAARSBOLLEN VOOR DE VOLLE ZON

Met kleurrijke bloembollen wordt de beplanting in het voorjaar nog mooier. Voor een plek in de volle zon kun je kiezen uit tulpen, narcissen, hyacinten, keizerskronen (*Fritillaria maxima*), de mooie *Fritillaria persica* en oude wijfjes (*Ipheion*). Sieruien (*Allium*) bloeien iets later, ze zijn er in veel kleuren en maten. Grootbloemige tulpen bloeien meestal niet meer zo mooi vanaf het tweede of derde jaar, plant daarom elk najaar nieuwe bollen. Kleinbloemige wilde tulpen, zoals *Tulipa clusiana*, kunnen wel goed verwilderen. Plant de bollen in de herfst 10 tot 20 centimeter van een vaste plant af. Reken in een vaste plantenborder voor tulpen 10 tot 15 bollen per vierkante meter en voor kleinere soorten 15 tot 20 stuks.

75-100 cm
7-9
vaste plant
1
7 per m^2

Echinacea purpurea 'Rubinglow'
RODE ZONNEHOED

Grote margrietachtige bloemen met een bol bruinoranje hart. Goede cultivars zijn 'Fatal Attraction' (felroze), 'Rozenrad' (kleine roze bloem) en 'Virgin' (wit). Veel nieuwe cultivars zijn vaak kortlevend. Aantrekkelijk voor bijen en vlinders.

75-100 cm
5-6
vaste plant
1
5 per m^2

Tanacetum 'Robinsons Red'
WORMKRUID

De margrietachtige bloemen staan op lange stelen en hebben een geel hart. Een goede snijbloem. 'Laurin' vloeit helderroze, zeer fijn blad. *T. corymbosum* 'Festtafel' is een mooie witte (bloei 6-8).

75-100 cm
7-9
vaste plant
1
7 per m^2

Sidalcea 'Rose Queen'
GRIEKSE MALVA

Diep ingesneden blad en fijn gevormde bloemen aan stevige stelen. 'Elsie Heugh' heeft lichtroze gefranjerde bloemblaadjes, 'Sussex Beauty' is helderroze. Na de bloei terugknippen voor een tweede bloei.

100-120 cm
7-9
vaste plant
1
5 per m^2

Phlox (Paniculata-groep) 'Herbstwalzer'
VLAMBLOEM

De stevige stengels dragen grote bloempluimen vol geurende bloemen. Er zijn veel prachtige tuinvormen van deze onmisbare borderplant, ze bloeien vanaf begin juli tot in de herfst. Deze cultivar bloeit als laatste.

50-75 cm
6-8
vaste plant
2
7 per m^2

Achillea millefolium 'Heidi'
DUIZENDBLAD

Vlakke schermen vol kleine helderroze bloemen, ze verbloeien lichtroze. 'Hymne' bloeit groengeel tot roomwit. Regelmatig in het voorjaar delen en opnieuw planten. Vaak kortlevend, beslist goed gedraineerde grond.

25-50 cm
7-9
vaste plant
1
7 per m^2

Monarda 'Pink Lace'
BERGAMOTPLANT

Aromatisch blad en fraaie lipbloemen in kransen. 'Cranberry Lace' is donkerroze. Om de paar jaar te rooien en de buitenste delen van de pol opnieuw te planten. Soms gevoelig voor meeldauw.

25-50 cm
7-9
vaste plant
1
7 per m^2

Phlox 'Lilac Flame'
VLAMBLOEM

Een compact groeiende dwergvorm van de vlambloem met wat fijnere bloemen in volle bloempluimen, heerlijk geurend. 'White Eye Flame' is wit met een roze oogje, 'Coral Flame' bloeit rozerood.

160-200 cm
7-9
struik
2
3 per m^2

Lavatera olbia 'Rosea'
STRUIKMALVA

Een halfstruik uit het Middellandse Zeegebied met grote *Malva*-achtige bloemen. 'Candy Floss' is lichtroze tot wit. Matig winterhard, 's winters afdekken met blad. In het voorjaar terugsnoeien tot op 30 cm.

100-125 cm
7-10
eenjarige plant
1
5 per m^2

Cleome hassleriana
KATTENSNOR

Een opvallende eenjarige die in één zomer uitgroeit tot een forse plant. Witte, roze of paarse bloemen in luchtige trossen. De lange meeldraden lijken op een kattensnor. 'Senorita Rosalita' bloeit roze, 60 cm hoog.

20-40 cm
6-7
bolgewas
2
10-20 per m^2

Allium cernuum
SIERUI

Een zomerbloeiende sierui met helderroze, traanvormige bloemen in een los scherm. De bloemsteeltjes hangen sierlijk over, het is net een kleine kroonluchter. Geschikt voor verwildering. De hele plant is eetbaar.

25-50 cm
8-9
vaste plant
3
7 per m^2

Sedum spectabile 'Septemberglut'
HEMELSLEUTEL

Dikke ronde stengels en vlezig lichtgroen blad, de pluizige roze bloemen zitten in brede tuilen. 'Brillant' is felroze, 'Iceberg' bloeit wit. Eventueel half mei terugknippen om uiteenvallen te voorkomen. Bijen- en vlinderplant.

160-200 cm
9-10
vaste plant
1
5 per m^2

Vernonia crinita 'Mammuth'
IJZERKRUID

Een stevige plant met asterachtige paarse bloempjes in losse schermen, na de bloei rijpen bruinige zaadkapsels. *V. lettermannii* (80 cm) heeft intens paarse bloemen, groeit mooi compact en heeft smaller blad. Bijen- en vlinderplant.

50-75 cm
6-8
vaste plant
2
7 per m²

Salvia nemorosa 'Amethyst'
SALIE

Kleine lichtpaarse lipbloemen in lange aren, een van de hoogste cultivars. De groeiwijze is vrij los. 'Maihimmel' (60 cm) is licht violetblauw. Eventueel na de bloei terugknippen voor herbloei.

50-75 cm
7-9
vaste plant
2
5 per m²

Agastache 'Linda'
DROPPLANT, ANIJSNETEL

Het blad loopt bronskleurig uit, vanaf juli openen zich de lichtpaarse lipbloemen in donkere kelkjes. Vrij korte, losse aartjes. 'Purple Haze' (90 cm) heeft violetblauwe bloemen in lange aren.

25-50 cm
5-6
vaste plant
2
7 per m²

Centaurea montana 'Purple Heart'
BERGKORENBLOEM

Een tweekleurige bergcentaurie met fijne witte bloemen en een groot paars hart. Sterft in de loop van de zomer bovengronds af, zet er een late bloeier voor. 'Jordy' bloeit donkerpaars, bijna zwart.

75-100 cm
5-6
bolgewas
1
5-7 per m²

Allium 'Purple Sensation'
SIERUI

Paarse bloemen in dichte bollen op stevige stengels. Een van de mooiste sieruien voor de border, blijft goed over mits 's winters niet te nat. Het blad mag je afknippen zodra de bloemen openen.

100-120 cm
7-9
vaste plant
1
5 per m²

Phlox (Paniculata-groep) 'Hesperis'
VLAMBLOEM

Bij deze vlambloem zijn de zachtpaarse bloemen heel klein, de bloemtrossen zijn wat losser. Dit geeft een natuurlijker uitstraling dan de cultivars met grote bloemen in dichte trossen.

25-50 cm
5-8
vaste plant
2
5 per m²

Erysimum 'Bowles' Mauve'
MUURBLOEM

Het smalle blad is grijsgroen (en wintergroen), de geurende paarsviolette bloemen verschijnen de hele zomer door. In het voorjaar planten. 's Winters afdekken, meestal kortlevend. Vlinderplant.

50-75 cm
6-7
vaste plant
3
7 per m²

Stachys monieri 'Hummelo'
ANDOORN

Een nette pol van langwerpig blad en paarse lipbloemen in lange, slanke aren. Goed voor de rand van de border. 'Rosea' bloeit lichtroze. Fraai wintersilhouet. Bijenplant.

50-75 cm
6-9
vaste plant
1
5 per m²

Nepeta subsessilis 'Candy Cat'
KATTENKRUID

Opvallend vanwege de lange bloei en de grote lipbloemen. De gewone soort bloeit violetblauw, 'Cool Cat' (60 cm) is licht violetblauw. Moet een tijdje vaststaan om goed uit te groeien.

100-130 cm
6-7
vaste plant
3
7 per m²

Phlomis tuberosa 'Amazone'
BRANDKRUID

Een hoge soort die al vroeg bloeit met kransen lichtpaars-violette bloemen aan donkere stengels. De bloemen zijn aan de binnenzijde licht geaderd. De uitgebloeide bruine bloemstengels blijven nog lang decoratief.

50 cm
6-7
bolgewas
1
3-5 per m²

Allium christophii
SIERUI

Een zeer mooie sierui met een grote, bolvormige bloeiwijze die een diameter heeft van circa 20 cm. De stervormige bloemen zijn lichtpaars en glanzen. Ook na de bloei nog lang mooi.

ZOMERBOLLEN

Met zomerbollen en -knollen, zoals lelies en dahlia's, wordt van juli tot ver in september een border nog kleurrijker. Deze fantastische zomerbloeiers komen juist in combinatie met rijkbloeiende vaste planten, eenjarigen en siergrassen goed tot hun recht. Denk bijvoorbeeld aan een donkerbladige dahlia, zoals de rode 'Bishop of Llandaff', met purperklokje (*Heuchera* 'Plum Pudding'), zilverkaars (*Actaea simplex* 'Atropurpurea') en het licht groengele blad is van de winterharde *Fuchsia magellanica* 'Aurea'. Of dahlia's met lelies, Abessijnse gladiool tussen phlox en siergrassen of kleinbloemige gladiolen met siertabak (*Nicotiana*). De meeste zomerbollen en -knollen zijn niet winterhard en moeten vorstvrij overwinterd worden. Rooi ze op in oktober en plant ze weer vanaf april.

75-100 cm
7-9
vaste plant
1
9 per m²

Liatris spicata
LAMPENPOETSER

Het smalle blad staat rond de stevige stengels, de pluizige paarsviolette bloemen zitten in een lange dikke aar die van boven naar beneden verbloeit. 'Kobold' blijft laag (40 cm). Goede snijbloem, vlinderplant.

130-160 cm
9-10
vaste plant
1
5 per m²

Aster novae-angliae 'Barr's Blue'
HERFSTASTER

Een mooie herfstaster met violette bloemen die een opvallend geeloranje hartje hebben. 'Helen Picton' is dieppaars, 'Purple Dome' is een lage paarse (60 cm), 'Rubinschatz' bloeit rozerood. Vlinderplant.

130-200 cm
6-8
vaste plant
1
5 per m²

Delphinium 'King Arthur'
RIDDERSPOOR

Een opvallende borderplant met opstaande trossen vol violette bloemen met een wit hartje (de 'bij'). Steunen van de zware bloemstengels is vaak nodig. Na de bloei terugknippen. Ruim bemesten en om de twee jaar verplanten.

50-75 cm
6-8
vaste plant
1
7 per m²

Erigeron 'Dunkelste Aller'
FIJNSTRAAL

Asterachtige, violette bloemen met een geel hartje. Een sterke borderplant die zeer lang bloeit. Na de bloei terugknippen en om de paar jaar delen. 'Snow White' is wit tot lichtroze.

50-75 cm
6-8
vaste plant
1
9 per m²

Platycodon grandiflorus
BALLONKLOKJE

Blauwgroen blad en violet-blauwe, schotelvormige bloemen. De bloemknoppen lijken op kleine ballonnetjes. 'Album Plenum' heeft gevulde witte bloemen, 'Amethyst Star' is lichtpaars. De vlezige wortels zijn moeilijk te verplanten.

130-160 cm
7-10
vaste plant
2
9 per m²

Verbena bonariensis
IJZERHARD

Het langwerpige ruwe blad blijft laag, boven aan de vierkante stengels compacte schermen van violette bloempjes. Door de luchtige groeiwijze en lange bloei een prachtige borderplant. Vaak kortlevend, maar zaait zich uit. Vlinderplant.

130-160 cm
6-7
vaste plant
1
5 per m²

Veronicastrum virginicum 'Adoration'
VIRGINISCHE EREPRIJS

Het smalle blad staat in regelmatige kransen rond stevige stengels. De violetblauwe bloempjes zitten in lange, aarvormige trossen. 'Diana' bloeit wit, 'Fascination' is violet. Eventueel eind mei toppen voor een stevige groei.

25-50 cm
6-7
bolgewas
1
7 per m²

Allium schoenoprasum 'Forescate'
BIESLOOK

Dit bekende keukenkruid is ook erg mooi in de border. De paarse bloemen zitten in compacte bolletjes. Eventueel na de bloei terugknippen. 'Wallington White' bloeit wit. Bijen- en vlinderplant.

130-160 cm
7-8
vaste plant
3
5 per m²

Thalictrum 'Splendide'
CHINESE RUIT

Een vrij hoge borderplant met piepkleine, paarsviolette bloempjes aan los vertakte stengels. Samen zorgen ze voor een luchtige 'wolk'. 'Splendide White' heeft witte bloemen. *T. delavayi* blijft iets lager. Gele herfsttint.

25-50 cm
8-10
vaste plant
2
11 per m²

Serratula seoanei
ZAAGBLAD

Een sterk vertakte, bossige plant met fijn blad. In de nazomer is de hele plant overdekt met vrij kleine paarse bloemen. De uitstekende meeldraden zorgen voor een pluizig effect. Bijen- en vlinderplant.

100-130 cm
7-8
vaste plant
3
3 per m²

Galega officinalis
GEITENRUIT

Een snel groeiende, vrij slappe plant met zacht groen blad, samengesteld uit negen tot zeventien ovale blaadjes. De vlinderbloemen zijn lichtviolet. *G.* x *hartlandii* 'His Majesty' is wit met violetblauw. Steunen is nodig.

25-50 cm
6-9
vaste plant
3
9 per m²

Scabiosa columbaria 'Butterfly Blue'
DUIFKRUID

Een langbloeiende borderplant met zacht violetblauwe bloemen, het hartje is dik gevuld. 'Pink Mist' bloeit roze. *S. caucasica* 'Miss Willmott' is een mooie witte, 'Stäfa' bloeit violetblauw. Later mooie zaadhoofdjes. Vlinderplant.

75-100 cm
7-11
vaste plant
1
1-2 per m²

Salvia 'Amistad'

SALIE

Een forse salie met een losse groeiwijze, grote violette lipbloemen en bijna zwarte stengels en kelkjes. Bloeit zeer lang. Matig winterhard, daarom 5 cm dieper planten en 's winters afdekken.

25-50 cm
6-7
vaste plant
1
5 per m²

Campanula 'Sarastro'

KLOKJESBLOEM

De lange stengels hangen vol met grote klokvormige bloemen, zodat ze vaak gaan hangen. Mooi om ergens tussen te laten groeien. 'Kent Belle' lijkt hierop maar wordt hoger (120 cm). 'Burghaltii' bloeit lichtviolet.

75-100 cm
6-8
vaste plant
1
5 per m²

Nepeta kubanica

KATTENKRUID

Een wat hoger kattenkruid met frisgroen blad, stevige stengels en violetblauwe lipbloemen in donkergetinte kelkjes. 'Blush' bloeit roze. Na de bloei terugknippen voor herbloei. Aantrekkelijk voor katten. Bijenplant.

75-100 cm
6-8
vaste plant
1
9 per m²

Aconitum napellus

MONNIKSKAP

Een zomerbloeiende soort met ingesneden blad en donker violetblauwe bloemen aan stevige stengels. De ondersoort *pyramidale* heeft een vertakte bloeiwijze. 'Kleiner Ritter' blijft lager (70 cm), 'Schneewittchen' bloeit wit. Giftig.

75-100 cm
6-8
vaste plant
1
7 per m²

Succisa pratensis

BLAUWE KNOOP

Bolvormige bloemhoofdjes vol pluizige licht violetblauwe bloemen, het blad blijft laag. Een lange bloeier, mooi wintersilhouet. 'Alba' bloeit wit, 'Nana' wordt 25 cm hoog. Bijen- en vlinderplant. Zaait zich uit.

30-160 cm
6-8
vaste plant
1
5 per m²

Campanula lactiflora

KLOKJESBLOEM

Vrij stevige stengels met bovenaan klokvormige, lichtviolette bloemen aan vertakte stengels. 'Alba' is wit, 'Loddon Anna' bloeit lichtroze (150 cm), 'Prichard's Variety' is vrij donker violetblauw (75 cm). Terugknippen voor herbloei.

50-75 cm
7-8
vaste plant
3
7 per m²

Scutellaria incana

GLIDKRUID

Een stevige borderplant met grijsgroen blad en violetblauwe lipbloemen in schijnaren. De bloemknopjes hebben een zilverig waas, later volgen er decoratieve paarsige zaden. Een langzame groeier.

50-75 cm
8-10
vaste plant
1
7 per m²

Aster x *frikartii* 'Mönch'

ASTER

Deze aster begint in de zomer al te bloeien en gaat door tot in de herfst. Vrij grote bloemen met een geeloranje hartje. *A. thomsonii* lijkt hierop, maar is sterker. 's Winters niet te nat.

75-100 cm
7-9
vaste plant
2
5 per m²

Agastache 'Black Adder'

DROPPLANT, ANIJSNETEL

Aromatisch blad, violetblauwe lipbloemen in donkere kelkblaadjes. 'Blue Fortune' is wat lichter van kleur, dikkere aren. 'Golden Jubilee' heeft groengeel blad. *A. urticifolia* bloeit lichtroze. Kortlevende plant. Bijen- en vlinderplant.

25-50 cm
7-10
vaste plant
1
7 per m²

Geranium 'Azure Rush'

OOIEVAARSBEK

Vrij grote violetblauwe bloemen met een wit hart aan iets rankende stengels. Bloeit zeer lang, mooi om tussen andere planten door te laten groeien. Lijkt op *G.* 'Rozanne' maar groeit wat compacter.

75-100 cm
5-6
vaste plant
1
3 per m²

Baptisia 'Modeste'

INDIGOLUPINE

Slanke aren vol violetblauw met witte bloemen aan donkere stengels, driedelig blauwgroen blad. Later paarsige peulen. *B. australis* 'Purple Smoke' heeft grijzig paarse bloemen. Groeit langzaam, maar leeft lang.

75-100 cm
5-6
vaste plant
3
3 per m²

Amsonia tabernaemontana var. *salicifolia*

BLAUWE STER

Deze sterke en stevige vaste plant lijkt wel een struikje, mooie lichtblauwe bloemen. Het smalle, wilgachtige blad is de hele zomer door decoratief, het kleurt in de herfst opvallend geeloranje. Groeit langzaam.

100-120 cm
8-10
vaste plant
2
5 per m²

Andropogon hallii 'JS Purple Konza'
BAARDGRAS

Een prairiegras met blauwgroene, soms iets rode bladeren, de roodpaarse bloempluimen zijn driedelig vertakt. Prachtige herfstkleur. *A. gerardii* is een andere mooie soort die ruim 2 m hoog kan worden.

125-150 cm
7-8
vaste plant
3
5 per m²

Calamagrostis x *acutiflora* 'Karl Foerster'
STRUISRIET

Een siergras dat strak omhoog groeit. De smalle paarsbruine pluimen verkleuren strogeel en blijven de hele winter mooi. Het blad krijgt een gele herfsttint. 'Overdam' heeft witgestreept blad, blijft iets lager.

75-100 cm
8-10
vaste plant
3
3-4 per m²

Calamagrostis brachytricha
DIAMANTGRAS

Een mooie, niet te grote pol grasachtig blad en in verhouding veel losse bloempluimen aan opgaande stengels. De pluimen hebben een paarse gloed, dauwdruppeltjes blijven er als diamantjes in hangen.

50-70 cm
6-7
vaste plant
1
5 per m²

Carex testacea 'Prairie Fire'
ORANJE ZEGGE

Een fijn siergras met bronskleurig blad dat in het najaar mooi oranjebruin verkleurt. De bloempluimen vallen nauwelijks op. *C. buchananii* 'Firefox' heeft ook bronskleurig blad, groeit meer rechtop (50 cm).

75-100 cm
6-8
vaste plant
1
5 per m²

Deschampsia cespitosa 'Goldtau'
SMELE

Een mooi siergras met een grote bos zeer fijne bloeiaartjes boven een compacte pol wintergroen blad. De aartjes kleuren vrij snel strogeel. 'Goldschleier' wordt hoger (120 cm). Kan zich uitzaaien.

15-25 cm
6-7
vaste plant
2
9 per m²

Festuca gautieri
ZWENKGRAS

Het fijne, ronde blad groeit in lage kussens. In grotere groepen vormt dit grasje een dicht tapijt. Kleine, geelbruine bloeiaartjes in de zomer. *F. glauca* heeft blauwgroen blad. Wintergroen.

75-100 cm
6-7
vaste plant
2
7 per m²

Helictotrichon sempervirens 'Saphirsprudel'
SIERHAVER

Blauwgroen blad in een keurige pol die ongeveer 40 cm hoog wordt. De fijne bloeiaartjes zijn geelgetint en staan op lange stelen (1 m). Een makkelijk gras dat niet woekert. Wintergroen.

25-50 cm
8-9
vaste plant
2
9 per m²

Imperata cylindrica 'Red Baron'
JAPANS BLOEDGRAS

Een klein siergras uit Japan met een bijzonder rode bladkleur, in het najaar kleurt het extra fel. De luchtige bloempluimpjes vallen niet zo op. Groeit langzaam. 's Winters niet te nat.

160-180 cm
8-10
vaste plant
3
1 per m²

Miscanthus sinensis 'Ferner Osten'
CHINEES PRACHTRIET

Een stevig en elegant siergras met roodbruine pluimen. Ze verbloeien bijna wit. Het blad krijgt een mooie, oranjerode herfstkleur. Ook 'Ghana' (160 cm) kleurt mooi in het najaar.

120-150 cm
8-10
vaste plant
3
1 per m²

Miscanthus sinensis 'Morning Light'
CHINEES PRACHTRIET

Bij deze cultivar gaat het om het smalle blad dat groen, wit en grijsgroen gestreept is. Op den duur een mooie, regelmatig gevormde pol licht gekleurd blad. Meestal geen bloei.

100-120 cm
8-10
vaste plant
3
1 per m²

Miscanthus sinensis 'Yaku Jima'
CHINEES PRACHTRIET

Een compacte pol zeer smal blad en opstaande pluimen in heel licht roodbruin, zilverwit verkleurend. Een van de kleinste cultivars van het prachtriet en daarom goed in een border toe te passen.

50-75 cm
8-10
vaste plant
3
7-9 per m²

Molinia caerulea 'Edith Dudszus'
PIJPENSTROOTJE

Luchtige, paarsbruine bloempluimen aan donkere stengels. Prachtig gele en oranje herfstkleuren. 'Moorflamme' (80 cm) groeit stevig, extra mooie herfsttint. *M. arundinacea* 'Cordoba' is zeer hoog, tot 2 m.

150-175 cm
8-10
vaste plant
3
1 per m²

Panicum virgatum 'Northwind'
VINGERGRAS

Een hoog siergras met dichte bossen opstaand blauwgroen blad en heel luchtige bloeiwijzen. In oktober begint het gras heldergeel te kleuren. 'Heavy Metal' (120 cm) heeft blauwgroen blad.

75-100 cm
8-10
vaste plant
3
5 per m²

Panicum virgatum 'Shenandoa'
VINGERGRAS

Een van de mooiste lagere cultivars vanwege de stevige groeiwijze en het al vroeg rood verkleurende blad. De fijne, roodbruine pluimen komen net iets boven het blad uit. Niet te rijke grond.

75-100 cm
9-11
vaste plant
3
3 per m²

Pennisetum alopecuroides 'Black Beauty'
LAMPENPOETSERGRAS

Een op den duur forse cultivar, met aan het begin van de herfst zeer opvallende borstelvormige pluimen. Ze zijn donkerpaars tot bijna zwart van kleur. Het blad kleurt goudgeel.

25-50 cm
8-11
vaste plant
3
5-7 per m²

Pennisetum alopecuroides 'Hameln'
LAMPENPOETSERGRAS

Het beste, wat kleinere lampenpoetsergras (meestal ongeveer 50 cm hoog). Fijne aartjes aan opstaande stengels. Bloeit vroeger, vaak al vanaf eind juli. Gele herfstkleur. 'Little Bunny' is nog wat lager (30 cm).

130-160 cm
8-10
vaste plant
3
5 per m²

Pennisetum macrourum
LAMPENPOETSERGRAS

Een hoge soort uit Zuid-Afrika met lange, smalle aren in een frisse lichtbruine tint. Het fijne blad blijft een stuk lager. Voor goed gedraineerde grond, droogte wordt goed verdragen. 's Winters afdekken.

30-50 cm
6-8
vaste plant
2
7 per m²

Sesleria autumnalis
BLAUWGRAS

Een mooi siergras met stijf opstaand groengeel blad. Ook de bloeiaartjes zijn heel aardig. Vooral mooi in grotere groepen. Voor een warme plek en goed gedraineerde grond. Wintergroen.

130-160 cm
8-11
vaste plant
2
3 per m²

Sorghastrum nutans 'Sioux Blue'
GOUDBAARDGRAS

Een vrij strak groeiende pol van blauwgroen blad en smalle roestbruine pluimen die rechtop staan. Deze late bloeier is het mooist op een warme plek. Vlammende, oranjerode herfstverkleuring van het blad.

70-90 cm
7-9
vaste plant
3
7 per m²

Sporobolus heterolepis 'Cloud'
PARELGRAS

Een heel fijn, langzaam groeiend siergras van de prairie. Het smalle blad en de stengels kleuren in de herfst prachtig geel en rood. De zeer fijne bloeiwijze verspreidt een bijzondere geur. Kan goed tegen droogte.

160-200 cm
6-8
vaste plant
2
3 per m²

Stipa gigantea
VEDERGRAS

Het stijve, blauwgroene blad wordt circa 50 cm hoog, maar de losse, haverachtige bloempluimen zitten boven aan zeer lange stengels. Ze kleuren al snel strogeel. Voor een warme, beschutte plek.

25-50 cm
7-9
vaste plant
2
9 per m²

Stipa tenuissima 'Ponytails'
VEDERGRAS

Een van de fijnste siergrassen, vormt een dichte 'fontein' van op haar lijkende stengels, blaadjes en pluimpjes. Eerst lichtgroen, later strogeel verkleurend. Dit siergras kan goed tegen droogte. Zaait zich uit.

SIERGRASSEN IN DE BORDER

De subtiele, luchtige groeiwijze van siergrassen combineert erg mooi met de bekende borderplanten zoals ridderspoor, *Phlox* en duizendknoop. Alleen maar grote vlakken kleur naast elkaar is vaak wat 'zwaar', terwijl de luchtige toets van siergrassen het geheel in balans brengt. Dankzij siergrassen krijgt elke beplanting een heel natuurlijke uitstraling. Siergrassen vragen weinig onderhoud en zijn nauwelijks gevoelig voor ziekten. Bovendien zijn grassen een lange tijd decoratief: vanaf het moment dat ze in het voorjaar uitlopen tot diep in de winter wanneer de al afgestorven bloeiwijzen versierd zijn met een laagje rijp. Knip de planten daarom pas in het voorjaar af. Kies wel soorten die niet woekeren of zich uitzaaien.

BODEMBEDEKKERS

☼
↕ 5-10 cm
✿ 6-7
vaste plant
②
11 per m²

Acaena microphylla
STEKELNOOTJE

Grijsgroene blaadjes en opvallende bruinrode stekelvruchtjes. Het ras 'Kupferteppich' heeft grijspaars blad. *A. inermis* 'Purpurea' heeft paarsachtig blad en dichte groei. Beslist goed gedraineerde grond. Wintergroen.

☼
↕ 5-10 cm
✿ 4-5
vaste plant
②
11 per m²

Aubrieta 'Cascade Purple'
BLAUWKUSSEN

Deze makkelijke rotsplant zorgt in het voorjaar voor tapijten vol kleur. De kruipende stengels bedekken de bodem of kunnen over een muurtje hangen. 'Blue Emperor' bloeit violetblauw. Na de bloei terugknippen. Liefst kalkrijke grond.

☼
↕ 15-25 cm
✿ 6-8
vaste plant
②
9 per m²

Hypericum olympicum 'Schwefelperle'
HERTSHOOI

Een vaste plant met iets verhoutende stengels, grijsgroene blaadjes. De in verhouding grote bloemen zijn lichtgeel, in het hart lange meeldraden. De soort bloeit goudgeel. Liefst kalkrijke grond, kan droog staan.

☼
↕ 75-100 cm
✿ 6-7
vaste plant
③
5 per m²

Phlomis russeliana
BRANDKRUID

Lichtgele lipbloemen in kransen rond lange stengels. Valt onder de bodembedekkers omdat het grote wintergroene blad uitstekend de bodem bedekt. Na de bloei verkleuren de 'kussentjes' rond de stengels bruin, een fraai winterbeeld.

☼ ◑
↕ 15-25 cm
✿ 6-8
vaste plant
③
7 per m²

Phuopsis stylosa 'Purpurea'
PERZISCHE KRUISJESPLANT

De lancetvormige blaadjes staan in kransen rond de vierkante stengels. Kleine, roze bloempjes in half-bolvormige bloeiwijzen. De liggende stengels vormen grote matten. Mooi tussen rozen. In het voorjaar helemaal terugknippen. Vlinderplant.

☼ ◑
↕ 10-15 cm
✿ 7-8
vaste plant
②
9 per m²

Sedum spurium 'Fuldaglut'
VETKRUID

Een zodevormende plant met kleine blaadjes, vaak roodbruin tot paarsgetint. De rozerode bloempjes zitten in losse tuilen. Een zeer sterke bodembedekker die dichte matten vormt. Wintergroen.

KLIMPLANTEN

☼
↕ tot 4 m
✿ 8-9
struik
①
1 per m²

Campsis x *tagliabuana* 'Mme Galen'
TROMPETBLOEM

Een subtropische klimplant met trompetvormige bloemen in opvallend rood aan lange, overhangende takken. Geschikt voor een beschutte plek (zuidmuur). Klimt met hechtwortels, kan woekeren. Elk voorjaar diep terugsnoeien.

☼ ◑
↕ tot 15 m
✿ 4-5
struik
③
1 per m²

Parthenocissus quinquefolia
WILDE WINGERD

Het blad is samengesteld uit vijf blaadjes, in de herfst verkleurt het oranje en rood. 'Engelmannii' heeft smallere blaadjes. *P. tricuspidata* heeft groter blad met drie lobben. Klimt met hechtwortels, kan woekeren.

☼
↕ tot 4 m
✿ 6-10
struik
①
1 per m²

Rosa 'Parkdirektor Riggers'
KLIMROOS

Eén van de vele mooie klimrozen. Halfgevulde, zuiver rode bloemen. Kies het liefst een doorbloeiende klimroos met ADR-keurmerk. Kan tegen een schutting, klimelement of pergola geleid worden. In februari terugsnoeien.

☼
↕ tot 4 m
✿ 7-8
struik
①
1 per m²

Trachelospermum jasminoides
TOSCAANSE JASMIJN

Glanzend blad en kleine witte bloemen in de vorm van een propeller, sterk geurend. Beschut plaatsen, tot -10 °C winterhard. Tijdens de groei regelmatig bemesten. Zo nodig in april licht snoeien. Slingerplant. Wintergroen.

☼
↕ tot 7 m
✿ 6-7
struik
③
1 per m²

Vitis 'Boskoop Glory'
WIJNSTOK, DRUIF

Een blauwe buitendruif. De takken leiden en aanbinden. Houd een basis aan van zo veel mogelijk horizontaal geleide takken. In december zijtakken terugknippen tot op twee ogen, knip in juni vlak boven een druiventrosje.

☼ ◑
↕ tot 10 m
✿ 4-5
struik
③
1 per m²

Wisteria sinensis 'Prolific'
BLAUWEREGEN

Slingerplant met geurende vlinderbloemen in lange trossen. Bloeit voor het blad. Houd een basis aan van vooral horizontaal geleide takken. In februari zijtakken terugknippen tot op twee ogen, in juli boven het vierde blad.

tot 2 m
7-10
struik
①
1 per m²

Abelia x *grandiflora*
ABELIE

De overhangende takken zijn bezet met kleine glimmende bladeren. Kleine, trechtervormige bloemen in trosjes, licht geurend. Beschut plaatsen. Zo nodig in maart snoeien. In zachte winters bladhoudend.

100-130 cm
5-6
struik
③
3 per m²

Berberis thunbergii 'Rose Glow'
ZUURBES

Een dichtvertakte struik met fijne doornen, het donkergetinte blad heeft roze vlekken. Lichtgele bloemen, later rode bessen en een oranjerode herfstkleur. Ook geschikt als haagplant. 'Harlequin' lijkt hierop (1 m).

tot 3 m
7-9
struik
③
1 per m²

Buddleja davidii 'Ile de France'
VLINDERSTRUIK

Dikke, zachtviolette bloempluimen aan lange, iets overhangende takken. Er zijn veel cultivars, zoals 'Border Beauty' (lichtpaars) en 'Purple Emperor' (tot 1,5 m). Half wintergroen. In het voorjaar sterk snoeien. Vlinderplant.

tot 1,5 m
5-6
struik
③
1 per m²

Choisya 'White Dazzler'
MEXICAANSE ORANJEBLOESEM

Een rijkbloeiend struikje met fijn glimmend blad en geurende witte bloempjes. *C. ternata* heeft grover blad, 'Lich' heeft groengeel blad. Beschut plaatsen en beschermen tegen strenge vorst. Wintergroen.

tot 3 m
6-7
struik
③
1 per m²

Cotinus coggygria 'Royal Purple'
PRUIKENBOOM

Donker, paarsachtig blad en roodgetinte bloemsteeltjes die als een 'pruik' de struik bedekken. 'Grace' (2,5 m) is een mooie stevige cultivar, 'Ancot' heeft groengeel blad. Zo nodig in het voorjaar snoeien.

75-100 cm
7-8
struik
③
5 per m²

Hypericum x *inodorum* 'Arcadia'
HERTSHOOI

Een kleine struik met gele bloemen, gevolgd door rode, zwart verkleurende besjes. Een vlammend rode herfstkleur. 'Magical Limelight' is een goed ras met lichtgele bloemen. In het voorjaar sterk terugsnoeien.

tot 3 m
4-5
struik
③
1 per m²

Magnolia 'Susan'
BEVERBOOM

Een vrij laag blijvende struik met in het voorjaar veel frisroze bloemen. Ze vallen extra op omdat het blad net iets later verschijnt. 'Satisfaction' (1,5-2 m) heeft grote rozerode bloemen, vanbinnen bijna wit.

100-125 cm
6-9
struik
③
3 per m²

Potentilla fruticosa 'Vilmoriniana'
HEESTERGANZERIK

Een langbloeiende struikje met een opgaande groeiwijze, grijsgroen blad en lichtgele bloemen. Er zijn veel rassen in andere kleuren, bijvoorbeeld 'Abbotswood' (wit), 'Goldfinger' (helder geel) en 'Pink Queen' (roze).

tot 3 m
4-5
boom
③
1 per m²

Pyrus salicifolia 'Pendula'
WILGBLADIGE SIERPEER

Een prachtige boom met smal, grijsgroen blad aan afhangende twijgen. In het voorjaar verschijnen er verfijnde witte bloemen in tuilen. Op den duur vrij breed. Ook als leiboom.

75-100 cm
6-10
struik
①
3 per m²

Rosa 'Munstead Wood'
ENGELSE ROOS

Eén van de dik gevulde, geurende en doorbloeiende rozen van de Engelse kweker David Austin. Er is veel keuze, zoals 'Gertrude Jekyll' (roze), 'Graham Thomas' (geel) en 'Mary Rose' (lichtroze). In het voorjaar terugsnoeien.

tot 3 m
5-6
struik
③
1 per m²

Viburnum opulus 'Roseum'
GELDERSE ROOS

Gelobd blad en witte bloemen in bolvormige bloeiwijzen. Draagt geen bessen. Bij de gewone soort witte bloemen in vlakke tuilen, in het najaar rode bessen. 'Compactum' (1 m) draagt veel rode bessen. Fraaie herfstkleur.

130-160 cm
8-10
struik
②
1 per m²

Vitex agnus-castus
MONNIKENPEPER

Het blad is samengesteld uit smalle, glanzende blaadjes, de licht violetblauwe bloemen zitten in smalle pluimen. Voor een warme, droge en beschutte plek. In het voorjaar snoeien. Matig winterhard.

100-130 cm
5-6
struik
3
4 per m

Berberis thunbergii 'Atropurpurea'
ZUURBES

Een stekelig struikje met donkerrood blad, in het najaar kleurt het oranje en felrood. In mei gele bloemen, gevolgd door bessen. Liefst niet te strak snoeien, maar licht uitdunnen.

tot 2 m
4-5
struik
3
5 per m

Buxus sempervirens
PALMBOOMPJE

Kleine blaadjes en een sterke vertakking. In verband met schimmels en buxusmot liever een vervanger kiezen, zoals *Ilex crenata* of *Lonicera nitida*. *B. microphylla* 'National' is beter bestand tegen schimmels. Wintergroen.

tot 25 m
6
boom
3
4 per m

Carpinus betulus
HAAGBEUK

De blaadjes hebben duidelijke nerven, 's winters vallen ze van de takken en is de haag dus kaal. Groeit sneller dan beuk, kan iets vochtig staan. Voor een hoge en strakke haag.

tot 5 m
5-6
struik
3
6 per m

Crataegus monogyna
MEIDOORN

Stekelige takken en vrij klein blad. De bloemen zijn wit en worden gevolgd door donkerrode vruchten. Vooral mooi als een wat lossere haag, passend in een landelijke omgeving. Perfect voor vogels.

tot 3 m
8-9
struik
3
3-4 per m

Elaeagnus x *ebbingei*
OLIJFWILG

Het dikke blad is glanzend grijsgroen, aan de onderkant wit-viltig. Meestal geen bloei bij regelmatig snoeien. Ook mooi voor een wat lossere haag. Groeit ook aan de kust. Wintergroen.

tot 30 m
4-5
boom
3
3-4 per m

Fagus sylvatica 'Atropunicea'
RODE BEUK

De afgebeelde cultivar heeft mooi roodgetint blad, bij de soort is het blad groen. Het vrij gladde blad kleurt in de herfst bruin en blijft de hele winter aan de takken.

tot 4 m
7
struik
3
6 per m

Ligustrum ovalifolium
LIGUSTER

Dit is de bekendste soort voor hagen. 'Aureum' heeft groengeel blad. *L. vulgare* 'Lodense' is mooi voor lagere hagen tot 1 m. Een snelle groeier die vaak geknipt moet worden. Goed voor vogels. Half-wintergroen.

tot 2 m
5-6
struik
1
3 per m

Osmanthus x *burkwoodii*
SCHIJNHULST

Een dicht vertakte struik met glanzend donkergroen blad. De kleine witte bloempjes geuren. *O. heterophyllus* heeft stekelig blad. Groeit langzaam tot een wat lossere haag van ruim 1 m. Beschut plaatsen. Wintergroen.

tot 2 m
6
struik
3
4 per m

Photinia x *fraseri* 'Red Robin'
GLANSMISPEL

Het glanzende blad is donkergroen met een oranje gloed, bij het uitlopen roodgetint. Mooi voor een niet al te hoge, wat lossere haag. Beschut plaatsen, niet te nat. Wintergroen.

tot 3 m
5-6
struik
3
5 per m

Pyracantha coccinea 'Red Column'
VUURDOORN

Kleine, glimmende blaadjes en lange stekels. De witte bloemen zitten in platte schermen. Later rijpen oranjerode bessen. 'Orange Glow' heeft oranje bessen, 'Golden Charmer' oranjegele. Perfect voor vogels. Wintergroen.

tot 25 m
3-4
struik
3
5 per m

Taxus baccata
VENIJNBOOM

Platte naalden, bij het uitlopen lichtgroen en later donkergroen. In het najaar rijpen de rode vruchten. Groeit vrij langzaam. Strak te snoeien, kan eventueel sterk teruggesnoeid worden. Niet te nat. Giftig. Wintergroen.

tot 20 m
struik
3
4 per m

Thuja occidentalis 'Smaragd'
WESTERSE LEVENSBOOM

Geurig schubvormig blad en bruin verkleurende kegeltjes. Een snelgroeiende haagplant, kan echter niet sterk teruggesnoeid worden. Op de foto met 'Frieslandia'. *T. plicata* 'Atrovirens' is ook geschikt als haag. Wintergroen.

ZONNIGE BLOEMENTUIN

De bloemrijke borders achter het terras zijn de blikvangers van dit tuinontwerp. Er is gekozen voor organische vormen om het natuurlijke karakter van de beplanting te benadrukken. De borders zijn afgezet met houten latten, ertussen is een halfverharding van safarisplit. In de plantvakken groeit een mix van sterke vaste planten zoals gele zonnehoed (*Rudbeckia fulgida* 'Goldsturm'), vetkruid (*Sedum*), aster (*Aster* x *frikartii* 'Mönch'), kattenkruid (*Nepeta*), zonnekruid (*Helenium*), duizendknoop (*Persicaria*) en koninginnenkruid (*Eupatorium*). In het midden de hoge gele zonnehoed *Rudbeckia nitida* 'Herbstsonne', links daarvan de al uitgebloeide, maar nog steeds mooie *Phlomis russeliana*. Achteraan de witte bloemen van *Gaura lindheimeri* 'Whirling Butterflies' en de roze bloemen van *Echinacea purpurea*. Siergrassen geven de borders een natuurlijke toets, hier zijn het lampenpoetsergras (*Pennisetum alopecuroides* 'Hameln'), vedergras (*Stipa gigantea*), pijpenstrootje (*Molinia caerulea* 'Edith Dudszus') en het vingergras *Panicum virgatum* 'Shenandoa' gebruikt.

Agapanthus, Ammi majus, Scabiosa atropurpurea, Thymus en *Eschscholzia.*

DROGE GROND

Is er droge grond in de tuin, dan is het erg belangrijk om de juiste planten te kiezen. Het kan gaan om arme zandgrond, een droge helling of een perceel dat te groot is voor grondverbetering of beregening. De planten in dit hoofdstuk groeien goed in droge grond, wel verlangen de meeste soorten veel zon.

DE INRICHTING VAN EEN DROGE TUIN

Een droge tuin biedt veel mogelijkheden, vooral als er genoeg zon is. Je kunt er een kruidentuin aanleggen met aromatische planten zoals lavendel, rozemarijn en marjolein. Droge grond is ook ideaal voor een kleurige border met een mediterrane uitstraling. Planten die van nature in het Middellandse Zeegebied of andere droge gebieden groeien, zijn helemaal aangepast aan de droogte. Natte grond is zelfs funest voor deze planten, vooral 's winters. Als er voldoende zon is, zullen ze zich prima thuis voelen in ons klimaat. Om aan te sluiten bij de droge, mediterrane sfeer is als verharding natuursteen of grind erg mooi.

Als je geen beregeningssysteem wilt aanleggen, is het beter om in een tuin met droge grond van een gazon af te zien. Het gras kun je vervangen door paden en terrassen van grind. Op zo'n grindterras is er ook nog plaats voor allerlei interessante planten die van droge grond houden.

BORDER VOOR EEN ZONNIGE MUUR

Bij muren is de grond vaak erg droog, zeker op een zonnige plek. Lang niet alle planten vinden zo'n warme droge plek fijn, maar matig winterharde planten kunnen het voor een beschutte zuidmuur juist bijzonder naar hun zin hebben. Warm en droog in de zomer en in de winter warmte en beschutting van de muur. Geschikte planten voor deze situatie zijn bijvoorbeeld Afrikaanse lelie (*Agapanthus*), baardbloem (*Caryopteris*), lavendel, de mooie cistusroos (*Cistus*), kardoen (*Cynara cardunculus*), slangenkop (*Penstemon*) en struiklavatera.

Nepeta 'Six Hills Giant', *Allium christophii*, *Eryngium giganteum*, *Phlomis fruticosa* en *Verbascum*.

Lavendel, alsem (*Artemisia*) en salie (*Salvia*).

EXPERT

DROGE GROND VERBETEREN

De grond in een droge tuin zal meestal uit zand bestaan, tussen de vrij grote korrels stroomt het water snel weg. Door humus toe te voegen wordt vocht beter vastgehouden want humus werkt als een spons. Naast toevoegen van humus is het aan te raden de bodem bedekt te houden om verdamping te beperken. Kies voor bodembedekkers of een mulchlaag van compost, gecomposteerde houtsnippers of afgevallen blad. Vul de mulchlaag elk jaar aan omdat het materiaal geleidelijk in de bodem verdwijnt. Met de aanleg van een sproei-installatie zal het probleem voor een groot deel opgelost zijn.

DROGE GROND IN DE SCHADUW

Is er in een schaduwrijke tuin sprake van droge grond, dan is het wat lastiger om een geslaagde beplanting te maken. Vaak zijn er grote bomen of struiken die veel vocht uit de bodem opnemen. Een grote boom verdampt in de zomer enkele duizenden liters water per dag. Ook bij noordmuren is de grond vaak erg droog. Gelukkig zijn er planten die zelfs in zo'n moeilijke tuinsituatie goed groeien. Dit zijn van oorsprong vaak bosplanten, die in het voorjaar of de vroege zomer bloeien. Natuurlijk maakt het wel uit hoe zwaar de schaduw is. Onder de altijdgroene takken van coniferen wil inderdaad niets groeien, en ook onder een grote beuk is vaak alleen maar mos te zien. Door de onderste takken van bomen weg te snoeien, zal er veel meer licht bij de onderbegroeiing komen. Op de volgende bladzijde zie je een lijstje met geschikte planten voor droge grond in de schaduw.

25-50 cm
7-8
vaste plant
(2)
7 per m^2

Achillea ptarmica 'The Pearl'
WILDE BERTRAM

Een inheemse plant met enkele witte bloemen in een los scherm. Voor de border wordt meestal dit ras met gevulde witte bloemen gekozen. Groeit wat slap, kan woekeren met ondergrondse uitlopers.

15-25 cm
6-10
vaste plant
(2)
7 per m^2

Calamintha nepeta ssp. *nepeta*
STEENTIJM

Een verfijnde plant met kleine, naar munt geurende blaadjes en een wolk van witte tot heel lichtviolette lipbloemen. Bloeit heel lang door, soms zelfs tot aan de eerste nachtvorst. Bijenplant.

50-75 cm
6-8
vaste plant
(2)
7 per m^2

Centranthus ruber 'Albus'
RODE VALERIAAN

Kleine bloemen in luchtige pluimen, het blad is blauwgroen. 'Coccineus' heeft rozerode bloemen. Vooral mooi in grote groepen. Kan ook op een stapelmuurtje groeien. Zaait zich uit.

10-15 cm
5-6
vaste plant
(3)
9-11 per m^2

Cerastium tomentosum
HOORNBLOEM

Deze sterke, snelgroeiende, vaste plant is de hele zomer door mooi vanwege het grijsgroene blad. Aan het begin van de zomer kleine witte bloemen. Kan ook over een muurtje hangen.

150-200 cm
6
vaste plant
(2)
1 per m^2

Crambe cordifolia
ZEEKOOL

Groot, bijna rond blad, uit het midden van de bladrozet groeit een stevige bloemstengel die zich rijkelijk vertakt en een wolk van witte bloemen draagt. Ook na de bloei nog decoratief.

75-100 cm
7-10
vaste plant
(2)
5 per m^2

Gaura lindheimeri 'Whirling Butterflies'
PRACHTKAARS

Lancetvormig, roodgevlekt blad en heel veel witte bloemen. Ze verbloeien iets roze. 'Tutti Frutti' en 'Siskiyou Pink' bloeien roze. Zeer verfijnd en extreem langbloeiend. Meestal kortlevend.

50-75 cm
7-8
vaste plant
(2)
5 per m^2

Gypsophila paniculata 'Bristol Fairy'
GIPSKRUID

Het grijsgroene blad is lancetvormig, de stengels zijn zeer sterk vertakt en dragen gevulde witte bloempjes. 'Rosenschleier' is lichtroze en blijft lager (40 cm), *G. repens* is een kruipertje (10 cm).

10-25 cm
4-5
vaste plant
(2)
9 per m^2

Iberis sempervirens 'Dick Self'
SCHEEFKELK

Een laag halfheestertje, aan het begin van de zomer overdekt met witte bloemen. Het hele jaar door een mooie bodembedekker of randplant. 'Pink Ice' is roze. Wintergroen, bij strenge vorst beschermen.

25-50 cm
7-8
vaste plant
(2)
9 per m^2

Pycnanthemum tenuifolium
BERGMUNT

Heel fijne, naaldachtige blaadjes en knoopvormige witte bloemen. Vanwege het aparte blad is deze prairieplant het hele tuinseizoen door mooi. De aromatische bladeren zijn geschikt voor muntthee.

130-160 cm
7-9
struik
(2)
3 per m^2

Yucca filamentosa
PALMLELIE

Rozetten van smal, puntig blad en imposante bloemstengels vol klokvormige bloemen. Mooi als solitair of in combinatie met siergrassen. Wintergroen, bij strenge vorst bedekken met blad.

100-120 cm
4-6
vaste plant
(2)
3 per m^2

Euphorbia characias ssp. *wulfenii*
WOLFSMELK

Smal, blauwgroen blad en groengele bloempjes in dichte trossen. Bij 'Purple and Gold' is het jonge blad paarsgetint, 'Blue Hills' heeft blauwgrijs blad. Vooral mooi voor een muur. Zaait zich uit.

25-50 cm
1-3
vaste plant
(1)
5 per m^2

Helleborus foetidus 'Wester Flisk'
STINKEND NIESKRUID

Het blad is diep ingesneden, de licht groengele bloemen hebben vaak een rood randje. Roodgetinte stengels. 'Sopron' heeft fraai zilverig blad. Verdraagt droge grond in de halfschaduw. Wintergroen.

130-160 cm
7-8
vaste plant
(2)
3 per m²

Foeniculum vulgare 'Purpureum'
VENKEL

Een forse plant die vanwege het fijne, lijnvormige blad een heel luchtig effect geeft. De kleine, groengele bloemen staan in schermen en worden gevolgd door vele zaden. Zaait zich uit.

75-100 cm
5-6
vaste plant
(2)
7 per m²

Asphodeline lutea
GELE AFFODIL

Boven blauwgroen, grasachtig blad staan de dikke bloeiaren, rondom bezet met heldergele, stervormige bloempjes. Later groene zaadbollen, zo groot als knikkers. Goede solitairplant. Wintergroen.

50-75 cm
7-9
vaste plant
(2)
5 per m²

Anthemis x *hybrida* 'E.C. Buxton'
GELE KAMILLE

De zachtgele margrietachtige bloemen blijven de hele zomer door verschijnen. Groeit op voedzame grond slap en heeft dan steun nodig. Eventueel in mei toppen, in september op 20 cm afknippen.

50-75 cm
6
vaste plant
(2)
7 per m²

Iris (Germanica-groep) 'Rajah'
BAARDIRIS

Zwaardvormig, grijsgroen blad en grote bloemen. In veel kleuren verkrijgbaar, vaak tweekleurig. In augustus ondiep en horizontaal planten, met de dikke wortelstok op het zuiden. Voor de rand van de border.

150-175 cm
7-9
vaste plant
(2)
5 per m²

Coreopsis tripteris
MEISJESOGEN

Een hoge, maar verfijnde plant met driedelig blad en in verhouding kleine gele bloemen met een donker hartje. Achter in grote borders of in een prairieborder, valt niet snel om.

100-125 cm
7-9
vaste plant
(2)
7 per m²

Ratibida pinnata
PRAIRIEKEGELBLOEM

Stevige stengels, de bloemen bestaan uit smalle, iets afhangende bloemblaadjes en een vrij groot, donkerbruin kegelvormig hart. Beter bruikbaar op wat slechtere, droge grond dan *Rudbeckia*, maar niet makkelijk.

50-75 cm
6-8
vaste plant
(2)
7 per m²

Oenothera fruticosa 'Sonnenwende'
TEUNISBLOEM

De bladeren zijn lancetvormig, de gele bloemen zijn vrij groot en zitten aan het eind van vaak roodgetinte stengels. Groeit vrij compact. 'Erica Robbin' (40 cm) heeft rode bloemknoppen en rood herfstblad.

25-50 cm
5-6
vaste plant
(2)
5 per m²

Lamium orvala
DOVENETEL

Groot, brandnetelachtig blad en grote lipbloemen in een aparte paarse tint. Groeit opgaand en maakt geen uitlopers. Een mooie dovenetel voor een moeilijke plek. 'Album' bloeit wit. Kan zich uitzaaien.

75-100 cm
6-7
vaste plant
(2)
7 per m²

Dictamnus albus
VUURWERKPLANT

Samengesteld blad, donkere stengels en zachtroze bloemen met een fijne tekening van donkerder nerven. Later dikke zaaddozen. 'Albiflorus' heeft witte bloemen. Kalkrijke grond, groeit langzaam.

15-25 cm
5-8
vaste plant
(2)
7 per m²

Geranium sanguineum 'Max Frei'
BLOEDOOIEVAARSBEK

Een kleine plant die goed bestand is tegen droogte en veel zon. Felroze bloemen, bij 'Elke' donkerroze met een wit randje en lichtroze bij de nog langer bloeiende 'Glenluce'.

PLANTEN VOOR DROGE GROND IN SCHADUW

Aronskelk, *Arum italicum*
Mansoor, *Asarum europaeum*
Broodboom, *Aucuba japonica*
Schoenlappersplant, *Bergenia*
Cyclaam, *Cyclamen hederifolium*
Elfenbloem, *Epimedium*-soorten
Wolfsmelk, *Euphorbia amygdaloides* var. *robbiae*
Ooievaarsbek, *Geranium macrorrhizum*
Stinkende lis, *Iris foetidissima*
Winterjasmijn, *Jasminum nudiflorum*
Dovenetel, *Lamiastrum galeobdolon*
Leliegras, *Liriope muscari*
Judaspenning, *Lunaria*-soorten
Pachyphragma
Maagdenpalm, *Vinca minor*
Goudaardbei, *Waldsteinia ternata*

50-75 cm
6-8
tweejarige of vaste plant
(2)
7 per m^2

Lychnis coronaria
PRIKNEUS

Grijsgroene bladeren en stengels, de kleur van de bloemen is van het felste roze dat er bestaat. 'Alba' bloeit wit. Meestal is deze plant tweejarig en zaait hij zich uit.

100-150 cm
5-7
tweejarige of vaste plant
(3)
7 per m^2

Digitalis purpurea
VINGERHOEDSKRUID

De hangende, klokvormige bloemen hebben een aparte tekening en zitten rondom de stengels. 'Alba' bloeit wit, bij 'Pam's Split' zijn de bloemen gespleten. Deze tweejarige plant zaait zich uit.

10-15 cm
5-6
vaste plant
(2)
7 per m^2

Phlox subulata 'Zwergenteppich'
VLAMBLOEM, KRUIPPHLOX

Een bodembedekkende vlambloem die van een warme plek houdt. De hele plant is behaard, het wintergroene blad is priemvormig. 'Candy Stripes' heeft witte bloemen met lichtpaarse streepjes.

25-50 cm
7-9
vaste plant
(2)
7 per m^2

Origanum laevigatum 'Herrenhausen'
MARJOLEIN

Het geurige blad is blauwgroen en zit rond houtige stengeltjes, lichtpaarse bloemen in bolvormige pluimen. Dankzij de donkere schutbladen lang mooi. Geschikt als keukenkruid. Vlinder- en bijenplant.

75-100 cm
6-8
vaste plant
(2)
3-4 per m^2

Acanthus hungaricus 'Alex'
HONGAARSE ACANTHUS

Het donkergroene blad is tot aan de middennerf ingesneden, niet stekelig. Stekelige schutbladen en grijspaarse bloemen met een witte lip. *A. mollis* heeft glimmend, minder diep ingesneden blad. Liever niet verplanten.

5-10 cm
7-9
struik
(2)
9-11 per m^2

Thymus serpyllum
KRUIPTIJM

Een lage kruiper met paarse bloemen in bolvormige schijnaren. Vormt met lange stengels grote tapijten. Zeer aromatisch blad, geschikt als keukenkruid. 'Snowdrift' bloeit wit. Beslist droog en zonnig, matig winterhard. Wintergroen.

50-75 cm
7-8
vaste plant
(2)
7 per m^2

Catananche caerulea
BLAUWE STROBLOEM

Smal, grijsgroen blad in rozetten en violetblauwe bloemen op stevige, zich vertakkende stengels. Het hartje is donkerder getint. De kelkbladen zijn zilverig en voelen knisperig aan. 'Alba' heeft witte bloemen. Kortlevend.

25-50 cm
6-7
struik
(2)
7 per m^2

Lavandula angustifolia 'Dwarf Blue'
LAVENDEL

Vierkante stengels en grijsgroene, zeer aromatische blaadjes. Geurige bloemen in schijnaren. 'Arctic Snow' bloeit wit, 'Hidcote' is donkerviolet, 'Miss Katherine' is lichtroze. Jaarlijks in april en na de bloei terugknippen.

25-50 cm
5-9
vaste plant
(3)
5-7 per m^2

Nepeta 'Six Hills Giant'
KATTENKRUID

Aromatisch, grijsgroen blad en violetblauwe lipbloemen. 'Snowflake' (25 cm) is wit, de hogere 'Walker's Low' (70 cm) bloeit rijk. Na de bloei terugknippen voor een compacte plant en herbloei. Bijenplant.

100-130 cm
8-9
vaste plant
(2)
3 per m^2

Perovskia atriplicifolia 'Blue Spire'
RUSSISCHE SALIE

Een halfstruik met witviltig behaarde stengels, het grijsgroene blad is diep ingesneden. Violetblauwe bloempjes in lange trossen. 'Little Spire' (90 cm) blijft lager. Elk voorjaar tot de grond toe afsnoeien. Matig winterhard.

75-100 cm
7-9
vaste plant
(3)
5 per m^2

Echinops ritro 'Veitch's Blue'
KOGELDISTEL

Een sierlijke distel met donkerblauwe kogelvormige bloemhoofdjes. Het stekelige blad is grijsgroen. *E. bannaticus* 'Blue Globe' (120 cm) is groter, *E. sphaerocephalus* 'Arctic Glow' (1 m) bloeit wit. Mooi wintersilhouet. Bijenplant.

75-100 cm
7-8
vaste plant
(2)
7 per m^2

Eryngium planum 'Blaukappe'
KRUISDISTEL

De sterkste blauwe distel, met kleine ronde bloeiwijzen en korte smalle schutbladen. Stengels, schutbladen en bloemen zijn violetblauw, het blad is blauwgroen. 'Blauer Zwerg' blijft iets lager. Bijenplant.

25-50 cm
8-10
vaste plant
2
9 per m²

Ceratostigma plumbaginoides
LOODKRUID

Een halfstruik, de kruipende takjes zijn roodachtig getint en het blad krijgt een rode herfstkleur. De bloemen zijn prachtig blauw en verschijnen pas in de nazomer. Mooie bodembedekker.

50-75 cm
7-9
vaste plant
3
7 per m²

Artemisia ludoviciana 'Valerie Finnis'
ALSEM

Opvallend grijsgroen blad en kleine groengele bloemen. Vlak voor de bloei tot 20 cm terugknippen als een stevige groei zonder bloei gewenst is. Kan woekeren op rijkere grond.

75-100 cm
7-8
tweejarige plant
2
7 per m²

Eryngium giganteum 'Silver Ghost'
IVOORDISTEL

Een tweejarige distel die helemaal grijsgroen is. De stekelige bladeren groeien rondom de bloeiwijze en zijn mooi ingesneden. Sterft na de bloei af, maar zaait zich uit. Mooi wintersilhouet.

25-50 cm
7-9
vaste plant
2
7 per m²

Stachys byzantina
EZELSOREN

Dichtbehaard, grijsgroen blad en kleine roze lipbloemen. Het gaat voornamelijk om het blad. 'Silver Carpet' bloeit zelden, 'Cotton Boll' heeft groter blad bloeit met witte 'katoenbolletjes'. Bodembedekker. Droge grond.

tot 1,5 m
7-8
tweejarige plant
2
3 per m²

Verbascum olympicum
TOORTS

Het grote, grijs behaarde blad staat in een grote rozet. De vertakte stengel draagt gele bloemen, vaak pas na drie jaar bloei. 'Christo's Yellow Lightning' is een sterke toorts die lang bloeit. Zaait zich uit.

25-50 cm
vaste plant
3
3 per m²

Polystichum setiferum 'Herrenhausen'
NAALDVAREN

Het zachte, frisgroene blad van deze varen bestaat uit vele 'veertjes' en staat schuin omhoog. Bruine stelen. 'Wollastonii' heeft extra fijne veertjes. Aan slechte grond compost toevoegen. Wintergroen.

75-100 cm
7-9
vaste plant
2
3 per m²

Achnatherum calamagrostis
VEDERGRAS

Het blauwgroene blad staat in een losse pol en hangt sierlijk over. De volle bloempluimen zijn aanvakkelijk zilverig, later verkleuren ze strogeel tot lichtbruin. Geschikt voor een mediterrane tuin.

25-50 cm
7-9
vaste plant
2
5 per m²

Elymus magellanicus
ZANDHAVER

Intens grijsblauw blad in een losse pol, extra mooi van kleur in de volle zon en op schrale grond. De bloeiaartjes van niet zo op, ze worden tot 80 cm hoog. In zachte winters bladhoudend.

BOLLEN VOOR DROGE GROND

Een vrij droge en vooral goed gedraineerde grond die veel voedsel bevat is ideaal voor bloembollen. Bolgewassen komen vaak uit gebieden waar het in de lente voldoende vochtig is voor groei en bloei van de bollen, in de zomer volgt een droge periode. De bollen houden daarom 's zomers rust. Geschikte voorjaarsbollen voor droge grond zijn tulpen, sieruien, krokussen, *Ipheion*, blauwe druifjes en de kleine *Iris reticulata*. Maar ook minder bekende zomerbloeiende bollen zoals *Amaryllis belladonna*, *Galtonia candicans*, *Crinum* x *powellii* en *Nerine* zijn geschikt. Deze zomerbollen hebben een winterdek nodig en veel voedsel. Je kunt ze ook in grote potten kweken die 's winters naar binnen gaan.

EEN- EN TWEEJARIGEN VOOR DROGE GROND EN VOLLE ZON

Alonsoa meridionalis
Ossentong, *Anchusa azurea*
Meisjesogen, *Coreopsis tinctoria*
Satijnbloem, *Dimorphoteca sinuata*
Slangenkruid, *Echium plantagineum*
Slaapmutsje, *Eschscholzia californica*
Middaggoud, *Gazania*-cultivars
Gipskruid, *Gypsophila elegans*
Spaanse margriet, *Osteospermum*
Klaproos, *Papaver rhoeas*
Slaapbol, *Papaver somniferum*
IJslandse papaver, *Papaver nudicaule*
Sierpostelein, *Portulaca grandiflora*
Oostindische kers, *Tropaeolum majus*
IJzerhard, *Verbena*-cultivars

GRAVELGARDEN

Voor een zonnige tuin met droge grond kan een grindtuin of 'gravel garden' een mooie oplossing zijn. In een grindtuin wordt in principe geen water gegeven, de planten moeten zichzelf zien te redden. De gebruikte soorten zijn goed tegen droogte bestand en eenvoudig te kweken. Een grindtuin heeft wel veel zon nodig en er moet sprake zijn van goed doorlatende, vrij arme grond.
Een grindtuin is geïnspireerd op natuurlijke situaties, zoals grindhellingen, drooggevallen rivierbeddingen en rotsige kustgebieden. Deze natuurlijke groeiplaats van de planten is het uitgangspunt. Vaak gaat het om planten die dikke wortels hebben waar extra vocht in opgeslagen kan worden. Ze groeien oorspronkelijk in droge, zonnige gebieden, zoals de landen langs de Middellandse Zee. Ook een aantal siergrassen voelt zich thuis op droge grond, ze geven de gravel garden een natuurlijke uitstraling. Bloembollen zoals de sierui zorgen voor kleur in het voorjaar. Om ook in de winter een aantrekkelijk beeld te creëren is het belangrijk om enkele heesters en wintergroene planten toe te voegen.

AFDEKLAAG VAN GRIND OF SPLIT

In een gravel garden is een groot gedeelte van de grond afgedekt met een ongeveer 5 centimeter dikke laag grind, split of een andere vorm van halfverharding. Dankzij zo'n afdeklaag wordt het water beter vastgehouden in de bodem. Het is niet de bedoeling om anti-worteldoek onder het grind aan te brengen. Veel planten zaaien zich uit in het grind, zo houdt de beplanting zichzelf in stand. In het voorjaar is een teveel aan zaailingen makkelijk uit het losse grind te wieden.

PLANTEN VOOR EEN GRINDTUIN

Zuurbes, *Berberis thunbergii*
Schoenlappersplant, *Bergenia*-cultivars
Amerikaanse sering, *Ceanothus*-cultivars
Spoorbloem, *Centranthus ruber*
Cistusroos, *Cistus*-soorten
Zeekool, *Crambe maritima*
Naald van Cleopatra, *Eremurus*
Ivoordistel, *Eryngium giganteum*
Blauwe distel, *Eryngium bourgatii*
Wolfsmelk, *Euphorbia cyparissias* en *E. characias*
Venkel, *Foeniculum vulgare* 'Purpureum'
Ooievaarsbek, *Geranium sanguineum*
Japans bloedgras, *Imperata cylindrica*
Vuurpijl, *Kniphofia*-cultivars
Lavendel, *Lavandula angustifolia*
Vlasleeuwenbek, *Linaria purpurea*
Kattenkruid, *Nepeta*-soorten
Marjolein, *Origanum*-soorten
Brandkruid, *Phlomis russeliana*
Perzische kruisjesplant, *Phuopsis stylosa*
Rozemarijn, *Rosmarinus officinalis*
Scharlei, *Salvia sclarea*
Heiligenbloem, *Santolina chamaecyparissus*
Vetkruid, *Sedum spurium*
Ezelsoren, *Stachys byzantina*
Vedergras, *Stipa*-soorten
Toorts, *Verbascum bombyciferum*
IJzerhard, *Verbena bonariensis*
Palmlelie, *Yucca filamentosa*

KALKRIJKE GROND

KALKRIJKE GROND

De planten op deze bladzijden groeien graag in een kalkrijke bodem, dus met een hoge pH-waarde (vanaf pH 6,7 en hoger). Het gaat bovendien om grond die goed gedraineerd is, teveel winterse nattigheid is vaak funest. Je kiest deze soorten bijvoorbeeld voor verhoogde plantvakken met kalkrijke grond, de rand van een zonnige border, een stenige helling op het zuiden of een zonnig talud. De planten kunnen eventueel tussen stenen groeien en zelfs op stapelmuurtjes. Ze groeien namelijk van nature in rotsachtige gebieden tussen stenen. De grote stenen zorgen voor warmte rondom de plant, een koele bodem en bovendien geven ze vaak kalk af. Het water kan tussen de stenen goed wegstromen, de lange wortels van echte rotsplanten gaan op zoek naar water in diepere lagen. Je kunt zelf stenen toevoegen, bijvoorbeeld stukken kalksteen of zwerfkeien. Ook gerecycled materiaal zoals gebroken puin en baksteen, oude dakpannen en grindtegels zijn goed te gebruiken. De grond is bij voorkeur voedselarm, alleen dan zullen de planten compact blijven en rijk bloeien. Zandgrond is over het algemeen de geschiktste grondsoort. Humus is nauwelijks nodig, te veel humus kan er zelfs voor zorgen dat de grond te vochtig wordt zodat de planten wegrotten. Wel hebben de planten flink wat zon nodig, ze staan dus graag op een warme en lichte plek.

25-50 cm
6-8
struik
(2)
3 per m²

Cistus x *dansereaui* 'Decumbens'
CISTUSROOS

Een wintergroen struikje uit het Middellandse Zeegebied. De bloemen lijken op een groot zonneroosje en hebben donker roodpaarse vlekken in het hart. *C. crispus* bloeit roze. Beschermen tegen vorst.

75-100 cm
6-7
vaste plant
(2)
5 per m²

Centaurea macrocephala
GELE KORENBLOEM

Een sterke plant met een distelachtig uiterlijk. Heldergele bloemen in een bolvormige bloeiwijze, net een kleine artisjok. Voor redelijk voedzame grond, 's zomers niet te droog. Bijenplant.

10-15 cm
5-8
struik
(2)
7 per m²

Helianthemum nummularium ssp. *glabrum*
ZONNEROOSJE

De vrij slappe stengeltjes liggen op de grond en zijn bezet met piepkleine blaadjes. Heldergele bloemen in losse trosjes, zeer lange bloei. Er zijn vele rassen in andere kleuren. Wintergroene bodembedekker.

15-25 cm
6-8
vaste plant
(2)
9 per m²

Geranium cinereum
OOIEVAARSBEK

Een laag blijvende soort met in verhouding grote bloemen. Bij 'Ballerina' zijn de lichtroze bloemen fraai geaderd, het hartje is heel donker. De Jolly Jewel-serie bestaat uit rijke bloeiers in sprekende kleuren.

15-25 cm
6-8
vaste plant
(2)
11 per m²

Lewisia cotyledon
BITTERKRUID

Platte rozetten van lepelvormig blad en compacte pluimen van platte, trompetvormige bloempjes in diverse tinten. Bij 'Sunset Hybrids' in pasteltinten. Vanwege de penwortel moeilijk te verplanten. Wintergroen.

25-50 cm
6-9
vaste plant
(2)
7 per m²

Erodium manescavii
REIGERSBEK

Helderroze bloemen in een los scherm aan het eind van de stengels. Later opstaande zaden. Het grote blad is geveerd, in zachte winters blijft het aan de plant. Zaait zich uit.

15-25 cm
3-4
vaste plant
(2)
7 per m²

Arabis caucasica 'Rosea'
RANDJESBLOEM

Een sterke bodembedekker met grijsgroen blad en heel veel kleine roze bloemen. De gewone soort bloeit wit. *A. blepharophylla* bloeit violet. Groeit ook op een stapelmuurtje. Wintergroen.

25-50 cm
6-8
vaste plant
(2)
9 per m²

Dianthus carthusianorum
KARTHUIZER ANJER

Blauwgroen blad en roze bloemen in dichte trosjes aan vrij lange stengels. Mooi voor een natuurlijke beplanting. 'Rupert's Pink' (25 cm) blijft lager, var. *latifolium* (60 cm) is in alle delen groter.

tot 125 cm
5-6
struik
(3)
1 per m^2

Syringa 'Flowerfesta Pink'
DWERGSERING

Een compacte struik met kleine geurende bloemen in pluimen. Herbloei in de herfst. *S. meyeri* 'Palibin' en *S. patula* 'Miss Kim' lijken hierop, worden iets hoger. Ook als stamboompje. Zonodig snoeien na de bloei.

75-100 cm
6-8
vaste plant
(2)
7 per m^2

Morina longifolia
PERZISCHE STEPPEDISTEL

Een plant uit de Himalaya met lang, gestekeld blad in een rozet. De witte bloemen zitten in kransen rond de stengels. Ze verkleuren roze nadat ze bevrucht zijn. 's Zomers niet te droog.

25-50 cm
5-8
vaste plant
(2)
9 per m^2

Tulbaghia violacea
KAAPSE KNOFLOOK

Een aan *Allium* verwante plant uit Zuid-Afrika. Het smalle grijsgroene blad smaakt naar knoflook. Lichtpaarse bloemen in een los scherm. Groeit met wortelstokken, matig winterhard. Eetbaar.

tot 1,5 m
3-4
struik
(2)
1 per m^2

Daphne mezereum 'Rubra'
PEPERBOOMPJE

Een kleine struik die al vroeg bloeit met geurende paarse bloemen, iets voor het blad verschijnt. Later rode bessen. Haal elk voorjaar enkele takken weg die gebloeid hebben. Giftig.

50-75 cm
6
vaste plant
(2)
7 per m^2

Iris (Germanica-groep) 'Langport Wren'
BAARDIRIS

Smal grijsgroen blad en grote bloemen. De onderste bloemblaadjes hebben een 'baard'. In augustus ondiep en horizontaal planten, met de dikke wortelstok op het zuiden. Langs de rand van de border.

25-50 cm
5-7
vaste plant
(2)
7 per m^2

Erysimum linifolium 'Variegatum'
STEENRAKET, MUURBLOEM

Een lange bloeier met geurende violette bloemen en opvallend witbont blad. Mooi tussen tulpen en andere voorjaarsbollen. Matig winterhard en vaak tweejarig gekweekt. Vlinderplant. Wintergroen.

15-20 cm
6-8
vaste plant
(2)
11 per m^2

Campanula carpatica 'Blaue Clips'
KARPATENKLOKJE

Een rotsplant met kleine blaadjes en in verhouding grote, wijd openstaande bloemen. Ook mooi langs de rand van de border. 'Karl Foerster' blijft iets lager, 'Weisse Clips' is wit.

75-100 cm
8-9
struik
(2)
3 per m^2

Clematis heracleifolia 'Cassandra'
BOSRANK

Een niet klimmende halfstruik met grijsbehaard blad en lichtviolette bloemen die aan hyacinten doen denken. Ze geuren heerlijk. Tijdens de groei niet te droog. In maart terugsnoeien.

10-25 cm
5-7
vaste plant
(2)
9 per m^2

Euphorbia myrsinites
WOLFSMELK

Een lage plant met lange, liggende stengels die regelmatig bezet zijn met dikke blauwgroene blaadjes. Een mooie bladplant voor een droge plek. De groengele bloemen vallen wat minder op.

25-50 cm
6-7
vaste plant
(2)
5 per m^2

Salvia officinalis 'Berggarten'
ECHTE SALIE

Een keukenkruid met grijsbehaard, aromatisch blad en licht violetblauwe bloemen. Bij 'Berggarten' is het blad bijna rond, 'Grete Stölze' heeft smal blad en bloeit rijk, bij 'Purpurascens' is het blad grijspaars getint.

75-100 cm
5-6
struik
(2)
5 per m^2

Rosmarinus officinalis
ROZEMARIJN

Een houtig, wintergroen struikje met smalle, zeer aromatische blaadjes. De kleine, licht violetblauwe bloemen zitten in kleine trossen. Ook als laag haagje te kweken. Keukenkruid. Matig winterhard.

15-25 cm
6-9
struik
(2)
11 per m^2

Thymus vulgaris
GEWONE TIJM

Een bossig struikje met dunne, verhoutende stengels. 'Compactus' groeit extra compact. 'Château Queribus' is een goede cultivar met heel licht paarse bloempjes. Aromatisch keukenkruid. Matig winterhard.

ZURE GROND

ZURE GROND

De planten in dit hoofdstuk verlangen beslist zure, humusrijke grond. Ze zullen in een kalkrijke kleigrond zelfs niet goed kunnen groeien. Een lage pH-waarde, lager dan 7 en meestal tussen 4.8 en 5.6, duidt op een zure grond, de bodem bevat dan weinig kalk. Het kan gaan om zure zandgrond of zure veengrond.
Meestal betreft het arme, zure zandgronden waar van nature heide of bos op groeit. Bosgrond onder beuken, sparren en dennen bijvoorbeeld is vrij zuur. Een mengsel van klei en zand, zavel genoemd, is soms ook aan de zure kant. Je kunt de grond minder zuur maken door kalk toe te voegen. Meestal geeft dit echter niet het gewenste resultaat, bovendien is het onnatuurlijk en maak je het jezelf makkelijker om planten voor zure grond te kiezen.
Vooral voor niet te droge zure grond in de halfschaduw is er een ruime keuze. De leden van de grote *Rhododendron*-familie zijn zeer gesteld op zure grond, dat geldt ook voor heide, Japanse esdoorns en de meeste varens. Door deze soorten te combineren met minder kieskeurige tuinplanten kun je fraaie plantencombinaties maken. Geschikt zijn bijvoorbeeld zilverkaars (*Actaea*), *Astilbe*, herfstanemonen, geitenbaard (*Aruncus*), ooievaarsbek (*Geranium*), daglelie (*Hemerocallis*), hortensia (*Hydrangea*), duizendknoop (*Persicaria*), sleutelbloem (*Primula*), toorts (*Verbascum*), ereprijs (*Veronica*) en sneeuwbal (*Viburnum*).

10-15 cm
5-6
vaste plant
1
11 per m²

Cornus canadensis
KORNOELJE

De bloemen hebben vier witte schutbladen, later rijpen de rode bessen. De frisgroene bladeren hebben duidelijke nerven, de bovenste staan in een krans. Een bodembedekker voor de halfschaduw.

tot 2 m
3-4
struik
1
1 per m²

Pieris japonica 'White Cascade'
ROTSHEIDE

Een brede struik met een bruine, in stroken loslatende schors. Witte bloemen in hangende pluimen. Het donkergroene blad loopt vaak rood uit, zeker bij 'Forest Flame'. 'Variegata' is witbont. Wintergroen.

25-50 cm
4-5
vaste plant
1
11 per m²

Trillium albidum
DRIEBLAD

Deze bosplant heeft van alles drie: bladeren, kelkblaadjes en kroonblaadjes. Een vroegbloeiende soort met witte bloemen. *T. sessile* bloeit rood. Groeit langzaam. Beslist niet te droge, humusrijke grond.

2-4 m
5
struik
1
1 per m²

Rhododendron luteum
AZALEA

Een wilde azalea met fijne, gele bloemen die heerlijk geuren. De bladeren krijgen een prachtige herfstkleur. Ook de Mollis-azalea's en Pontica-azalea's geuren, ze zijn er in verschillende kleuren.

25-50 cm
4-6
vaste plant
1
9 per m²

Uvularia grandiflora
TREURKLOKJE

Langwerpig blad en aan het eind van de overhangende stengels hangende klokvormige bloemen. Na de bloei is het blad nog decoratief. Breidt zich bescheiden uit via ondergrondse wortelstokken.

tot 1 m
5-6
struik
1
1 per m²

Rhododendron 'Golden Torch'
RODODENDRON

De klein blijvende rododendrons uit deze groep groeien compact. Donkergroen ovaal blad en grote klokvormige bloemen in een tros. 'Caroline Allbrook' is lichtpaars, 'Sneezy' bloeit roze. Wintergroen.

tot 1,5 m
4-5
struik
1
3 per m²

Skimmia japonica 'Rubella'

Leerachtig blad en witte bloemen in pluimen, rode bloemknopjes vanaf het najaar. 'Fragrant Cloud' heeft geurende bloemen in opstaande trossen, geen bessen, ssp. *reevesiana* draagt veel rode bessen. Wintergroen.

tot 2,5 m
2-4
struik
1
1 per m²

Camellia 'Inspiration'
CAMELIA

Glanzend donkergroen blad en al in februari halfgevulde roze bloemen. Er zijn veel cultivars, zoals de lagere 'Fairy Wand' met kleine donkerroze bloemen en de rode 'Freedom Bell'. Beschut plaatsen. Wintergroen.

25-50 cm
4-5
vaste plant
①
11 per m²

Dodecatheon meadia
TWAALFGODENKRUID

Kleine, maar heel mooie bloempjes die aan cyclamen doen denken. Het gladde blad staat in een rozet. Sterft na de bloei bovengronds af. 'Album' bloeit wit, 'Aphrodite' (50 cm) is lichtpaars.

5-10 cm
6-9
vaste plant
②
11 per m²

Dianthus deltoides 'Splendens'
STEENANJER

Een kruipertje dat tijdens de bloei helemaal bedekt is met kleine, roze bloemen. 'Albiflorus' is wit, 'Arctic Fire' heeft witte bloemen met een roze hartje. Zaait zich uit. Wintergroen.

25-50 cm
6-11
struik
①
9 per m²

Calluna vulgaris 'Tenuis'
STRUIKHEIDE

Van de struikheide zijn veel rassen, met witte, roze of paarse bloemen, laag of juist hoger, met groengeel of bronskleurig blad. De bloeitijd varieert per ras. Direct na de bloei snoeien. Wintergroen.

75-100 cm
8-10
vaste plant
①
7 per m²

Tricyrtis formosana 'Dark Form'
PADDENLELIE

Lancetvormige blad en bruingetinte bloemknoppen. De bloemen hebben paarse spikkels op een bijna witte ondergrond, ze doen aan orchideeën denken. Een lange bloeier, en de sterkste soort.

75-100 cm
6-7
vaste plant
①
5 per m²

Lupinus 'The Governor'
LUPINE

Handvormig samengesteld blad, de lipbloemen zitten in lange trossen rondom de stengels. Vaak zijn ze tweekleurig. 'Chandelier' is lichtgeel, 'Gallery Red' is donker rozerood, 'Masterpiece' is donkerpaars. Vaak kortlevend.

15-25 cm
7-9
vaste plant
①
13 per m²

Gentiana septemfida var. *lagodechiana*
GENTIAAN

De grote, trompetvormige bloemen zijn violetblauw met een groene keel. De stengels liggen op de grond en richten zich aan het eind omhoog. Vrij vochtige grond. De makkelijkste gentiaan voor de tuin.

75-100 cm
6-7
vaste plant
③
9 per m²

Meconopsis betonicifolia
BLAUWE PAPAVER

Het blad is bruin behaard, de grote, knikkende bloemen zijn prachtig blauw van kleur. Na de bloei terugknippen, zaadvorming verzwakt de plant. Voor een koele plek. Meestal kortlevend.

25-50 cm
9-10
vaste plant
①
5 per m²

Molinia caerulea 'Variegata'
PIJPENSTROOTJE

Een sterk siergras met witte tot soms iets lichtgele strepen op het smalle blad. De fijne halmen zitten aan licht overbuigende stengels die tot 70 cm lang kunnen worden. Niet te droog.

25-50 cm
4-5
vaste plant
①
7 per m²

Paris quadrifolia
EENBES

Vier grote bladeren in een krans met in het midden een bloem met gele meeldraden, gevolgd door een blauwzwarte bes. Een bijzondere inheemse bosplant. Niet te droog. Giftig.

tot 1 m
struik
③
1 per m²

Pinus mugo 'Mops'
BERGDEN, PIJNBOOM

Een conifeer met grijsgroene naalden, in de winter kleuren ze geel. Deze dwergvorm groeit vanzelf bolvormig, kan eventueel nog iets bijgeknipt worden tot een strakke bol. Wintergroen.

tot 4 m
4-5
struik
①
1 per m²

Acer palmatum 'Bloodgood'
JAPANSE ESDOORN

Het blad van deze fraaie esdoorn is donker bruinrood, in de herfst kleurt het vlammend rood. De 'Dissectum'-rassen blijven klein en hebben fijn ingesneden blad. Groeit langzaam, snoeien is niet nodig.

25-50 cm
8-11
struik
①
9 per m²

Calluna vulgaris 'Sandy'
STRUIKHEIDE

Vrij lage heide met kleine witte bloemen en opvallend groengeel blad. Een goed alternatief is *Erica darleyensis* 'Stieneke' (roze bloemen, bloei 11-4). Direct na de bloei snoeien. Wintergroen.

Darmera en *Astilbe* op een vochtige oever.

VOCHTIGE GROND

In dit hoofdstuk vind je planten beschreven die houden van matig vochtige tot vochtige, maar goed doorlatende en humeuze grond. *Hosta* en *Astilbe* zien we vaak op drogere grond staan, maar hebben het op vochtigere grond pas echt naar hun zin. Ze zien er supergezond uit en worden veel groter dan in drogere grond.

VOCHTIGE GROND EN VOLLE ZON

De meeste planten uit dit hoofdstuk kunnen ook in drogere grond groeien, mits het om een plek in de halfschaduw gaat. In de volle zon zullen ze rijker bloeien, maar dan hebben ze wel vochtige grond nodig. Dit geldt bijvoorbeeld voor *Astilbe* en *Ligularia*. Wil je een kleurrijke beplanting maken in vochtige grond, dan heeft een zonnige plek dus de voorkeur. Planten die echt van zeer vochtige tot natte grond houden zijn geschikt voor een vochtige oever. Een bodem waar het water in blijft staan, is echter funest voor deze soorten: de wortels rotten weg of bevriezen in de winter. Alleen echte moerasplanten en waterplanten houden van zo'n situatie.

EEN BORDER OP VOCHTIGE GROND

Er zijn veel mooie borderplanten die graag op een vochtige plek groeien. Het zijn vaak soorten met groot blad, zoals het schildblad (*Darmera*) en de *Hosta*. Er is toch genoeg water dus ze kunnen het zich wel permitteren om veel vocht te verdampen. Maar er zijn ook allerlei soorten met smal blad, bijvoorbeeld *Iris sibirica*, of met fijn blad zoals varens. De compositie in een border wordt interessanter door deze bladvormen af te wisselen. Combineer de mooie bladeren met bloemen in pittige kleuren, zoals de orchideeprimula, de moeraswolfsmelk en de kardinaalslobelia. Kijk ook eens naar struiken die het goed doen op vochtige grond, je vindt ze in het kadertje op de volgende bladzijde. Een consequente keuze van de juiste planten voor vochtige grond versterkt de uitstraling van een dergelijke beplanting. Een border op vochtige grond, vol mooie bladeren en kleurige bloemen, is bijvoorbeeld te maken langs een sloot zoals de tuin op de foto links waar een sloot de tuin inloopt. Of als de tuin grenst aan het water en de border laag genoeg ligt zodat er sprake is van vochtige grond. Vochtige grond geeft een zeer weelderige begroeiing als er voldoende voedsel aanwezig is. Als je de juiste planten kiest dan zal de oppervlakte binnen de kortste keren volgegroeid zijn. Het is dus geen probleem om de border vol te krijgen, het is eerder nodig de beplanting uit te dunnen.

Hosta, Astrantia, Primula vialii, Primula 'Harlow Carr Hybrids'.

EXPERT

EEN DRAINAGESYSTEEM AANLEGGEN

Is de grond echt te nat en is te veel vocht in de tuin een probleem? Dan kun je overwegen een drainagesysteem aan te leggen. Hierdoor wordt overtollig water afgevoerd zodat je toch kunt genieten van een mooie beplanting. Geperforeerde plastic ribbelbuizen, omwikkeld met grove vezels, worden 60 tot 90 centimeter diep ingegraven. Per 10 meter moeten ze 1 centimeter aflopen. Het is ook mogelijk sleuven te graven die gevuld worden met puin en grof grind. De drains kunnen evenwijdig aan elkaar liggen of in een visgraatmotief. Het is handig het patroon van tevoren in te tekenen op de plattegrond van de tuin. Op het laagste punt wordt het water verzameld in een sloot, of als dat niet mogelijk is in een zinkput.

Iris pseudacorus 'Variegata' en *Primula* 'Harlow Carr Hybrids'.

100-130 cm
6-7
vaste plant
1
3 per m²

Aruncus 'Horatio'
GEITENBAARD

Varenachtig blad en donkere bloemstelen, de smalle afstaande crèmewitte bloempluimpjes eindigen in een sierlijk puntje. Een sterke plant die ook wel wat droogte kan verdragen. *A. dioicus* is grover en hoger.

75-100 cm
5-7
vaste plant
1
4 per m²

Euphorbia palustris 'Walenburg's Glorie'
MOERASWOLFSMELK

Deze forse plant draagt groengele bloemen in grote schermen. Groeit ook goed in normale tuingrond. Het blad kleurt oranje in de herfst. *E. wallichii* lijkt hierop, witte nerf op het blad.

25-50 cm
5-6
vaste plant
1
7 per m²

Trollius 'Alabaster'
KOGELBLOEM

Een sterke, vroegbloeiende en vaste plant met kogelronde bloemen. De kleur komt van de grote kelkbladen. 'Earliest of All' bloeit vroeg met gele bloemen, 'Lemon Queen' is citroengeel.

25-50 cm
3-5
vaste plant
1
7 per m²

Caltha palustris
DOTTERBLOEM

Frisgroen, hartvormig blad en grote, boterbloemachtige bloemen in een warme geeloranje tint. De variëteit *alba* bloeit wit. Deze inheemse soort groeit in zeer vochtige grond, zaait zich uit.

75-100 cm
7-8
vaste plant
1
5 per m²

Ligularia 'Little Rocket'
KRUISKRUID, OLIFANTSOOR

Groot, sierlijk ingesneden blad en oranjegele bloemen aan donkere stengels. Vochtige grond vooral in de volle zon. 'Osiris Fantaisie' (50 cm) heeft gegolfd blad, aan de onderkant paarsbruin. Vlinderplant.

25-50 cm
5-7
vaste plant
1
9 per m²

Primula japonica
JAPANSE SLEUTELBLOEM

Een sterke primula met lichtgroen blad in grote rozetten. De bloemen zitten in kransen rond de stengels. Afgebeeld zijn de 'Harlow Carr Hybrids', 'Appleblossom' is lichtroze, 'Miller's Crimson' is felroze.

75-100 cm
8-9
vaste plant
1
7 per m²

Lobelia cardinalis
KARDINAALSLOBELIA

De opvallende, zuiverrode bloemen zitten aan één kant van lange, onvertakte stengels. Het blad is langgerekt eivormig en glanzend groen. *L.* 'Ruby Slippers' is diep roodpaars. Matig winterhard.

75-100 cm
6-7
vaste plant
1
3 per m²

Rodgersia pinnata 'Maurice Mason'
SCHOUT-BIJ-NACHT

Groot, handvormig samengesteld blad dat paarsbruin uitloopt. Roze bloemen in pluimen, ze blijven lang mooi vanwege de rode bloemkelkjes. 'Die Schöne' bloeit lichtroze. Kan zonnig staan in vochtige grond.

25-50 cm
5-6
vaste plant
1
9 per m²

Geum rivale 'Leonard's Variety'
KNIKKEND NAGELKRUID

Pollen frisgroen blad en knikkende bloemen, de stengels en kelkbladen zijn roodbruin. 'Flames of Passion' is halfgevuld, rozerood, 'Lionel Cox' bloeit lichtgeel, 'Mai Tai' heeft grotere dubbele bloemen in zalmroze.

tot 1,5 m
6-8
struik
1
1-3 per m²

Hydrangea macrophylla 'Bouquet Rose'
HORTENSIA

Een rijkbloeiende bolhortensia (mophead) met roze bloemen in bolvormige schermen. De bloemen kunnen blauw kleuren op een zure grond. Eventueel in het voorjaar enkele oude takken helemaal wegknippen.

50-75 cm
8-9
vaste plant
1
5 per m²

Astilbe chinensis 'Purpurkerze'
PRACHTSPIREA

Het blad blijft vrij laag, de smalle bloempluimen steken daar ver bovenuit. 'Purpurlanze' wordt hoger (120 cm), 'Pumila' blijft klein (25 cm). Een makkelijke bodembedekker die zich uitbreidt via uitlopers.

75-100 cm
6-8
vaste plant
1
7 per m²

Lythrum salicaria 'Feuerkerze'
KATTENSTAART

Lancetvormig blad in kransen en roze bloemen (steriel) in een lange schijnaar. 'Blush' bloeit lichtroze, *L. virgatum* (80 cm) is veel fijner en sierlijker in alle delen. Groeit ook in normale bordergrond.

100-130 cm
8-9
vaste plant
1
3 per m²

Eupatorium maculatum 'Phantom'

KONINGINNENKRUID

Een robuuste plant met grijspaarse bloemen in brede schermen aan donkere bloemstengels. Deze cultivar blijft lager dan 'Atropurpureum' (ruim 2 m), 'Glutball' heeft een vollere kleur. Vlinderplant.

25-50 cm
6-7
vaste plant
1
5 per m²

Primula vialii

ORCHIDEEPRIMULA

Spatelvormig blad in iets opstaande rozetten, licht bepoederd. Paarse bloempjes in een dichte aar, de knopjes bovenaan zijn contrasterend rood. Voor zeer humusrijke en vochtige grond.

50-75 cm
5-9
vaste plant
1
5 per m²

Tradescantia 'Purple Dome'

EENDAGSBLOEM

Grasachtig blad en mooie bloemen met drie kroonbladen en een opvallend bosje meeldraden. Ze blijven één dag open, maar er zijn er elke dag nieuwe bloemen. Groeit ook in normale bordergrond. Kan woekeren.

75-100 cm
6-7
vaste plant
1
7 per m²

Iris sibirica 'Perry's Blue'

SIBERISCHE LIS

Grasachtig blad en fraai getekende licht violetblauwe bloemen. Er zijn veel mooie rassen, zoals 'Butter and Sugar' (lichtgeel met wit) en 'Jewelled Crown' (paars). Groeit ook in drogere grond.

75-125 cm
6-7
vaste plant
1
1-2 per m²

Astilboides tabularis

TAFELBLAD

Indrukwekkend groot, bijna rond blad, tot 70 cm in doorsnede. De bloeiwijzen steken een heel stuk boven de lichtgroene bladeren uit. Ze lijken op de pluimen van *Astilbe* en zijn wit van kleur.

75-100 cm
4-5
vaste plant
1
3 per m²

Darmera peltata

SCHILDBLAD

Voordat het grote blad verschijnt, bloeit de plant met lichtroze bloemen in half-bolvormige schermen. Ze staan op lange, stevige stelen. Het blad krijgt een oranje herfstkleur. 'Nana' blijft lager (60 cm).

75-100 cm
7-8
vaste plant
1
3 per m²

Hosta sieboldiana 'Elegans'

HARTLELIE

Groot blauwgroen blad met diepliggende nerven, lichtpaarse tot witte bloemen op korte stelen. Fraaie gele herfstkleur. Neemt op den duur veel ruimte in. 'Halcyon' blijft kleiner (40 cm). Gevoelig voor slakkenvraat.

3-5 cm
5-7
vaste plant
1
9 per m²

Lysimachia nummularia 'Aurea'

PENNINGKRUID

Een leuke bodembedekker met groengeel blad aan lange, liggende stengels die overal wortelen. Het blad is bijna rond, als een penning. De vrij grote bloemen zijn heldergeel. Breidt zich uit.

130-160 cm
vaste plant
1
1-2 per m²

Osmunda regalis

KONINGSVAREN

Een prachtige varen voor vochtige grond, de sporen staan in opstaande bruine pluimen. Het blad kleurt in het najaar geel. 'Purpurascens' loopt uit met grijspaars getint blad. Liefst vrij zure grond.

tot 2 m
6-7
vaste plant
1
1 per m²

Rheum palmatum 'Atrosanguineum'

SIERRABARBER

Het grote, diep ingesneden blad loopt paarsrood uit. In het hart van de pol een dikke bloemstengel, de bloempluim komt uit een rood schutblad. 'Red Herald' houdt roodgetint blad in de zomer.

STRUIKEN VOOR VOCHTIGE GROND

Japanse esdoorn, *Acer palmatum*
Krentenboompje, *Amelanchier lamarckii*
Appelbes, *Aronia*-soorten
Schijnels, *Clethra alnifolia*
Kornoelje, *Cornus alba* en *C. sericea*
Pronkklokje, *Enkianthus campanulatus*
Fothergilla major
Hortensia, *Hydrangea*-soorten
Bloemwilg, *Itea virginica*
Moeraspalm, *Ledum groenlandicum*
Blaasspirea, *Physocarpus opulifolius*
Wilg, *Salix*-soorten
Vlier, *Sambucus nigra*
Lijsterbesspirea, *Sorbaria sorbifolia*
Blauwe bes, *Vaccinium corymbosum*
Gelderse roos, *Viburnum opulus*
Weigela florida en *Weigela*-cultivars

VLINDERPLANTEN

Vlinders, bijen en hommels hebben het moeilijk, je helpt deze nuttige dieren enorm door voor voedselplanten en nestgelegenheid in je tuin te zorgen. Tuinen kunnen geen vervanging zijn voor het leefgebied van vlinders, maar zijn voor zo'n twintig soorten wel een goede aanvulling op de natuur. In Nederland komen ongeveer honderd verschillende soorten dagvlinders voor en ruim 2200 verschillende soorten nachtvlinders (motten). Nachtvlinders lok je met bloemen die vooral 's avonds gaan geuren, zoals kamperfoelie, damastbloem en de teunisbloem.
Aanplant van nectarplanten is de makkelijkste manier om vlinders en insecten naar je tuin te lokken. De meeste nectarplanten hebben prachtige bloemen zoals je hier kunt zien, geen straf dus om ze in je tuin te zetten. Zorg voor afwisseling in de bloeitijd, vanaf april tot oktober zijn er dan op warme dagen vlinders te zien. Goede voorjaarsbloeiers zijn krokussen, *Aubrieta*, judaspenning en damastbloem. Kies voor de zomer bijvoorbeeld lavendel, marjolein en de vlinderstruik, voor het najaar de hemelsleutel, prachtschaarde en herfstasters. Schermbloemen zijn eigenlijk altijd favoriet. Goedgevulde bloemen zijn niet geschikt omdat de insecten niet bij de nectar kunnen komen. Naast nectarplanten heeft een vlindervriendelijke tuin ook waardplanten nodig, dit zijn de voedselplanten waar rupsen van eten voor ze zich ontpoppen tot vlinder.

75-100 cm
7-9
vaste plant
3
7 per m²

Echinops sphaerocephalus 'Arctic Glow'
KOGELDISTEL

Deze sterk vertakte plant heeft witte bloemen in een grote, kogelvormige bloeiwijze aan roodgetinte stengels. Grijsgroen gestekeld blad. Alle kogeldistels zijn aantrekkelijk voor bijen, hommels en vlinders.

75-100 cm
5-6
tweejarige plant
3
9 per m²

Lunaria annua 'Alba'
JUDASPENNING

Hartvormig blad, de bloemen zijn vrij klein maar verschijnen in groten getale. De gewone soort bloeit paarsviolet. Later decoratieve vruchten met een zilverig tussenschot. Zaait zich uit.

tot 2 m
4-5
struik
1
1 per m²

Viburnum x *burkwoodii* 'Anne Russel'
SNEEUWBAL

Een losse struik met in zachte winters wintergroen blad. De witte bloemen komen uit roze knoppen, ze zitten in bolvormige trossen en geuren heerlijk. Snoeien is niet nodig.

15-90 cm
5-9
eenjarige plant
1
9-11 per m²

Zinnia elegans 'Benary's Giant White'
ZINNIA

Ovaal blad, de bloemen hebben een hart vol gele meeldraden. Vooral rassen met een duidelijk zichtbaar hartje zijn aantrekkelijk voor vlinders en bijen. In veel kleuren verkrijgbaar, perfecte snijbloem.

tot 2 m
7-9
struik
3
1 per m²

Buddleja x *weyeriana* 'Sungold'
VLINDERSTRUIK

Smal lancetvormig blad en losse pluimen met oranjegele bloemen, vaak in groepjes bij elkaar. Net als *B. davidii* een must voor de vlindertuin. In zachte winters bladhoudend. In het voorjaar sterk terugsnoeien.

50-75 cm
7-9
vaste plant
1
7 per m²

Echinacea 'Summer Cocktail'
RODE ZONNEHOED

De bloem verkleurt van geeloranje naar roze. Het dikke bolvormige hart krijgt veel bezoek van bijen, hommels en vlinders. Ook na de bloei nog lang mooi. Voor goed gedraineerde grond. Kortlevend.

25-50 cm
6-7
struik
2
7 per m²

Lavandula angustifolia 'Lady Ann'
LAVENDEL

Een vrij lage lavendel (40 cm) met zachtroze bloemen, extra aantrekkelijk voor vlinders. Ook de andere lavendel-soorten scoren hoog bij allerlei nuttige insecten. Jaarlijks in april en na de bloei terugknippen.

25-50 cm
8-10
vaste plant
3
7 per m²

Sedum 'Strawberries and Cream'
HEMELSLEUTEL

De dikke bladeren zijn donker, paarsachtig getint, ook donkere bloemstengels. Iets bolvormige bloemschermen vol zachtroze tot roomwitte bloemen, later meer donkerrood. Interessant voor bijen en vlinders vanwege de late bloei.

130-160 cm
7-9
vaste plant
1
5 per m²

Phlox (Paniculata-groep) 'Utopia'
VLAMBLOEM

De zachtroze bloemen staan op lange stelen, vooral 's avonds gaan ze geuren. Een van de hoogste rassen, heeft soms wat steun nodig. Een andere mooie lichtroze is 'Elfe' (1 m).

100-130 cm
6-8
vaste plant
1
3 per m²

Cirsium rivulare 'Atropurpureum'
BEEKDISTEL

Een stevige plant met groot, ingesneden blad. De donkerroze bloemen zitten vaak met meerdere bijeen boven aan vertakte stengels. Deze distel heeft geen stekels. Voor vruchtbare, vrij vochtige grond.

100-130 cm
6-9
vaste plant
2
3 per m²

Malva sylvestris ssp. *mauritanica*
GROOT KAASJESKRUID

Een forse, sterk vertakte plant met grote paarse bloemen die donker geaderd zijn. Gedraagt zich soms als tweejarige. Vooral bezoek van bijen en hommels. De hele plant is eetbaar.

200-250 cm
8-9
vaste plant
1
1 per m²

Eupatorium maculatum 'Atropurpureum'
KONINGINNENKRUID

De donkerpaarse stengels dragen grote schermen grijspaarse bloemen. Ze worden intensief bezocht door bijen, hommels en vlinders. De inheemse *E. cannabinum* bloeit lichtroze, kan woekeren. Voor niet te droge grond.

25-50 cm
7-9
vaste plant
2
7 per m²

Origanum 'Rosenkuppel'
MARJOLEIN

Zachtroze bloemen uit donkere kelkblaadjes. *O. vulgare* 'Compactum' lijkt hierop maar blijft lager (15 cm). Zeer aromatische blaadjes, de hele plant is eetbaar. Een topper voor bijen. Zaait zich uit.

75-100 cm
6-8
vaste plant
1
7 per m²

Lyhrum virgatum 'Rose Queen'
KATTENSTAART

Smal blad en slanke aren vol helderroze bloemen, die veel bezocht worden door vlinders. Een lange bloeier die goed past in een natuurlijke tuin. Makkelijk, maar bij voorkeur vochtige grond.

75-100 cm
6-8
vaste plant
1
7 per m²

Centaurea jacea
KNOOPKRUID

Een inheemse plant met langwerpig blad in een rozet. De dunne stengels dragen mooi gevormde bloemen die veel nectar bevatten. Ze worden vooral door bijen bezocht. Ook mooi voor een bloemenweide.

75-100 cm
5-7
tweejarige plant
1
9 per m²

Hesperis matronalis
DAMASTBLOEM

Driehoekig tot langwerpige blad, de kleine paarsviolette bloemen staan in losse trosjes. 's Avonds geuren ze heerlijk om nachtvlinders aan te trekken. Ook interessant voor bijen en hommels. 'Alba' is wit.

75-100 cm
7-9
vaste plant
2
5 per m²

Agastache 'Blue Boa'
DROPPLANT, ANIJSNETEL

Vrij lange, dikke aren vol violette bloemen, de kelkjes zijn donkerder getint. Bijen en hommels zijn er dol op. Aromatisch blad, lekker om thee van te zetten. Groeit vrij compact en stevig. Kortlevend.

25-50 cm
9-10
vaste plant
3
8 per m²

Aster 'Blauer Gletscher'
HERFSTASTER

Een lage herfstaster met violetblauwe bloemen, ze hebben een rood getint hartje. *A. dumosus* 'Augenweide' (20 cm) blijft lager, 'Niobe' (35 cm) is wit. Dankzij de late bloei aantrekkelijk voor bijen en vlinders.

75-100 cm
7-9
vaste plant
2
7 per m²

Verbena hastata
IJZERHARD

Smalle aartjes vol piepkleine bloemen. Na de bloei nog lang mooi vanwege de hele groeiwijze. 'Alba' is wit, 'Rosea' is lichtroze. Ook *V. bonariensis* is een perfecte vlinderplant. Zaait zich uit.

20-30 cm
7-8
vaste plant
2
9 per m²

Jasione laevis
ZANDBLAUWTJE

Een rozet van smal, wintergroen blad. De violetblauwe bloemhoofdjes hebben uitstekende meeldraden, ze trekken veel bijen aan. 'Blaulicht' is extra blauw. Deze inheemse plant is ook mooi voor een bloemenweide. Droge grond.

PLANTEN VOOR ZANDGROND

15-25 cm
5-6
vaste plant
(2)
11 per m²

Armeria maritima 'Alba'
ENGELS GRAS

Het grasachtige blad staat in compacte pollen. De onvertakte bloemsteeltjes steken hier goed bovenuit en dragen witte bloemen. 'Düsseldorfer Stolz' bloeit felroze, 'Rosea' is lichter van kleur. Wintergroen.

50-75 cm
6-7
vaste plant
(2)
9 per m²

Sisyrinchium striatum
BIESLELIE

Het lange, smalle blad is blauwgroen en lijkt op irisblad. In de zomer verschijnen heel lichtgele bloemen langs rechte, stevige stengels. Zaait zich uit. Wintergroen, matig winterhard.

15-25 cm
5-7
vaste plant
(3)
7 per m²

Lamiastrum galeobdolon 'Herman's Pride'
GELE DOVENETEL

Het blad is mooi getekend met zilverige vlekken, lichtgele lipbloemen in kransjes rond de stengels. Vormt compacte bosjes blad, woekert niet. Perfect voor droge schaduw. Wintergroen.

25-50 cm
6-9
vaste plant
(3)
7 per m²

Potentilla 'Gibson's Scarlet'
GANZERIK, VIJFVINGERKRUID

Een lange bloeier met zuiver rode bloemen. Er zijn veel rassen met gevulde bloemen, zoals 'Etna' donkerrood, 'Mont d'Or' (geel) en 'William Rollison' (oranje). Mooie weefplant vooraan in de border.

25-50 cm
6-9
vaste plant
(2)
7 per m²

Gaillardia 'Burgunder'
KOKARDEBLOEM

Langwerpig blad en grote dieprode bloemen. 'Kobold' bloeit geeloranje, het hart is rood. *G. pinnatifida* heeft fijn grijsgroen blad en gele bloemen met een rood hart. Eind september de bloemstengels afknippen.

100-125 cm
6-10
struik
(1)
3 per m²

Fuchsia magellanica 'Versicolor'
BELLENPLANT

Hangende rode bloemen, de binnenste blaadjes zijn violet. 'Aurea' heeft groengeel blad, 'Thompsonii' is de beste winterharde soort. Beschermen tegen strenge vorst, in het voorjaar tot de grond terugsnoeien. Niet te droog.

15-25 cm
5-9
vaste plant
(2)
9 per m²

Erigeron karvinskianus
MEXICAANS MADELIEFJE

De kleine, witte bloemen lijken op madeliefjes. Ze verkleuren roze, soms meer oranjebruin. Een zeer lange bloeier, mooi voor de rand van de border. Matig winterhard, zaait zich uit.

50-75 cm
7-8
vaste plant
(2)
7 per m²

Penstemon digitalis 'Husker Red'
SLANGENKOP

Het glanzende blad loopt donkerrood uit. Lichtroze bloemen en later donkergetinte zaaddoosjes die lang mooi blijven. 'Ruby Tuesday' blijft lager (60 cm), 'Joke' heeft wat grotere lichtpaarse bloemen.

100-150 cm
9-10
struik
(2)
1 per m²

Lespedeza thunbergii
HERFSTBREM

De overhangende twijgen zijn bezet met blauwgroene blaadjes. Paarse vlinderbloemen in tot 15 cm lange trosjes aan het eind van de stengels. Halfheester, in het voorjaar tot op 30 cm terugsnoeien. Niet te droog.

50-75 cm
6-8
vaste plant
(2)
7 per m²

Teucrium hyrcanicum
GAMANDER

Een bossig vertakte plant met dieppaarse bloempjes in tot 30 cm lange aren. Bloeit zeer lang, ook na de bloei nog mooi. *T. scorodonia* 'Crispum Marginatum' heeft lichtgroen gekroesd blad.

50-75 cm
6-8
vaste plant
(2)
7 per m²

Berkheya purpurea
BERKHEYA

Een distelachtige plant uit Zuid-Afrika met grote lichtpaarse bloemen, ze hebben een sprekend donker hart. Stekelig blad in rozetten, ook de stengels zijn bezet met stekels. Beschermen tegen strenge vorst.

100-130 cm
6-7
tweejarige plant
(2)
5 per m²

Salvia sclarea
SCHARLEI, MUSKAATSALIE

Een forse tweejarige plant met groot blad in rozetten. De kleine violetblauwe lipbloemen worden omgeven door roze tot lichtviolette schutbladen. De hele plant verspreidt een typische geur. Zaait zich uit.

50-75 cm
6-8
vaste plant
(1)
7 per m^2

Salvia nemorosa 'Caradonna'

SALIE

Violetblauwe lipbloemen uit donkere kelkjes. Deze stevige cultivar valt op door de donkergetinte stengels en de extra lange bloeiaren. Eventueel na de bloei terugknippen voor herbloei.

50-75 cm
6-8
struik
(1)
5 per m^2

Amorpha canescens

BASTAARDINDIGO

Het grijsgroene blad is samengesteld uit elliptische blaadjes, de violetblauwe bloemen zitten in vertakte, opstaande trossen. Voor een warme, droge plek, beschermen tegen strenge vorst. Zonodig snoeien in maart.

tot 1,5 m
5-6
struik
(2)
1 per m^2

Ceanothus 'Concha'

AMERIKAANSE SERING

Een dichtvertakte struik met donker violetblauwe bloemen. Goed te combineren met vaste planten. Beschut plaatsen en beschermen met een laag blad. Enkele oude takken terugsnoeien in april.

75-100 cm
7-8
vaste plant
(1)
5 per m^2

Agapanthus 'Midnight Star'

AFRIKAANSE LELIE

Een grote pol smal blad en trompetvormige, violetblauwe bloemen in een bolvormige bloeiwijze. Voor en na de bloei bemesten. Bij strenge vorst afdekken, dan goed winterhard in de volle grond.

75-100 cm
8-9
struik
(2)
3 per m^2

Caryopteris x clandonensis 'Summer Sorbet'

BAARDBLOEM

Violetblauwe bloemen in groepjes, het blad heeft een groengele rand. Goed toe te passen in de border of hangend over een muurtje. Tegen strenge vorst beschermen. Alle jonge takken terugsnoeien in april. Bijenplant.

25-50 cm
6-7
vaste plant
(3)
7 per m^2

Veronica austriaca 'Royal Candles'

BREDE EREPRIJS

Fijn, lancetvormig blad en blauwe bloemen in aarvormige trosjes, de totale hoogte is ongeveer 30 cm. 'Knallblau' (30 cm) is nog iets blauwer. Mooi langs de rand van de border.

15-25 cm
8-9
vaste plant
(2)
9 per m^2

Artemisia stelleriana 'Boughton Silver'

ALSEM, BIJVOET

Het grijsgroene, viltige blad is op een aparte manier ingesneden. Typische bladplant, de groengele bloemen worden meestal weggeknipt. Zeer aromatisch. Beslist droog in de winter. Meestal kortlevend.

25-50 cm
7-8
struik
(2)
7 per m^2

Santolina chamaecyparissus 'Lambrook Silver'

HEILIGENBLOEM

Een bolvormig halfstruikje met grijsgroene blaadjes, lijkt wat op lavendel. Meestal geen bloei, de gewone soort bloeit geeloranje, 'Edward Bowles' en *S. rosmarinifolia* hebben lichtgele bloemen. Wintergroen.

tot 2 m
5-7
struik
(3)
1 per m^2

Physocarpus opulifolius 'Amber Jubilee'

BLAASSPIREA

Kleine witte bloemen in dichte schermen, later rode vruchtjes. Bij deze cultivar is het blad amberkleurig, 'Diabolo' heeft donker grijspaars blad en bij 'Dart's Gold' is het groengeel.

tot 5 m
6-7
boom
(3)
< 1 per m^2

Rhus typhina 'Dissecta'

FLUWEELBOOM

De groene bloemen in dikke pluimen verkleuren donkerrood. Het lange geveerde blad kleurt in de herfst opvallend oranje. Fluweelzacht behaarde twijgen. Worteluitlopers verwijderen. Op den duur een vrij brede boom (tot 5 m).

HEESTERS EN BOMEN VOOR ZANDGROND

Esdoorn, *Acer*-soorten
Krentenboompje, *Amelanchier lamarckii*
Zuurbes, *Berberis*-soorten
Berk, *Betula*-soorten
Vlinderstruik, *Buddleja davidii*
Judasboom, *Cercis*-soorten
Dwergmispel, *Cotoneaster*-soorten
Tuinhibiscus, *Hibiscus syriacus*
Hertshooi, *Hypericum*-soorten
Kolkwitzia amabilis
Lariks, *Larix decidua*
Lavendel, *Lavandula angustifolia*
Struiklavatera, *Lavatera olbia*
Liguster, *Ligustrum*-soorten
Wilgbladige sierpeer, *Pyrus salicifolia*
Fluweelboom, *Rhus thypina*
Acacia, *Robinia pseudoacacia*

PLANTEN VOOR KLEIGROND

75-100 cm
8-10
vaste plant
1
5 per m²

Anemone x *hybrida* 'Honorine Jobert'
JAPANSE ANEMOON

De grote witte bloemen hebben in het hart een krans van gele meeldraden. 'Andrea Atkinson' wordt iets hoger (120 cm), 'Whirlwind' (80 cm) heeft halfdubbele witte bloemen.

tot 1,5 m
7-9
struik
1
3 per m²

Hydrangea arborescens 'Annabelle'
HORTENSIA

Roomwitte bloemen in bolvormige schermen. Steunen is vaak nodig. 'White Dome' groeit steviger, kleine bloemen met een krans van steriele bloemen. In het voorjaar op kniehoogte snoeien. Alle hortensia's groeien goed op kleigrond.

130-160 cm
9-10
vaste plant
3
3 per m²

Leucanthemella serotina
HERFSTMARGRIET

Een late bloeier met margriet-achtige bloemen, ze hebben een dik geel hart. Lancetvormig blad aan stevige stengels. Heel sterk, groeit ook op andere grond. Mooi samen met herfstasters.

tot 1,5 m
4-5
struik
3
1 per m²

Spiraea x *cinerea* 'Grefsheim'
SPIERSTRUIK

Een sterk vertakte struik met witte bloemen langs overhangende takken. *S. betulifolia* 'Tor' (75 cm) heeft groengeel blad, mooie herfstkleur. Na de bloei enkele oude takken wegsnoeien. Lichte kleigrond.

tot 3 m
5-6
struik
3
1 per m²

Viburnum opulus 'Roseum'
GELDERSE ROOS

De bolvormige bloeiwijze bestaat uit steriele groenwitte bloemen, draagt geen bessen. Bij de gewone soort witte bloemen in vlakke schermen, gevolgd door rode bessen. 'Compactum' (1 m) draagt veel bessen. Rode herfstkleur.

75-100 cm
7-9
vaste plant
1
7 per m²

Helenium 'Rubinzwerg'
ZONNEKRUID

De donkerrode, iets bruinige bloemen hebben een bolvormig bruin hart, soms iets geel op de bloemblaadjes. Een vrij lage cultivar, 'Meranti' (70 cm) is nog lager. Niet te nat in de winter. Bijenplant.

75-100 cm
7
vaste plant
1
3 per m²

Hemerocallis 'Red Suspenders'
DAGLELIE

De lelieachtige, donkerrode bloemen hebben een geel hart. Het lange, smalle blad lijkt op dat van een siergras. 'Pardon Me' (50 cm) blijft veel kleiner, bloeit rozerood. Ook voor vochtige grond.

100-130 cm
7-9
vaste plant
1
5 per m²

Monarda 'Jacob Cline'
BERGAMOTPLANT

Grote, felrode lipbloemen met daaronder donkergetinte schutbladen, het blad geurt heerlijk. 'Gardenview Scarlet' bloeit ook rood, groeit sterk en wordt iets hoger. Niet te nat in de winter. Regelmatig delen.

50-75 cm
5-6
vaste plant
1
3 per m²

Paeonia officinalis 'Rubra Plena'
BOERENPIOEN

Dikgevulde, donkerrode bloemen op stevige stelen. 'Rosea Plena' heeft roze bloemen, 'Alba Plena' bloeit wit. Niet te diep planten, maximaal 5 cm diep, en liever niet verplanten.

tot 1,5 m
5-6
struik
1
1 per m²

Weigela 'Red Prince'
WEIGELIA

Kleine trompetvormige bloemen met witte meeldraden. De beste rode, groeit vrij compact, soms herbloei in de herfst. 'Minuet' (50 cm) bloeit rozerood. Zonodig na de bloei oude takken wegknippen.

75-100 cm
6-10
struik
1
3 per m²

Rosa 'Bonica'
TROSROOS

Een sterke doorbloeiende trosroos met halfgevulde, roze bloemen. Ook als stamroos. In het voorjaar sterk snoeien. Doorbloeiende trosrozen zijn in een border goed met vaste planten te combineren.

75-100 cm
8-9
vaste plant
3
4-5 per m²

Chelone obliqua
SCHILDPADBLOEM

Roze bloemen in gedrongen aren, ze hebben een vorm die aan de kop van een schildpad doet denken. 'Alba' bloeit wit. Een sterke en stevige vaste plant, waardevol vanwege de late bloei.

50-75
6-8
vaste plant
(3)
7 per m^2

Astrantia major 'Abbey Road'
ZEEUWS KNOOPJE

Het blad is vijflobbig, de schermvormige bloeiwijze is omgeven door een opvallend schutblad (omwindsel). 'Hadspen Blood' is zeer donkerrood, 'Pink Pride' bloeit roze, 'Super Star' is wit. Niet te droog.

150-175 cm
7-9
vaste plant
(1)
3 per m^2

Angelica gigas
ENGELWORTEL

Een indrukwekkende plant met groot blad en bolvormige bloemschermen in diep grijspaars. De stengels en omwindselbladeren zijn ook donker getint. De plant sterft meestal na de bloei af maar zaait zich gelukkig uit. Bijenplant.

tot 3 m
5
struik
(1)
1 per m^2

Syringa vulgaris 'Charles Joly'
SERING

Hartvormige bladeren en kleine paarse bloemen in opstaande pluimen. Ze verspreiden een heerlijke geur. Er zijn veel mooie rassen, ook met gevulde bloemen. Zonodig na de bloei snoeien.

15-25
6-8
vaste plant
(3)
9 per m^2

Prunella grandiflora
BIJENKORFJE, BRUNEL

Lichtbehaarde blaadjes rond vierkante stengels. De roze tot violette bloemen zitten in dikke schijnaren. 'Alba' is wit, 'Loveliness' bloeit licht paarsviolet. Bodembedekker voor de borderrand, bijenplant.

75-100
8-10
vaste plant
(3)
5 per m^2

Aster macrophyllus 'Twilight'
ASTER

Een sterke aster met kleine, licht violetblauwe bloemen. Bloeit ook goed in de halfschaduw en breidt zich stevig uit. Om de drie jaar delen. Alle herfstasters groeien goed op kleigrond.

50-75
5-6
vaste plant
(3)
7 per m^2

Aquilegia vulgaris
AKELEI

De bloemen hebben lange sporen, ook na de bloei nog mooi dankzij het blad. Er zijn veel cultivars, zoals 'Nora Barlow' (roze met wit) en 'Black Barlow' (gevuld, heel donkerpaars). Zaait zich uit.

100-130 cm
6-8
vaste plant
(1)
5 per m^2

Delphinium 'Bellamosum'
RIDDERSPOOR

Echt blauwe bloemen in een vrij luchtige tros. Ook 'Harlekijn' (80 cm) en 'Völkerfrieden' (120 cm) zijn prachtig blauw. Voor losse, humusrijke grond. Na de bloei mesten, om de twee jaar delen. Slakkenvraat.

25-50 cm
4-5
vaste plant
(1)
5 per m^2

Brunnera macrophylla 'Silver Heart'
KAUKASISCHE VERGEET-MIJ-NIET

Groot zilverig groen blad met groene nerven. In het voorjaar kleine vergeet-mij-nietachtige bloemen. 'Sea Heart' is iets groener, een verbetering van 'Jack Frost' (verdraagt meer zon). Uitgebloeide stengels wegknippen. Bodembedekker.

50-75 cm
2-4
vaste plant
(1)
4 per m^2

Helleborus argutifolius
KERSTROOS

Het leerachtige, blauwgroene blad is getand. De knikkende, lichtgroene bloemen zitten in grote trossen. Vormt na enkele jaren grote pollen, vooral een bladplant. Uitgebloeide stengels wegknippen. Wintergroen.

25-50 cm
7-8
vaste plant
(1)
5 per m^2

Hosta 'Color Festival'
HARTLELIE

Eén van de vele mooie cultivars, het blad is lichtgeel tot soms bijna wit in het midden, de rand is donkergroen. Lichtpaarse bloemen, iets geurend. Zeker op kleigrond vormt hartlelie grote pollen. Slakkenvraat.

HEESTERS EN BOMEN VOOR KLEIGROND

Appelbes, *Aronia melanocarpa*
Dwergkwee, *Chaenomeles*-soorten
Kornoelje, *Cornus*-soorten
Hazelaar, *Corylus avellana*
Goudenregen, *Laburnum* x *watereri*
Fazantenbes, *Leycesteria formosa*
Beverboom, *Magnolia*-soorten
Sierappel, *Malus*-cultivars
Jasmijn, *Philadelphus coronarius*
Sierkers, *Prunus*-soorten
Rozen, *Rosa*-soorten en cultivars
Wilg, *Salix*-soorten
Lijsterbes, *Sorbus*-soorten
Venijnboom, *Taxus baccata*
Levensboom, *Thuja*-soorten

EXTRA PLANTENLIJSTJES

LANGBLOEIENDE VASTE PLANTEN (MINIMAAL 2 MAANDEN)

Zilverkaars, *Actaea rubifolia* 'Blickfang'
Dropplant, *Agastache* 'Blackadder' en 'Blue Fortune'
Anemoon, *Anemone* x *hybrida* en 'Elfin Swan'
Zeeuws knoopje, *Astrantia major*
Steentijm, *Calamintha nepeta* ssp. *nepeta*
Klokjesbloem, *Campanula portenschlagiana* en *porscharskyana*
Meisjesogen, *Coreopsis* 'Solar Dance'
Muurbloem, *Erysimum* 'Bowles Mauve'
Wolfsmelk, *Euphorbia*-soorten
Bellenplant, *Fuchsia magellanica*
Lindheimers prachtkaars, *Gaura lindheimeri*
Ooievaarsbek, *Geranium* 'Anne Thomson' en o.a. 'Dragon Heart', 'Azure Rush' en 'Rozanne'
Zonnekruid, *Helenium* 'Sahin's Early Flowerer'
Zonneogen, *Heliopsis helianthoides* 'Asahi'
Kerstrozen, *Helleborus orientalis*
Hertshooi, *Hypericum olympicum*
Straalbloem, *Kalimeris incisa*
Struikmalve, *Lavatera olbia*
Vlasleeuwenbek, *Linaria purpurea*
Kattenkruid, *Nepeta* Faassenii-groep
Duizendknoop, *Persicaria amplexicaulis*
Vlambloem, *Phlox* Paniculata-groep
Jakobsladder, *Polemonium* 'Sonia's Bluebell'
Gele zonnehoed, *Rudbeckia fulgida* 'Goldsturm'
Salie, *Salvia nemorosa* en 'Amistad'
Ruit, *Thalictrum delavayii* 'Spendide'
IJzerhard, *Verbena bonariensis*

GEURENDE PLANTEN

Peperboompje, *Daphne mezereum*
Toverhazelaar, *Hamamelis mollis*
Heliotroop, *Heliotropium arborescens*
Damastbloem, *Hesperis matronalis*
Hyacint, *Hyacinthus orientalis*
Pronkerwt, *Lathyrus odoratus*
Lavendel, *Lavandula angustifolia*
Lelie, *Lilium*
Kamperfoelie, *Lonicera*-soorten
Boerenjasmijn, *Philadelphus coronarius*
Vlambloem, *Phlox* Paniculata-groep
Azalea, *Rhododendron*
Rozen, *Rosa*
Rozemarijn, *Rosmarinus officinalis*
Zoete buxus, *Sarcococca hookeriana*
Toscaanse jasmijn, *Trachelospermum jasminoides*
Sering, *Syringa*-soorten
Sneeuwbal, *Viburnum* x *burkwoodii*
Blauweregen, *Wisteria*-soorten

SLAKPROOF

Duizendblad, *Achillea*-soorten
Vrouwenmantel, *Alchemilla mollis*
Sierui, *Allium*
Anemoon, *Anemone*-soorten
Akelei, *Aquilegia vulgaris*
Alsem, *Artemisia*-soorten
Geitenbaard, *Aruncus*-soorten
Prachtspirea, *Astilbe*
Zeeuws knoopje, *Astrantia major*
Childpadbloem, *Chelone obliqua*
Crocosmia
Vingerhoedskruid, *Digitalis purpurea*
Kogeldistel, *Echinops*-soorten
Koninginnenkruid, *Eupatorium maculatum*
Wolfsmelk, *Euphorbia*-soorten
Bellenplant, *Fuchsia magellanica*
Ooievaarsbek, *Geranium*-soorten
Nagelkruid, *Geum*-cultivars
Zonnekruid, *Helenium*-cultivars
Kerstroos, *Helleborus orientalis*
Hortensia, *Hydrangea*-soorten
Lavendel, *Lavandula angustifolia*
Kattenkruid, *Nepeta* Faassenii-groep
Pioenroos, *Paeonia* Lactiflora-groep
Slangenkop, *Penstemon digitalis*
Duizendknoop, *Persicaria amplexicaulis*
Vlambloem, *Phlox* Paniculata-groep
Brandkruid, *Phlomis*-soorten
Salie, *Salvia nemorosa*
Vetkruid, *Sedum*-soorten
Ezelsoren, *Stachys byzantina*
Ruit, *Thalictrum*-soorten
Kleine maagdenpalm, *Vinca minor*

WINTERSILHOUETTEN VASTE PLANTEN

Duizendblad, *Achillea*-soorten
Dropplant, *Agastache*
Aster, *Aster*-soorten
Diamantgras, *Calamagrostis brachytricha*
Struisriet, *Calamagrostis* x *acutiflora* 'Karl Foerster'
Rode zonnehoed, *Echinacea purpurea*
Kogeldistel, *Echinops*-soorten
Blauwe distel, *Eryngium*-soorten
Koninginnenkruid, *Eupatorium maculatum*
Bergamotplant, *Monarda*-cultivars
Lampenpoetsergras, *Pennisetum alopecuroides*
Brandkruid, *Phlomis*-soorten
Gele zonnehoed, *Rudbeckia fulgida*
Vetkruid, *Sedum* (hogere soorten)
Karwijselie, *Selinum tenuifolium*
Andoorn, *Stachys monieri*
Virginische ereprijs, *Veronicastrum virginicum*

KUSTPLANTEN

Engels gras, *Armeria maritima*
Zeekool, *Crambe maritima*
Vlinderstruik, *Buddleja davidii*
Kogeldistel, *Echinops*-soorten
Olijfwilg, *Elaeagnus* x *ebbingei*
Fijnstraal, *Erigeron glaucus*
Wolfsmelk, *Euphorbia characias*
Blauwgras, *Festuca glauca*
Duidoorn, *Hippophaea rhamnoides*
Vuurpijl, *Kniphofia*-cultivars
Zeelavendel, *Limonium latifolium*
Parelzaad, *Lithodora diffusa*
Kattenkruid, *Nepeta* Faassenii-groep
Grove den, *Pinus sylvestris*
Steeneik, *Quercus ilex*
Heilgenbloem, *Santolina chamaecyparis*
Lavendel, *Lavandula*-soorten
Ezelsoren, *Stachys byzantina*
Tamarisk, *Tamarix*-soorten
Amerikaanse sering, *Ceanothus*-cultivars
Kleefzaad, *Pittosporum tobira*

HERFSTKLEUREN

Japanse esdoorn, *Acer palmatum*
Krentenboompje, *Amelanchier lamarckii*
Stermaagdenpalm, *Amsonia*-soorten
Appelbes, *Aronia melanocarpa*
Zuurbes, *Berberis thunbergii*
Kornoelje, *Cornus*-soorten
Schijnhazelaar, *Corylopsis pauciflora*
Pruikenboom, *Cotinus coggygria*
Schildblad, *Darmera peltata*
Kardinaalshoed, *Euonymus alatus*
Wolfsmelk, *Euphorbia*-soorten
Fothergilla major
Hartlelie, *Hosta*
Eikenbladhortensia, *Hydrangea quercifolia*
Wingerd, *Parthenocissus*-soorten
Fluweelboom, *Rhus typhina*
en veel siergrassen

WINTERGROENE PLANTEN

Tongvaren, *Asplenium scolopendrium*
Schoenlappersplant, *Bergenia*-cultivars
Camelia, *Camellia japonica*
Zegge, *Carex*-soorten
Choisya ternata
Elfenbloem, *Epimedium perralchicum* en *E. versicolor*
Muurbloem, *Erysimum* 'Bowles Mauve'
Wolfsmelk, *Euphorbia amygdaloides*
Kardinaalshoed, *Euonymus fortunei*
Zwenkgras, *Festuca*-soorten
Ooievaarsbek, *Geranium macrorrhizum* en *G. cantabrigiense*
Klimop, *Hedera helix*
Kerstroos, *Helleborus orientalis*
Hulst, *Ilex*-soorten
Lavendel, *Lavandula angustifolia*
Graslelie, *Liriope muscari*
Strruikkamperfoelie, *Lonicera nitida*
Veldbies, *Luzula*-soorten
Dikkemanskruid, *Pachysandra terminalis*
Naaldvaren, *Polystichum setiferum*
Rododendron, *Rhododendron*-soorten
Salie, *Salvia officinalis*
Skimmia-soorten
Schuimkaars, *Tiarella cordifolia*
Sneeuwbal, *Viburnum davidii* en *V. tinus*
Kleine maagdenpalm, *Vinca minor*
Goudaardbei, *Waldsteinia ternata*

BOMEN VOOR EEN KLEINE TUIN

Esdoorn, *Acer griseum*
Krentenboompje, *Amelanchier lamarckii* en 'Ballerina'
Katsuraboom, *Cercidiphyllum japonicum*
Judasboom, *Cercis*-soorten
Kansenboom, *Clerodendrum trichotomum*
Kornoelje, *Cornus controversa* en *C. kousa*
Kweepeer, *Cydonia oblonga*
*10*Sneeuwklokjesboom, *Halesia carolina*
Zevenzonenboom, *Heptacodium miconioides*
Blazenboom, *Koelreuteria paniculata*
Goudenregen, *Laburnum* x *watererii*
Sierappel, *Malus*-cultivars
Mispel, *Mespilus germanica*
Moerbei, *Morus alba* 'Pyramidalis'
Perzisch ijzerhout, *Parrotia persica*
Japanse sierkers, *Prunus serrulata* 'Amanogawa'
Sierpeer, *Pyrus calleryana* 'Chanticleer'
Wilgbladige sierpeer, *Pyrus salicifolia*
Eik, *Quercus pontica* en *Q. ilex*
Fluweelboom, *Rhus typhina*
Lijsterbes, *Sorbus*-soorten

DEEL 4
PRAKTISCH

Als de plannen voor de borders gemaakt zijn, volgt de realisatie. Het meest ambachtelijke deel van het werk. Het is fijn meer te weten over achtergronden, over de bodem en wat zich daar afspeelt, bemesting, aanplant en onderhoud.

1. DE BODEM ALS BASIS

Wat we in een tuin zien, zijn bomen, heesters en andere planten. Wat je níet ziet, is wat zich afspeelt onder de grond. Alles wat daar gebeurt, is van groot belang voor de plantengroei.

ONDERGRONDS BELANG MET BOVENGRONDS EFFECT

De structuur, de zuurgraad en het voedingsgehalte van de grond zijn in hoge mate bepalend voor een gezonde plantengroei. In goede grond hebben planten de beste kans om zich op een gezonde en evenwichtige wijze te ontwikkelen. Gezonde planten zijn minder vatbaar voor ziekten. Als je de processen die zich in de bodem afspelen begrijpt, kun je de eigenschappen van de grond positief beïnvloeden. Tuinonderhoud bestaat dan niet uit standaard handelingen maar heeft een begrijpelijke basis!

BODEMLEVEN EN BODEMPROCESSEN

Het bodemleven, een wereld van miljoenen grotere en kleinere levende wezens, is verantwoordelijk voor allerlei bodemprocessen. In één handvol aarde zitten meer levende organismen dan dat er mensen op de aarde wonen.
In de grond krioelt het van de bacteriën, schimmels, kevers, duizendpoten, aaltjes, regenwormen, mollen en ga zo maar door. Zij verteren organisch materiaal waarbij de, voor planten zo belangrijke, voedingsstoffen vrijkomen. Wormen en mollen zorgen, door de gangen die ze graven, voor een goede doorluchting van de grond. Zonder dat je je dat waarschijnlijk realiseert, heb je dus een miljoenen dieren tellende dierentuin in je bezit! Zij werken om de bodem gezond te houden en plantengroei mogelijk te maken. Het goed functioneren van al deze helpers is onder andere afhankelijk van de hoeveelheid voedsel, het zuurstofgehalte, de zuurgraad en de temperatuur van de grond. Wil je dat het geheel goed werkt dan moet je in elk geval zorgen voor voldoende eten voor al deze bodemorganismen. Hun eten is organisch materiaal in de vorm van bijvoorbeeld compost, bladaarde en andere organische resten.

WAT HEBBEN PLANTEN NODIG?

Planten hebben licht, lucht, water en plantenvoedingsstoffen nodig om te kunnen groeien. Over de voedingsstoffen lees je meer in het hoofdstuk Bemesting. In lucht zitten het voor de plant belangrijke koolzuurgas (CO_2) en zuurstof. Het koolzuurgas wordt door de bladeren opgenomen en onder invloed van zonlicht omgezet in stoffen die de plant gebruikt om te groeien. Bij dit proces, dat aangeduid wordt als fotosynthese, komt zuurstof vrij. Minder bekend is dat de wortels van de plant ook zuurstof nodig hebben. Zuurstof is de generator van energie die nodig is voor allerlei chemische en natuurkundige processen in de wortels. Goede grond moet dus voldoende zuurstof bevatten. Water is eveneens van groot belang voor de plant. Behalve als bouwstof is het nodig om voedingsstoffen uit de grond in op te lossen. Deze worden daarna via de wortels getransporteerd naar de bovengrondse delen van de plant.

GOEDE GROND HEEFT EEN KRUIMELSTRUCTUUR

In grond met een goede, zogeheten kruimelstructuur is de zuurstof- en waterhuishouding optimaal. In de kruimels zitten kleine capillairen die het water goed vasthouden, terwijl tussen de kruimels relatief grote holten zijn waardoor overtollig water makkelijk wegstroomt. We streven naar grond met een goede kruimelstructuur. Als we de verschillende grondsoorten bekijken, wordt duidelijk dat zowel de structuur van klei- als van zandgrond verbeterd moet worden. In beide gevallen krijg je een betere kruimelstructuur door toevoeging van voldoende organisch materiaal, zoals compost, (oude) stalmest, bladaarde en/of groenbemesters. Naast voedsel voor alle micro-organismen en planten zien we hier de tweede belangrijke functie van compost: het realiseren van een goede kruimelstructuur waardoor de grond zowel voldoende water als lucht kan bevatten. Overigens kan toevoeging van zogenaamde gesteentemelen, zoals basalt en bentoniet, nog extra helpen om de structuur van grond te verbeteren.

PLANTEN HEBBEN LICHT, LUCHT EN VOEDINGSSTOFFEN NODIG OM TE KUNNEN GROEIEN EN BLOEIEN.

Het bodemleven op en onder de grond, zoals bijvoorbeeld schimmels en wormen, leveren een belangrijk aandeel in de omzetting van organisch materiaal naar plantenvoedingsstoffen en humus.

BIOLOGISCHE KRINGLOOP

Het begrip 'biologische kringloop' is een begrip dat uitgaat van een ideaal systeem waarin geen verliezen zijn.
Het blad valt van de boom, verteert tot humus en mineralen. De laatste worden opgelost in water en vervolgens door de boom weer opgenomen als voedingsstof. Een dergelijk systeem geldt niet alleen voor bomen, maar voor alle levende wezens.
In de praktijk is deze kringloop niet 100 procent gesloten, want er lekt altijd iets weg. Mineralen kunnen wegspoelen naar diepere bodemlagen of vastgelegd worden als onoplosbare stoffen waardoor ze in beide gevallen voor de planten niet meer beschikbaar zijn.
Door sterke wind wordt de toplaag van de bodem, die veel voedingsstoffen bevat, soms weggeblazen. Door felle regen kan de vruchtbare toplaag wegspoelen. Als we in de fruittuin, bloementuin of moestuin oogsten, onttrekken we materiaal aan de kringloop. Dit is dan ook de reden dat we de groentetuin echt moeten bemesten. In een siertuin op redelijk goede grond is dat niet nodig, zeker niet als je afgestorven plantenresten pas in het voorjaar afknipt en ze goed verdeeld in de border laat liggen om te verteren. Afgevallen boomblad mag in de herfst en winter tussen de vaste planten blijven liggen. Dat zorgt, behalve voor een beter gesloten kringloop, ook voor een winterbescherming van de plantenwortels. De verteerde resten vormen voedsel voor het bodemleven en stimuleren een goede bodemstructuur. In het voorjaar harken we de niet verteerde bladresten er weer af om bijvoorbeeld op de composthoop verder afgebroken te worden tot compost.

AFGEVALLEN HERFSTBLADEREN
DODE TAKKEN ←

↓ bodemleven

ORGANISCH MATERIAAL

↓ humificatie

HUMUS — mineralisatie → **MINERALEN**

↑

← Mineralen worden in opgeloste vorm weer opgenomen door de wortels

WAT VOOR SOORT GROND HEB JE?

Het is redelijk makkelijk vast te stellen of je grond droogte gevoelig of snel nat is. Het type grond waarop je tuiniert, is echter lastiger te bepalen. Is het leem, klei of zand? Bevat je grond voldoende humus? Wat is de zuurgraad van de grond? Door een schop ongeveer 30 centimeter in de grond te steken wordt een bodemprofiel zichtbaar en kun je al iets meer zeggen over de grond waarop je tuiniert. De bovenste, donkergekleurde laag, is de vruchtbare, humeuze toplaag. Hoe dikker die is, hoe beter. Daaronder komt zand, leem of klei, maar meestal een mengsel van deze drie. De dikte van deze laag is variabel en kan soms meters dik zijn.
Als je de grond van je schop laat vallen en je ziet dat hij in grote dikke, wat glanzende kluiten uiteenvalt, weet je bijna zeker dat je te maken hebt met klei- of leemgrond. Als je een beetje hiervan in je hand neemt en erover wrijft, voel je een gladde substantie, die makkelijk in de lijnen van je huid blijft zitten. Voel je ook wat grovere deeltjes dan is de grond gemengd met wat zand. Zandkorrels zijn namelijk groter dan leem- of kleideeltjes. Het verschil tussen leem en klei is dat leemdeeltjes iets grover zijn dan kleideeltjes.
Het andere uiterste is wanneer je je schop met grond omgooit en alles valt in kleine kluitjes of helemaal los uit elkaar dan weet je dat het grond is met een hoog zandgehalte. Wrijf je dit met je vingers in je handpalm uit, dan voel je een grove structuur; de zandkorrels.

ALS WE TUINIEREN, STREVEN WE NAAR EEN ZO GOED MOGELIJK GESLOTEN BIOLOGISCHE KRINGLOOP.

Zavel
(Sambeek)

Leem
(uiterwaarden Maas)

Zand
(Soest)

Veen
(Friesland)

Als je een bal van kleigrond probeert te maken is dat geen probleem, want de grond plakt gemakkelijk aan elkaar. Bij zandgrond is het een stuk lastiger en lukt het vrijwel niet om er een samenhangend geheel van te maken. Zavel, een mengsel van zand en leemdeeltjes, zit ertussenin. Veengrond herken je gemakkelijk aan de donkere kleur en de aanwezigheid van afgestorven resten plantaardig materiaal.

EXPERT

BLADAARDE MAKEN

Bladaarde is materiaal dat heel goed de bodemstructuur kan verbeteren en dat je gemakkelijk zelf kunt maken. In de herfst verzamel je het gevallen boomblad en stopt dat in grote plastic zakken waar in de onderkant gaatjes geprikt zijn. Je spuit de bladerinhoud goed nat, wacht tot het overtollige water door de gaatjes is weggelopen, vouwt de zak losjes dicht en zet hem op een onopvallend plekje in de tuin. Na 2 jaar heb je bladaarde waarmee je zowel zandgrond als leemgrond kunt verbeteren.

Zand-, grind- en kleideeltjes ontstaan door verwering van gesteente. Elke grond bevat in principe al deze deeltjes. De verhouding waarin ze voorkomen, bepaalt het type grond.

Zandgrond bestaat voornamelijk uit kwarts. Dit zijn relatief grote deeltjes waartussen ruime holten zitten die veel lucht bevatten. De luchtvoorziening van deze grond is daardoor geen probleem. Een nadeel is dat water snel in deze ruime holten wegzakt, terwijl de capillaire werking gering is. Hierdoor is deze grond tamelijk droogtegevoelig. Zandgrond is over het algemeen voedselarm. Het is een losse, gemakkelijk bewerkbare grond, die snel opwarmt maar ook snel afkoelt.

Kleigrond is afkomstig van basalt- en granietgesteente. Het bevat van nature voldoende plantenvoedingsstoffen. De kleine kleideeltjes kleven aan elkaar waardoor een fijne structuur met heel kleine poriën ontstaat. Kleigrond is een compacte grondsoort, die het water stevig in de smalle poriën vasthoudt, waardoor gemakkelijk wateroverlast ontstaat. Hierdoor laat ook de zuurstofvoorziening van de grond te wensen over - waar water zit, kan immers geen lucht zitten. Het gevolg is dan zuurstofgebrek bij de wortels van de plant. In perioden met weinig regen droogt dit type grond snel tot harde brokken omdat de fijne poriën het water slecht afgeven. De planten dreigen dan te verdrogen. Kleigrond is een zware, moeilijk bewerkbare grond. Door de compactheid van de grond is optimale wortelgroei in een dergelijke grond vaak moeilijk.

Leemgrond lijkt op kleigrond en heeft eigenlijk dezelfde voor- en nadelen. De individuele deeltjes zijn hier echter groter. Leemgronden tref je nogal eens aan in de omgeving van rivieren. Leem heeft een bruinige kleur.

Zavelgrond is een grondsoort waarin zand-, klei- of leemdeeltjes van nature in een goede verhouding tot elkaar voorkomen. Dit is een grondsoort met de voordelen van alle eerdergenoemde typen, met een goede afwatering en dus luchtvoorziening van de bodem, gecombineerd met een goed vochtvasthoudend vermogen en een goed gehalte aan plantenvoedingsstoffen.

Veengrond bestaat voor een groot gedeelte uit afgestorven plantenresten en bevat dus erg veel organische stof en humus. Veengrond houdt veel vocht vast, maar droogt weer snel uit waarna het minder makkelijk water opneemt. Veengrond is tamelijk zuur en dus van nature geschikt voor aanplant van varens, rododendrons en andere zuurminnende planten.

Löss komt vooral in Zuid-Limburg voor en is een mengsel van fijne deeltjes zand en klei. Löss is goede grond om te tuinieren. Het bevat relatief veel kalk en is dus geschikt voor bijvoorbeeld *Helleborus* (kerstroos), lavendel en andere kalkminnende planten. De waterhuishouding van löss is goed.

Een border op kalkrijke kleigrond met rozen, *Campanula* en *Delphinium*.

ZUURGRAAD

Elke tuinliefhebber weet dat de zuurgraad van de grond van belang is voor een goede tuin. Maar het is niet algemeen bekend waarom dat zo is. Een opmerking vooraf: de zuurgraad van de grond wordt uitgedrukt met de chemische notatie pH. Het is daarbij verwarrend dat een te lage pH betekent dat de grond te zuur is. Een hoge pH betekent dat de grond weinig zuur (= basisch) is. Een pH van 7 is neutraal. Plantenvoedingsstoffen vormen bij erg hoge of erg lage pH met andere elementen onopneembare verbindingen. De elementen zitten dan wel in de grond, maar zijn als voedingsstof niet beschikbaar. De wortelontwikkeling van planten is slecht bij te lage of te hoge pH. En zoals je eerder las, zijn de wortels essentieel bij de opname van voedingsstoffen en water door de plant. Naast dit alles is de zuurgraad van de grond ook van belang voor de ontwikkeling en het functioneren van een goed bodemleven. De optimale zuurgraad voor veel planten en voor het bodemleven ligt tussen 5,5 en 6.5. Elke grond heeft, afhankelijk van zijn samenstelling, een kenmerkende zuurgraad. Over het algemeen ligt deze bij klei- of leemgrond iets hoger dan bij zandgrond. De optimale pH ligt rond 6,5. Om het nog ingewikkelder te maken, verkiest elke plant een specifieke zuurgraad om zo goed en gezond mogelijk te kunnen groeien. Zo heb je zuurminnende planten zoals varens, *Skimmia*, *Rhododendron* en azalea en kalkminnende planten. Van deze laatste zijn kerstrozen (*Helleborus*), *Taxus*, *Clematis* en lavendel goede voorbeelden. De bodem verzuurt spontaan door afbraak van organisch materiaal waarbij koolzuurgas (zuur) vrijkomt. Ook door de uitspoeling van calcium naar diepere lagen en de opname van calcium door planten wordt de pH lager. De zuurgraad moet dus af en toe gecontroleerd en eventueel bijgesteld worden.

ZELF DE ZUURGRAAD METEN

In de handel zijn niet al te dure pH-testen beschikbaar waarmee je de zuurgraad van je grond gemakkelijk kunt bepalen. Aan de hand van de uitkomst van de test, kun je berekenen hoe je de pH kunt corrigeren. De pH breng je omhoog naar het gewenste niveau door de berekende hoeveelheid kalk te strooien. Het is belangrijk om te weten dat het gemakkelijker is de pH omhoog dan omlaag te brengen. Strooi daarom nooit op de bonnefooi een hoeveelheid kalk. De kans is groot dat je pH daardoor te hoog wordt en je jaren verder bent voordat hij weer op het goed niveau is.

OPTIMALE PH

Gazon	pH 6,0 – 7,0
Border	pH 5,5 – 6,5
Bomen	pH 5,5 – 6,5
Zuurminnende planten	pH 4,8 – 5,5
Kalkminnende planten	pH 7,0 – 8,0

VOORBEELDEN VAN ZUURMINNENDE PLANTEN

Rhododendron, varens, *Astilbe*, heide, *Skimmia* en *Pieris*. (zie ook blz. 154-155).

VOORBEELDEN VAN KALKMINNENDE PLANTEN

Veel rotsplanten, *Helleborus*, *Astrantia*, *Acanthus*, lavendel *Chrysanthemum*, *Euphorbia*, *Iris* Germanica-groep enzovoort (zie ook blz. 152-153).

Rhododendron en varens groeien goed in een humusrijke en zure zandgrond.

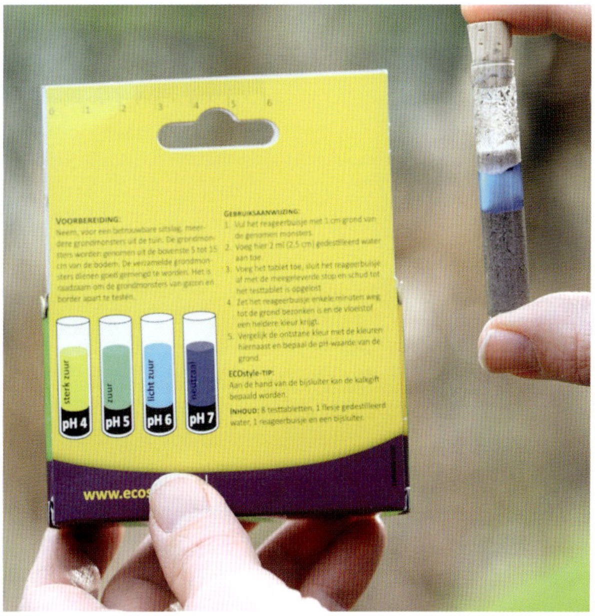

2. GRONDVERBETERING EN BEMESTING

Hoewel we een voorstander zijn van het kiezen van planten die passen bij de omstandigheden realiseren we ons dat grond soms toch verbeterd en bemest moet worden om planten goed te laten groeien.

Allereerst kijken we naar de bestaande beplanting. Als deze goed gedijt, is er meestal niet zoveel aan de hand en kunnen we als we een nieuwe border aanleggen, volstaan met het toevoegen van een kleine dosis compost (circa 2-4 m^3 / 100 m^2 border). De volgende, veel voorkomende problemen geven informatie over de grond waarop je tuiniert:

- Veel planten hangen slap na een warme, zonnige dag ondanks dat we 2 dagen van tevoren sproeiden. Het is waarschijnlijk dat we met zandgrond te maken hebben. Het kan ook zijn dat er grootbladige schaduwplanten in de volle zon geplant zijn. Dit laatste heeft dus niet zo zeer met de grond te maken, als wel met een foute beplantingskeuze.
- Zien we dat zuurminnende planten zoals *Rhododendron* en *Skimmia* niet goed gedijen en veel lichtgele nerven in hun blad hebben dan zou het kunnen dat de zuurgraad te hoog is. Een pH-test biedt uitkomst.
- Veel planten groeien niet echt goed en de grond waarop we tuinieren laat zich moeilijk omspitten. Hij is nat in de winter en heel droog en hard in de zomer. We hebben dan waarschijnlijk te maken met klei- of leemgrond met een structuurprobleem. Natte voeten in de winter en droogte in de zomer is iets waar veel planten niet van houden.
- Wanneer je merkt dat water, na een paar dagen regen, op sommige plaatsen slecht in de grond wegzakt, heb je te maken met een diepliggende leembank of met grond die vastgereden is door zware machines tijdens de bouw van het huis.
- Alle planten groeien slecht en ogen ongezond. Vermoedelijk is hier sprake van een voedseltekort.

Problemen oplossen

- Aan slechte plantengroei liggen vaak structuurproblemen van de grond ten grondslag. De water- en luchthuishouding is dan niet optimaal door een slechte kruimelstructuur. Toevoeging van goede compost/bladaarde biedt een oplossing. Op kleigrond kan het strooien van basaltmeel uitkomst bieden. Op zandgrond helpt de toevoeging van bentoniet.
- Als vooral zuurminnende planten of juist de kalkminnende planten slecht groeien, is het tijd om de zuurgraad van de grond te checken en indien nodig, bij te stellen. Kalk brengt de zuurgraad omhoog, terwijl turf de zuurgraad omlaag brengt. We zijn echter geen voorstander van het gebruik van turf, omdat turfwinning roofbouw op bijzondere natuurgebieden impliceert. Daarom vinden we dat je geen zuurminnende planten moet gebruiken op grond die daar niet geschikt voor is.
- Als de afwatering van de grond een probleem is, moet eerst de oorzaak worden vastgesteld. Betreft het grond rond een nieuwbouwhuis dan is de kans groot dat de grond tijdens de bouw door zware machines verdicht is. Vóór aanleg van de tuin moet de grond door diepwoelen of diepspitten losgemaakt worden. Blijven op bepaalde plaatsen in de tuin steeds plassen staan dan zou een dieper gelegen leembank daar de oorzaak van kunnen zijn. Op deze plaatsen kun je met een grondboor diepe gaten maken en deze opvullen met grind. Mocht de leembank heel diep liggen dan lukt het op deze manier niet en zijn meer rigoureuze oplossingen nodig. Afwatering van kleigrond kan gestimuleerd worden door er grof zand of fijne kiezel doorheen te werken. Ook is het mogelijk drainageslangen in te graven om zo het overtollige water af te voeren.
- Bij problemen is het in alle gevallen aan te raden om een bodemmonster te (laten) nemen en een bodemanalyse daarop te laten uitvoeren. Dat levert inzicht in de oorzaak van de moeilijkheden en geeft daarnaast een goed advies om het probleem aan te pakken.

BEMESTING

Planten nemen voedingsstoffen op om te kunnen groeien. Wanneer de biologische kringloop niet goed gesloten is, ontstaan tekorten in de bodem. Deze worden opgelost door bemesting. Via de plantenwortels worden, behalve water, zo'n vijftig andere stoffen opgenomen. De plant heeft ze nodig om goed te functioneren en te groeien. Als een plant een tekort heeft aan voedingsstoffen, dan zie je dat vaak aan het blad. Experts kunnen aan het afwijkende beeld van een blad zien welk gebrek eraan gerelateerd is. Een tekort aan voedingsstoffen kan worden veroorzaakt door een te lage concentratie ervan in de grond. Het is ook mogelijk dat deze stof wél aanwezig is, maar vastgelegd is in een (voor de plant) onoplosbare vorm. Dit laatste wordt nogal eens veroorzaakt door een disbalans in de grond of een onjuiste zuurgraad.

Er zijn twee soorten plantenvoedingsstoffen: hoofdelementen en sporenelementen. Van de eerste soort zijn grotere hoeveelheden nodig dan van de tweede soort. Als tuinier zorg je ervoor dat deze elementen voldoende aanwezig zijn. Dat doe je via een juiste bemesting. Je kunt kiezen voor een bemesting die gebaseerd is op organische meststoffen. Deze zijn afkomstig uit een biologische bron, komen langzaam ter beschikking en zorgen, naast bemesting, ook voor structuurverbetering van de grond. Dergelijke meststoffen werken meestal gedurende drie maanden. Je kunt ook kiezen voor een chemische, in de industrie gemaakte meststof: kunstmest. Deze werkt snel. De letters N-P-K met getallen erachter, staan voor de concentratie stikstof (N), fosfor (P) en kalium (K). Het is belangrijk om deze meststof in de juiste hoeveelheid te gebruiken. Te hoge concentraties zorgen voor verbranding van de planten en uitspoeling naar het grondwater. Een ander nadeel is dat bodemorganismen door te hoge concentratie kunstmest gedood worden, met een bodemstructuur verstorend effect tot gevolg. Het is voor ons dan ook duidelijk dat we kiezen voor organische meststoffen. Heb je onverhoopt een snelle 'reparatie'-bemesting nodig omdat je een specifiek probleem constateert dan hoef je niet per se naar snelwerkende kunstmest te grijpen. Organisch bloedmeel voorziet de planten van snel opneembare stikstof, beendermeel van fosfor en toediening van vinasse maakt snelle opname van kalium mogelijk.

INVESTEREN IN DE BODEM

Als je mooie borders wilt maken met planten die goed groeien en bloeien, is het niet alleen voldoende te investeren in leuke planten maar moet je beginnen bij de grond. Een bodem met een goede structuur, een goed bodemleven en voldoende voedingsstoffen is letterlijk en figuurlijk de basis en draagt bij aan de gezondheid van planten. Een gezonde plant is een gelukkige plant die optimaal groeit en bloeit.

FUNCTIES VAN BELANGRIJKE HOOFDELEMENTEN

Stikstof (N) – Groei van blad en scheuten (vegetatieve groei). Stikstof is de bouwstof van bladgroen, eiwitten en vitamines.

Fosfor (P) – Wortelgroei van de jonge plant, zaad- en bloemvorming.

Kalium (K) – Waterhuishouding, beperking van de verdamping (betekent impliciet ook een verminderde gevoeligheid voor verdroging en vorst), verhoging van de weerstand tegen ziekten.

Magnesium (Mg) – Onderdeel van het bladgroen, opname van energie voor fotosynthese.

Calcium (Ca) – Bouwsteen van celwanden en celmembranen; stevigheid van de plant. Daarnaast is calcium van belang voor de zuurgraad van de grond. Op kleigrond verbetert toevoeging van kalk de structuur van de grond.

Concreet

Zie je dat planten goed groeien en bloeien dan volstaan in veel gevallen de onderstaande tips.

- Een jaarlijkse compostgift in de vorm van een 1 tot 2 centimeter dikke laag in het vroege voorjaar.
- Tuinier je op armere grond dan gebruik je meer en voedselrijkere compost (GFT-compost, oude goed verteerde stalmest - minimaal één jaar oud).
- Planten waarvan je weet dat ze kalkminnend zijn, geef je wat extra kalk. Het is veiliger rondom de plant wat kippengrit van gemalen schelpen te strooien dan korrelkalk. Je loopt minder kans op verbranding. Kippengrit is een langzaam vrijkomende bron van kalk.
- Geef geen kalk en mest tegelijk, maar laat er minimaal zes weken tussen zitten. Kalk verdrijft de stikstof uit de mest waardoor de planten er niets meer aan hebben. Kalk liefst in het najaar of de winter strooien.
- Rozen zijn 'veelvraten'. Geef ze half maart en eind juni speciale, organische rozenmest volgens de dosering op de verpakking. In het voorjaar een handvol kippengrit.
- Rijkbloeiende volle borders kun je eind juni een dosis organische siertuinmest geven. Planten die laat bloeien stellen dat op prijs. Dit geldt zeker op armere zandgrond. Op rijke kleigrond is dit niet nodig.

Zie je dat planten niet goed groeien/bloeien, en weet je niet wat de oorzaak is, neem dan grondmonsters en laat die analyseren.

3. EEN BORDER AANPLANTEN

Als het beplantingsplan op papier is gemaakt, de grond verbeterd en onkruidvrij is, kunnen we gaan we planten. Hoe en wanneer doen we dat?

PLANTENLIJST

In deel 1 (hoofdstuk 12, zie blz. 46) werd het dilemma rond de keuze van het aantal planten per vierkante meter al beschreven.
Het is moeilijk hiervoor eenduidige adviezen te geven omdat het juiste aantal planten afhangt van meerdere factoren. Het type grond, hoe snel je wilt dat je border dichtgroeit, hoe groot de planten zijn bij aankoop en hoe groot de plant uiteindelijk wordt. De groei van verschillende plantensoorten is niet gelijk. Sommige hebben tijd nodig om aan te slaan en andere hebben direct na aanplant een groeispurt. Dit bepaalt de plantafstand, en dus ook het aantal planten. De juiste keuze voor de plantafstand is helaas een kwestie van ervaring en uitproberen.
Als de aantallen van elke soort bekend zijn, wordt een lijst gemaakt waarvoor offerte bij een betrouwbare kwekerij wordt opgevraagd. Geef daarbij duidelijk aan dat je niet zonder overleg andere planten geleverd wilt hebben dan gevraagd. Ga je akkoord met de offerte geef dan aan wanneer je de planten wilt ontvangen of komt halen. Doe dit net voor de vastgestelde plantdatum.

WANNEER PLANTEN?

De beste tijd om vaste planten te planten is eind september/begin oktober. De meeste kwekerijen hebben dan volop planten, iets wat in het drukke voorjaar vaak niet het geval is. Bovendien zijn de dagen minder warm, de jonge planten slaan gemakkelijk aan en hebben een voorsprong in het volgende voorjaar. Overigens plant je vorstgevoelige planten liefst in april. Bomen, heesters en hagen worden eind november/december geplant mits het niet vriest of te nat is. Grassen worden bij voorkeur in april geplant terwijl je de waterplanten in je vijver er het beste in mei in kunt zetten.

ENGELSE BORDER – BEPLANTINGSTEKENING OVERBRENGEN NAAR DE TUIN

Een Engelse border is bijna altijd op papier uitgetekend. In dit geval kun je het beste een raster van 1x1 m² op schaal over je tekening leggen. Dit raster teken je bijvoorbeeld met een stok en meetlinten over op de glad geharkte grond van de border. Nog makkelijker is het om met een bus vogelstrooizand of een gieter gevuld met zilverzand dit raster op de grond aan te brengen. Daarna verdeel je alle planten volgens tekening over het raster op de grond.

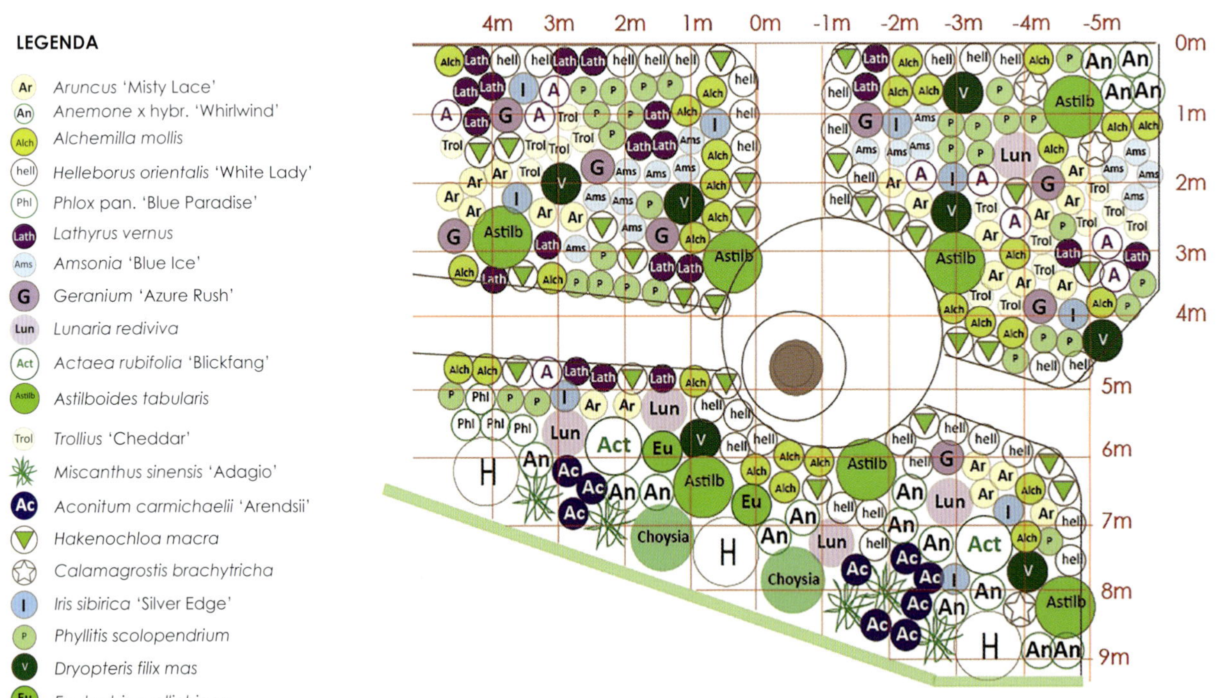

Werktekening met raster om de planten uit te zetten. Het is fijn als je een dergelijke tekening lamineert zodat je er buiten mee kunt werken. Dit plan is een gedeelte van een halfschaduwbeplanting onder een grote treurwilg.

Alle planten worden volgens tekening uitgezet en vervolgens geplant.

NATURALISTISCHE BORDERS

In deel 1 (hoofdstuk 12, zie blz. 50) is aangegeven hoe het beplantingsplan voor een naturalistische border gemaakt wordt. In geval van een mixbeplanting hebben we meestal alleen een lijst met soorten en aantallen planten en geen tekening. Er wordt dan *at random* geplant. We geven eerst de solitairen een plaats in de border, daarna verdelen we de kleurrijke structuurplanten en vervolgens zetten de vulplanten daartussen. Bollen, knollen en strooiplanten worden als laatste verdeeld. Planten we in 'drifts' of hebben we gekozen voor een 'perennial meadow' (deel 1 hoofdstuk 12, zie blz. 54) dan is het plan veelal wel uitgetekend en volgen we het principe zoals hiervoor beschreven voor de Engelse border. Ook in dit geval is het handig om met lichtgekleurd fijn zand de contouren van de plantgroepen of een raster volgens de tekening op de grond aan te geven.

PLANTEN

Als alle planten uitgezet zijn op de grond, bekijken we het geheel kritisch en gaan vervolgens planten. Elke plant wordt even diep gezet als hij in de pot stond. Duw de grond rond de plant stevig aan. Zo voorkom je dat de plant te hoog komt te staan als de grond van het plantgat nog wat nazakt. Uitzondering op deze regel is de *Clematis* die graag 10 centimeter dieper staat om meer nieuwe scheuten te kunnen maken.

In de wetenschap wordt het steeds duidelijker dat allerlei bomen, heesters en planten ondergronds interacties aangaan met elkaar en met bacteriën en schimmels. Dit tot wederzijds voordeel. Onze ervaring is dat het eenmalig strooien van een mix van dergelijke micro-organismen het aanslaan en de groei van planten sterk verbetert. Dergelijke mengsels zijn onder verschillende namen te koop. De eerste zes weken na aanplant wordt regelmatig water gegeven. Daarna wordt afgebouwd en moeten planten leren om hun wortels verder naar beneden te laten groeien om daar water te vinden. Zo krijgen we sterkere planten.

Voor renovatie (september).

4. BORDERRENOVATIE

Soms wil je na een aantal jaren je border verbeteren omdat je nieuwe wensen of inzichten gekregen hebt. Misschien ben je verhuisd en wil je de borderbeplanting in je nieuwe tuin aanpassen. Dan is het tijd voor borderrenovatie.

BORDERRENOVATIE

Allereerst is het van belang je nieuwe wensen te noteren. Welke kleurcombinatie en welke stijl beplanting wil je graag, hoeveel tijd heb je voor onderhoud. Ben je verhuisd, kijk dan eens goed naar de hoeveelheid licht en het type grond in je nieuwe tuin. Neem eventueel een bodemmonster en laat dit analyseren.
Je kunt ervoor kiezen om opnieuw te beginnen en de oude border helemaal leeg te halen, maar het is ook mogelijk om een deel van de beplanting te vervangen. Vaak blijkt het eerste toch het beste te zijn.

GEBREK AAN RUST

De meeste borders die niet mooi of mooi meer zijn, worden gekenmerkt door een gebrek aan rust. Als een border onrustig oogt, kan het zijn dat er te weinig planten met aantrekkelijk en groter blad in staan (zie deel 1 hoofdstuk 12, blz. 22) en te veel planten met klein blad. Dit kun je testen door een foto van je border op je computer om te zetten in zwart-wit. Is de zwart-wit foto weinig interessant, dan kun je ervan uitgaan dat er in je border te weinig groot blad aanwezig is. Het planten van enkele goed geplaatste *Hosta*, *Bergenia* of andere grootbladige planten kan dan al veel effect hebben.

'EILANDEN'-BORDER

In veel, meestal wat oudere, tuinen zie je borders waar tussen elke plant een flink stuk grond zichtbaar is. Het lijkt alsof de border is opgebouwd uit 'planten'eilanden. Er is weinig samenhang tussen deze eilanden. Degelijke borders ogen gedateerd, zijn weinig tot de verbeelding sprekend en onderhoudsonvriendelijk. Kies planten uit de border die je mooi vindt, deel ze en kuil de jongste, buitenste delen op in afwachting van het nieuwe plan. Gebruik deze planten als basis voor een nieuw beplantingsplan en maak er mooie combinaties mee door toevoeging van een aantal andere soorten. Onze beplantingsplannen zijn altijd zo gemaakt dat na twee of drie groeiseizoenen elk stukje grond in de border bedekt is. Dat geeft het meest natuurlijke effect en beperkt het onderhoud.

ROMMELIG

De border is rommelig. Het lijkt erop dat een aantal planten in de loop der jaren is weggevallen ten gunste van andere soorten die zich uitgebreid hebben. De border is niet boeiend om naar te kijken. De diversiteit aan planten is klein. Mogelijk is deze border een aantal jaren niet goed onderhouden.
Verwijder allereerst het onkruid en verwijder planten die ondergronds met wortelstokken of via zaad zich flink uitbreiden. Verjong en vermeerder de planten die je leuk vindt door ze te delen. Analyseer de grond: is er voldoende humus, is het klei- of zandgrond of misschien een mix? Toevoeging van een flinke dosis compost, potgrond of ander humus materiaal doet vaak wonderen.
Meestal is het in een dergelijk geval het beste om een nieuw borderplan te maken waarin je de goede planten uit de oude border in het plan verwerkt.

Vier jaar na renovatie - Van wat saaie borders die deze mooie tuin weinig eer aan doen naar uitbundig bloeiende borders die van februari tot november mooi zijn.

Het omzetten van een kleurenfoto van je border naar zwart-wit laat goed zien of je border al dan niet interessant is.

5. BEPLANTING ONDERHOUDEN

De beplanting in de tuin is geen statisch, maar een dynamisch geheel. De beplantingstekening beschouwen we als een goede basis, waarna het tuinieren gaat beginnen.

ONTWIKKELENDE BEPLANTING

Na aanplant van de tuin gaat de beplanting zich ontwikkelen. Na een paar jaar staat de beschikbare ruimte vol met beplanting en lijkt er een evenwicht te zijn gekomen, waarna de groei en bloei in de border weer afneemt. Het begeleiden en bijsturen van de beplanting is nodig om de border mooi te houden en in de loop der jaren mooier te laten worden. Het plan dat we met veel zorg gemaakt hebben, is een basis. In de praktijk hebben we te maken met levend materiaal dat zich niet altijd zo gedraagt als we gedacht hadden.

ONDERHOUD

Geen enkele border kan zonder onderhoud en als zodanig is een onderhoudsvrije tuin dan ook onmogelijk. Eenmaal aangelegd is onderhoud van de beplanting noodzakelijk. Laat je dit achterwege of besteed je er te weinig tijd aan, dan loopt de kwaliteit en schoonheid van de border heel snel achteruit. Planten gaan dood, overwoekeren elkaar en onkruid groeit weelderig. Het resultaat is dat je de lol in de tuin al snel verliest. Gelukkig is de tuin erg vergeeflijk: ga je met plezier weer aan de slag dan zie je bijna direct resultaat. Onderhoud van een beplanting kun je in twee delen opsplitsen:

- praktische zaken zoals snoeien, onkruid wieden, mesten, water geven
- observeren, bijstellen en begeleiden

Het eerste deel met de praktische werkzaamheden is in een handig overzicht op bladzijde 184 aangegeven.
Het tweede deel vraagt meer rust en tijd.

> **TUINIEREN IS EEN TUIN ONDERHOUDEN EN BEGELEIDEN. HIERDOOR WORDT HIJ STEEDS MOOIER.**

Door planten na een aantal jaar te delen en te herplanten in, met compost, verbeterde grond houd je ze jong en bloeirijk.

OBSERVEREN, BIJSTELLEN EN BEGELEIDEN

Het is belangrijk de border na aanplant rustig te observeren. Kijk kritisch of er nog voldoende kleur is, of sommige planten andere soorten niet verdringen en of er nog genoeg rustgevend blad in de border aanwezig is. Zijn er combinaties die misschien nog mooier gemaakt kunnen worden? Is de opbouw van de border en de verdeling van de plantgroepen goed? Het maken van foto's en notities is een fijn hulpmiddel waarmee je in een volgende herfst of voorjaar veranderingen aan kunt brengen die de border nog mooier maken. Pollen kunnen gescheurd worden wanneer ze te groot geworden zijn en planten kunnen worden verplant zodat de combinaties nog beter worden.
Het is sowieso goed om elke drie tot vijf jaar planten te scheuren en de grond te verbeteren, waarna de jongste, buitenste delen van de planten weer worden teruggezet. Op deze manier verjong je je planten, breng je nieuwe voedingsstoffen in de grond en zie je in het volgende groeiseizoen direct resultaat.

EEN BORDER ONTWIKKELT ZICH DOOR DE JAREN HEEN. WIL JE HEM MOOI HOUDEN DAN MOET ER, OOK IN DEZE ONDERHOUDSVRIENDELIJKE TUIN, GEWERKT EN BIJGESTUURD WORDEN.

Aanplant (juni)

Eén jaar na aanplant (juni)

Vier jaar na aanplant (juni)

Vier jaar na aanplant is de beplanting weelderig uitgegroeid. Hij lijkt op zijn hoogtepunt te zijn. De border oogt weelderig en rijk. Maar er zijn wel een aantal soorten verdwenen en enkele planten zijn flink uitgedijd. Sommige siergrassen vallen makkelijk uit elkaar. Doen we niets dan zal het percentage siergrassen toenemen ten koste van de bloeirijkheid. De grassen worden dus uitgedund en gedeeld. Op de ontstane lege plaatsen worden bloeiende, vaste planten teruggezet. Ook worden er in oktober nieuwe bloembollen bijgeplant.

6. ONDERHOUDS-VRIENDELIJKE BORDERS

Genieten van je tuin zonder er al te veel in te hoeven werken, dat kan zeker.

SOORTKEUZE EN AANTAL PLANTEN

In deel 1 is uitgebreid aan de orde gekomen op welke manier je planten voor je border kiest en waarmee je rekening moet houden. Het kan niet vaak genoeg gezegd worden dat als je dit goed doet, je ook minder werk aan je tuin hebt. Planten zullen gezonder zijn en minder speciale aandacht vragen. Met de natuur 'mee'tuinieren in plaats van 'tegen' de natuur in te werken, dat is het devies. Als je zorgt dat je geen woekerende of uitzaaiende planten kiest, voorkom je ook werk. Datzelfde geldt voor de keuze van de juiste plantafstand. Planten die bij aanplant erg dicht op elkaar staan, zul je na twee of drie seizoenen moeten delen. Bij een beplanting waar de planten verder uit elkaar staan, ziet onkruid zijn kans schoon; de natuur wil immers elke lege plaats in beslag nemen.

ONKRUID

Als je voor aanplant van je borders oude compost door de grond heen gefreesd hebt, is alles omgewoeld en ook nog eens voorzien van voedselrijk materiaal. Een plezier voor alle onkruidzaden die al in de grond zaten en nu omhoog gaan komen. Onkruid zal naar hartenlust groeien en veel werk veroorzaken. Als alternatief kun je de grond voor aanplant niet frezen, maar bij elke plant wat compost of potgrond aan de grond toevoegen. Deze werkwijze geeft minder onkruidgroei naderhand. De grond wordt dan immers als geheel minder verstoord. Door vóór aanplant je border een aantal weken braak te laten liggen, kun je opkomend onkruid makkelijk uittrekken of wegschoffelen. Let daarbij vooral op wortelonkruiden zoals zevenblad (*Aegopodium podagraria*), kweekgras (*Elytrigia repens*) en haagwinde (*Calystegia sepium*). Onkruidgroei na aanplant is nooit helemaal te vermijden. Zorg echter dat je het zo snel mogelijk verwijdert en niet in het zaad laat schieten.

MULCHEN

Het mulchen van je borders houdt in dat je na aanplant een laag materiaal tussen de planten aanbrengt. Dat kan een organische laag zijn van compost, bladaarde of houtsnippers, maar ook een anorganische laag. Zo worden bij aanleg van naturalistische tuinen wel eens lavasteentjes als mulchlaag gebruikt. Op dit moment wordt er minder gemulched dan vroeger. Jammer, want het aanbrengen van een mulchlaag heeft zeker een aantal voordelen. Zo voorkomt het verdamping vanuit de grond waardoor deze meer vocht vasthoudt. Mits de laag dik genoeg is, circa 7 centimeter, wordt onkruidgroei geremd doordat in de bodem aanwezige, onkruidzaden niet voldoende licht hebben om te kiemen. Dit geldt dus niet voor inwaaiende onkruidzaden. Onkruid dat toch nog ontkiemt, laat zich er makkelijk uit trekken. De mulchlaag voorkomt dat de grond bij felle regenval dichtslaat waardoor er minder zuurstof, nodig voor de plantenwortels, opgenomen kan worden. Een organische mulchlaag verteert mettertijd en draagt daardoor bij aan de structuurverbetering van de grond. Al met al heeft een goede mulchlaag dus een gunstig effect en het zorgt ervoor dat je minder werk hebt aan je tuin.

DUIDELIJKE STRUCTUUR

Een duidelijke structuur in je tuin van paden, hagen en strakke ornamenten zorgt ervoor dat je tuin netter lijkt. Heb je de hagen eenmaal strak geknipt dan ziet je tuin er vaak veel beter uit, ook al staat er her en der nog een onkruidje.

ROBOTMAAIER

Het onderhoud van een gazon vraagt vaak veel meer werk dan je misschien in eerste instantie denkt. Zeker als je graag een mooi strak gazon zonder onkruid wilt hebben. Verticuteren, bijzaaien, wieden en in de zomermaanden twee tot drie keer per week maaien, hoort er dan bij. Eigenlijk is het onderhoud van een gazon intensiever dan dat van borders. Niet verwonderlijk als je beseft dat dit het dichtst beplante deel van de tuin is! Investeren in een robotmaaier kan vaak al flink helpen het werk te verminderen.

ONDERHOUDSKALENDER

Als je voor je tuin een specifieke, op jouw tuin afgestemde onderhoudskalender maakt waarop je precies schrijft wat je wanneer en hoe doet, zorgt dat ervoor dat het onderhoud een stuk makkelijker wordt. Je hebt een duidelijk overzicht van de werkzaamheden, loopt niet meer achter de feiten aan en hoeft geen informatie meer in boeken op te zoeken. Op je kalender staat hoe je de rozen in je tuin snoeit, wanneer je moet bemesten enzovoort. Een onderhoudskalender met algemene werkzaamheden hebben wij voor je gemaakt op de volgende twee bladzijden.

GROENE VINGERS

Met 'groene vingers' word je niet geboren! 'Groene vingers' bestaan uit kennis van planten en hun gedrag, kennis van grond en bodemprocessen gemengd met liefde voor je tuin en de planten.
Wij hopen dat je kennis over diverse aspecten van het tuinieren door het lezen van dit boek is toegenomen. Dat je enthousiast en geïnspireerd bent door de vele mooie foto's en met plezier gaat bedenken hoe je je eigen borders kunt verbeteren of plannen gaat maken voor nieuwe borders. Gaat er iets mis, treur niet en begin opnieuw of stel bij. Een tuin is heel vergeeflijk. De liefde en aandacht voor je groene en bloeiende omgeving zorgt ervoor dat alles beter groeit en zo ontstaat een zelf versterkend proces!

7. ALGEMENE TUINONDERHOUDSKALENDER

JANUARI

- overwinterende kuipplanten en knollen controleren
- vorstgevoelige planten beschermen bij strenge vorst
- vogels voeren
- bij sneeuw en vorst liever niet over het gazon lopen
- zorg dat het water van de vijver niet helemaal bevriest; een luchtpompje helpt vaak voldoende
- nieuwe plannen maken voor het komende tuinseizoen

FEBRUARI

- blauwe regen (Wisteria) snoeien, laatbloeiende *Clematis* terugknippen tot net boven het laagst uitlopende paar ogen, borders en rozenperken bemesten met organische (rozen)mest en compost geven
- heesters en bomen (ver)planten als het niet vriest
- onkruid verwijderen
- fruitbomen snoeien (als het niet vriest)
- dakbomen, leibomen en bolbomen snoeien
- siergrassen terugknippen tot circa 10 centimeter boven de grond

MAART

- rozen en laatbloeiende struiken (o.a. vlinderstruik en pluimhortensia) snoeien
- voorjaarsschoonmaak van de border
- gazon verticuteren, bijzaaien en bemesten met organische mest
- winterbescherming verwijderen, pas op voor late nachtvorst
- vaste planten zonodig delen en opnieuw planten
- (ver)planten van bomen, heesters en vaste planten
- zomerbollen en -knollen oppotten en warm zetten
- eenjarigen voorzaaien (op warmte)
- blad van varens en bodembedekkers wegknippen; varens mesten met een handje beendermeel
- vroeguitlopende planten (o.a. bolgewassen) licht bemesten met organische mest

APRIL

- wilde scheuten bij rozen en stamboompjes verwijderen
- uitgebloeide bloemen uit de boerenhortensia's knippen (knip boven de laatste knop);
- bij oudere boerenhortensia's kun je jaarlijks een oude tak laag bij de grond afknippen
- eenjarigen zaaien (binnen voorzaaien en buiten in de volle grond)
- bolgewassen die in volle groei zijn, bemesten met organische mest
- zomerbollen en -knollen planten tot half mei
- nieuwe vaste planten in de grond zetten
- lavendel terugknippen en daarbij een beetje groen laten zitten. Dus niet té ver terugsnoeien
- rijshout of andere steunmiddelen in de border plaatsen
- mulchlaag aanbrengen
- bloemen van uitgebloeide bolgewassen afknippen, stengels en bladeren eraan laten
- bladhoudende struiken en coniferen planten

MEI

- eenjarigen, kuipplanten en kruiden kunnen na de ijsheiligen (half mei) naar buiten
- vroegbloeiende struiken na de bloei terugsnoeien (o.a. sering, *Deutzia*)
- regelmatig water geven
- luizen, slakken en ander ongedierte bestrijden
- bij planten die later in de zomer bloeien en waarvan je weet dat ze makkelijk omvallen, knip je circa een derde deel van de stengels terug ('Chelsea chop')
- de vijver beplanten, zonodig zuurstofplanten toevoegen; vissen weer gaan voeren (niet te veel)
- potten beplanten, regelmatig water geven en bijmesten

JUNI

- vóór half juni de hagen knippen
- uitgebloeide bloemen wegknippen
- gazon nogmaals bemesten met een organische meststof, maaien en sproeien
- onkruid bestrijden
- planten steunen indien nodig
- planten in potten regelmatig water geven en bijmesten
- nieuwe scheuten klimrozen aanbinden
- tweejarige planten zaaien

JULI

- rozen na de eerste bloei bijmesten met speciale rozenmest
- planten in potten regelmatig water geven en bijmesten
- klimplanten opbinden
- vaste planten die al gebloeid hebben terugknippen voor herbloei (o.a. *Geranium* en vrouwenmantel)
- water geven indien nodig
- uitgebloeide rozen steeds wegknippen tot op een vijftallig blad
- tuin voorbereiden op de vakantie: onkruid wieden, terugknippen en steunen

AUGUSTUS

- border water geven
- 'gaten' in de border opvullen met planten in pot
- lavendel na de bloei een klein stukje terugknippen (uitgebloeide aren plus ongeveer 5 centimeter van het groen eronder)
- vijverbeplanting zonodig uitdunnen
- planten in potten regelmatig water geven en bijmesten
- border opknappen door uitgebloeide planten terug te knippen
- bloembollen bestellen

SEPTEMBER

- graszoden leggen of gazon inzaaien
- vroegbloeiende bloembollen, zoals herfstkrokussen, planten
- gazon maaien maar niet meer bemesten
- hagen voor de tweede keer knippen + klimopwand
- mulchlaag van compost onder de haag aanbrengen
- border zonodig aanvullen met nazomerbloeiers
- nieuwe border inplanten
- vaste planten zonodig delen en opnieuw planten

OKTOBER

- vóór half oktober vorstgevoelige planten en kuipplanten naar binnen
- niet winterharde zomerbollen en -knollen oprooien en vorstvrij bewaren (o.a. dahlia's)
- eenjarigen opruimen
- bloembollen planten, ook in potten en bakken
- gazon voor de laatste keer maaien. Eventueel bemesten met najaarsgazonmest
- border beschermen met een laag afgevallen blad (wintergroene planten niet bedekken)
- vorstgevoelige planten beschermen met stro of noppenfolie
- waterleiding voor de tuin afsluiten en leeg laten lopen
- gazon bladvrij houden
- net over de vijver aanbrengen om herfstblad op te vangen

NOVEMBER

- rozen, bladverliezende struiken, hagen en bomen planten als het niet vriest of te nat is
- potplanten en planten in bakken tegen vorst beschermen en zorgen voor een goede afwatering
- maak de tuin niet te netjes, allerlei dieren zoeken een schuilplaats
- wak in de vijver openhouden met ijsvrijhouder of luchtpompje

DECEMBER

- bescherm gevoelige tuinplanten tegen vorst
- kuipplanten controleren en weinig water geven
- tuinplannen maken voor volgend jaar
- kijk de sneeuwklokjes maar de grond uit en verheug je op een nieuw tuinseizoen

ADRESSEN

KWEKERIJEN NEDERLAND

- Arjan Schepers vaste planten, Mariënheem. www.arjanschepers.nl
- Coen Jansen Vaste planten, Dalfsen. www.coenjansenvasteplanten.nl
- De Botterhutte, Halle. www.debotterhutte.nl
- De Kleine Plantage, Eenrum. www.dekleineplantage.nl
- Directplant, Bunnik. www.directplant.nl
- Kwekerij Bastin, Aalbeek. www.bastin.nl
  Kwekerij Bijenkans, Groenekan. www.bijenkans.nl
- Kwekerij De Hessenhof, Ede. www.hessenhof.nl
- Kwekerij Joosten, Rutten. Hemerocallis en Iris. www.kwekerij-joosten.nl
- Kwekerij en Kijktuin aan de Dijk, Groningen. www.kwekerijaandedijk.nl
- Kwekerij Klein Hof, Terschuur. *Baptisia* 'Modeste' is hier verkrijgbaar. www.kwekerijkleinhof.nl
- Kwekerij Plantwerk, Nuenen www.plant-werk.nl
- Lageschaar vaste planten, Aalten. Prairiebeplanting. www.lageschaar.nl
- Lianne's Siergrassen, De Wilp. Kwekerij en prairietuin. www.siergras.nl
- Opvallende planten, Ven-Zelderheide. www.opvallendeplanten.nl
- Plantentuin Esveld, Boskoop. www.esveld.nl
- Tuingoed Foltz, Meeden. www.tuingoedfoltz.nl
- Warmerdam, Oude Wetering. Gespecialiseerd in Pioenrozen. www.paeoniapassion.com

KWEKERIJEN BELGIË

- Koen Poucke. www.koenvanpoucke.be
- Kwekerij Epimedium, Oostkamp. www.epimedium.be
- Vaste Plantenkwekerij Guido van der Steen. www.guidovandesteen.be
- Vaste Plantenkwekerij Hugo Maes, Waregem. www.vasteplantenhugomaes.be
- Vaste Plantenkwekerij Spruyt-van der Jeugd. www.vasteplant.be

TUINEN NEDERLAND

- De Tuinen van Appeltern, Appeltern. www.appeltern.nl
- De Tuinen in Demen, Demen. www.detuinenindemen.nl
- De Vlinderhof, Utrecht. www.vlinderhof.com
- De Heerenhof, Maastricht. www.heerenhof.com
- Theetuin, Weesp. www.theetuin.nl
- Openbare Stadstuin Kempkensberg bij Duogebouw, Groningen. Naturalistische beplanting.
- Open tuinen Nederland. www.bezoekmijntuin.nl.

TUINEN EN TUINONTWERPERS BELGIE

- Chris Ghyselen, Oedelem. www.chrisghyselen.be
- Open tuinen van België, www.open-tuinen.be.

MEER INFORMATIE

- Oxalis tuinontwerpen (Jeanne van Rijs). www.oxalis-tuinontwerpen.nl.
- Modeste Herwig, www.modesteherwig.eu. Zonder kosten kun je op deze site duizenden plantenfoto's van Modeste bekijken.
- Op www.tuinworkshop.nl vind je een overzicht van de tuinworkshops die Modeste organiseert.
- De e-boeken van Rob Herwig en Modeste Herwig vind je op: www.herwiggarden.info
- Tuin Ontwerpers Groep TOG. www.tuinontwerpervinden.nl
- Royal Horticultural Society. www.rhs.org.uk
- Vereniging van Hoveniers en Groenvoorzieners. www.vhg.org
- Vereniging van tuinarchitecten, www.nvtl.nl
- Vlinderstichting, www.vlinderstichting.nl

LITERATUURLIJST

Wil je je naar aanleiding van dit boek verder verdiepen dan zijn de volgende boeken de moeite waard.

- Barkman, C. & Bieman, B. den, & Preston, C. & Rijs, J. van (2016). 30 tuinontwerpen, ongewone ontwerpen voor een gewone tuin. ISBN 9789462501119. Baarn: Forte Uitgevers B.V.

- Diblik, R. (2014). The Know Maintanance Perennial Garden. ISBN 9781604693348. London: Timber Press, Inc.

- Dunnett, N. (2019) Naturalistic Planting Design The Essential Guide: How to Design High-Impact, Low-Input Gardens.ISBN 9780993389269. United Kingdom: Filbert Press

- Hansen, R. & Stahl F. (1997). Die Stauden und ihre Lebensbereiche (5. Auflage). ISBN 3800166305. Stuttgart (Hohenheim): Eugen Ulmer GmbH & Co

- Held, A.J. den, & Westhoff, V. (1975). Plantengemeenschappen van Nederland. ISBN 9003928606. Zutphen: Thieme

- Herwig, M. (2017). Tuinplantenencyclopedie op kleur. ISBN 9789021566214. Kosmos Uitgevers

- Machiels, L. (2009). Prairietuinen. ISBN 9789058562777. Oostkamp: Stichting Kunstboek

- Oudolf, P. & Kingsbury N. (2013). Planten en Planten; een nieuw perspectief. ISBN 9789095493. Houten: Terra Lannoo B.V.

- Oudolf. P. & Kingsbury N. (2000). Ontwerpen met planten. ISBN 9062558895. Warnsveld: uitgeverij Terra

- Oudolf, P. & Kingsbury, N. (2006). Planten voor morgen: ontwerpen met visie (2e druk). ISBN 9058974308. Warnsveld: Terra Lannoo B.V.

- Peeters, S & Zeevat, C. (2018). Onkruidboek (5e druk). ISBN 9789492881106. Rotterdam: Trichis Publishing B.V.

- Peeters, S. & Stekelenburg, L. (2018). Plaagdierboek (1e druk). ISBN 9789492881120. Rotterdam: Trichis Publishing B.V.

- Pelz, P. (2013). Faszination Weite; dier moderne Gärten der Petra Pelz. ISBN 9783800176830. Stuttgart (Hohenheim): Eugen Ulmer Verlag KG

- Pot, L. & Romeis, U. Bieker, J. (2015). Im Farbenmeer eines Präriegartens, eindrucksvoll, sinnlich, inspirierend. ISBN: 9783421039743. München: DVA

- Provoost, T. & Machiels, L. (2017). De mooiste siergrassen voor de tuin. ISBN 9789401439893. Tielt: Uitgeverij Lannoo N.V.

- Schaminée, J. (2010). Plantengemeenschappen in Nederland, Veldgids Plantengemeenschappen van Nederland. ISBN 9789050113090. Zeist: KNNV Uitgeverij.

- Thomas, H. en Wooster, S. (2008). The complete planting design course. ISBN 9781845334123. Mitchell Beazley

- Weeda, E.J. & Schaminée. J. & Duuren. L. van. (2000). Atlas van plantengemeenschappen van Nederland. ISBN 9789050111973. Utrecht: KNNV Uitgeverij

FOTOVERANTWOORDING

4 Lianne's Siergrassen, www.siergras.nl **6** Modeste Herwig, www.modesteherwig.eu **7** Lords of the Manor, www.lordsofthemanor.com **8** Tuinen van Appeltern, www.appeltern.nl (ontwerp: Ton Vissers, www.tontuinen.nl) **9** Tuin Thom en Kitty Beylen. **10** RHS Chelsea Flowershow (ontwerp: Patrick Collins) **11** (onder) Tuinen van Appeltern, www.appeltern.nl (beplantingsplan: Jacqueline van der Kloet) **15** (boven) Mw. Stroek en Dhr. Beertsen (beplantingsplan: www.oxalis-tuinontwerpen.nl) **16** Tuin Polhuis, Aartje Klaassen en Johan van Straaten, www.bezoekmijntuin.nl/tuinen/tuinpolhuis/ **17** RHS Tatton Park Flower (ontwerp: Chris Beardshaw, www.chrisbeardshaw.com) **18** Heikie Hoeksma, www.heikiehoeksma.nl **22** Dhr. en Mw. Raijmakers-Knoops (ontwerp en beplantingsplan: www.oxalis-tuinontwerpen.nl) **30** De tuinen van Lipkje Schat, www.lipkjeschat.nl **31** (boven) Stadstuin Kempkensberg, Groningen (ontwerp: Lodewijk Baljon, www.baljon.nl, beplantingsplan: Annemieke Langendoen, www.hollandsgroenbv.nl) **31** (onder) Mw. Meeuws en Dhr. Jacobs (ontwerp en beplantingsplan: www.oxalis-tuinontwerpen.nl) **33** Dhr. en Mw. de Haas (ontwerp en beplantingsplan: www.oxalis-tuinontwerpen.nl) **34** Mw. Cöp en Dhr. Bardoel (ontwerp en beplantingsplan: www.oxalis-tuinontwerpen.nl) **35** Kwekerij Bastin, www.bastin.nl **36** Mottistone Gardens **41** (boven) Mw. Cöp en Dhr. Bardoel (ontwerp en beplantingsplan: www.oxalis-tuinontwerpen.nl) **41** (rechtsonder) ontwerp en beplantingsplan: Groengroep, www.groengroep.nl **42** Great Dixter, www.greatdixter.co.uk **43** (links onder) Tuinen van Appeltern, www.appeltern.nl **43** (rechts onder) Lianne's Siergrassen, www.siergras.nl **44** RHS Hyde Hall, www.rhs.org.uk/gardens/hyde-hall **45** (boven) Newby Hall, www.newbyhall.com **45** (onder) Gunby Gardens, www.nationaltrust.org.uk/gunby-estate-hall-and-gardens **48** Mill Dene Garden, www.milldenegarden.co.uk **49** Mottistone Gardens, www.nationaltrust.org.uk/mottistone-gardens-and-estate **51** (boven) Schau- und Sichtungsgarten Hermannshof, www.sichtungsgarten-hermannshof.de **51** (midden) Scampston Walled Garden, www.scampston.co.uk (ontwerp en beplantingsplan: Piet Oudolf, www.oudolf.com) **51** (onder en boven) Stadstuin Kempkensberg, Groningen (ontwerp: Lodewijk Baljon, www.baljon.nl, beplantingsplan: Annemieke Langendoen, www.hollandsgroenbv.nl) **52** (onder) Lianne's Siergrassen, www.siergras.nl **53** (boven) Mw. Cöp en Dhr. Bardoel (ontwerp en beplantingsplan: www.oxalis-tuinontwerpen.nl) **53** (onder) en **54** ontwerp en beplantingsplan: Modeste Herwig, www.modesteherwig.eu **55** (boven) Scampston Walled Garden, www.scampston.co.uk (ontwerp en beplantingsplan: Piet Oudolf, www.oudolf.com) **55** (onder) Tuin Polhuis (ontwerp en beplantingsplan: Aartje Klaassen en Johan van Straaten, www.bezoekmijntuin.nl/tuinen/tuinpolhuis/) **56** Dhr. en Mw. Klarenberg (ontwerp en beplantingsplan: www.oxalis-tuinontwerpen.nl) **58** RHS Garden Wisley, www.rhs.org.uk/gardens/wisley **59** beplantingsplan: Modeste Herwig, www.modesteherwig.eu **60** Rosemoor Gardens, www.rhs.org.uk/gardens/rosemoor **62** Lords of the Manor, www.lordsofthemanor.com **64** De tuinen in Demen, www.detuinenindemen.nl (ontwerp en beplantingsplan: Martje van den Bosch) **66** (onder) Dhr. en Mw. Rood (beplantingsplan: www.oxalis-tuinontwerpen.nl) **68** Tuin Saskia Theuns **70** Gesien Lauxtermann **72** (boven) Heikie Hoeksma, www.heikiehoeksma.nl **74** De tuinen in Demen, www.detuinenindemen.nl (ontwerp en beplantingsplan: Martje van den Bosch) **76** Tuin Ineke Kuijpers **78** Tuin de Villa, www.tuindevilla.nl. **80** (foto boven) Locus Flevum, www.locusflevum.nl. **82** Scampston Walled Garden, www.scampston.co.uk (ontwerp en beplantingsplan: Piet Oudolf, www.oudolf.com) **84** (foto boven) Tuinen van Appeltern, www.appeltern.nl (beplantingsplan, Piet Oudolf, www.oudolf.com) **88** Hall Farm Gardens **92** Bourton House, www.bourtonhouse.com **94** (boven) St. Hubertushof, www.bezoekmijntuin.nl/tuinen/st-hubertushof **94** (foto onder) de Heerenhof, www.heerenhof.com **98** en **100** (boven) Lianne's Siergrassen, www.siergras.nl **104** West Beplanting, www.westbeplanting.nl **106** Ontwerp: Hendriks Hoveniers, www.hendrikshoveniers.nl **107** (links) Ontwerp: Puur Groenprojecten, www.puurgroen.nl **107** (rechts) Tuin Marieke Nolsen, www.mariekenolsen.nl **115** Tuin Froukje Noordenbos (ontwerp: Modeste Herwig, www.modesteherwig.eu) **116** Ontwerp Ellen Vriend, www.artimpresa.nl **117** (boven) St. Hubertushof, www.bezoekmijntuin.nl/tuinen/st-hubertushof **126** en **127** Harlow Carr, www.rhs.org.uk/gardens/harlow-carr **128** Waterperry Gardens (GB), www.waterperrygardens.co.uk **129** (boven) Tuin Katrien van de Walle (ontwerp: Chris Ghyselen, www.chrisghyselen.be) **129** (onder) West Beplanting, www.westbeplanting.nl **143** Tuin Fam. De Clercq-Cole (ontwerp: Chris Ghyselen, www.chrisghyselen.be) **144** The Coastal Gardener, www.thecoastalgardener.co.uk **150** Locus Flevum, www.locusflevum.nl **156** St. Hubertushof, www.bezoekmijntuin.nl/tuinen/st-hubertushof **157** (boven) Harlow Carr, www.rhs.org.uk/gardens/harlow-carr **157** (onder) Newby Hall, www.newbyhall.com **172** Sissinghurst Castle Garden, www.nationaltrust.org.uk/sissinghurst-castle-garden **177** Karin van den Hoven, www.karinvandenhoven.nl **179** Dhr. en Mw. Thoonen, (ontwerp: Donders! & van der Heiden, www.denkersintuinen.nl, beplantingsplan: www.oxalis-tuinontwerpen.nl) **181** Mw. Meeuws en Dhr. Jacobs, (ontwerp en beplantingsplan: www.oxalis-tuinontwerpen.nl) **183** Scampston Walled Garden, www.scampston.co.uk (ontwerp en beplantingsplan: Piet Oudolf, www.oudolf.com) **192** Tuin Fam. De Clercq-Cole (ontwerp: Chris Ghyselen, www.chrisghyselen.be)

FOTOGRAFEN:

Modeste Herwig en Jeanne van Rijs

Met dank aan

- Anneke Beemer. Tuinontwerpen en beplantingsplannen. www.annekebeemer.nl blz. 14, 29 (rechtsonder), 65 (Geranium), 90 (rechtsonder), 123 (Saxifraga), 124 (Hydrangea pan.), 141 (Vitex), 152 (Helianthemum), 161 (Eupatorium), 162 (Armeria).
- Tamara Witjes, Zevenaar. Fotografie. www.tamarawitjes.nl: blz. 76, 87 (Tulipa), 114 (Leucothoe).
- Karin van den Hoven, Hoogland. Exclusieve tuinontwerpen. www.karinvandenhoven.nl: blz. 177.

REGISTER WETENSCHAPPELIJKE PLANTENNAMEN

T

U

V

W

Y

Z